一 个 哲 学 家 的 心 路 历 程

彭富春 著

Manyouzhe
Shuo

漫游者——说

团结出版社
UNITY PRESS

图书在版编目（CIP）数据

漫游者说：一个哲学家的心路历程 / 彭富春著 . --
北京：团结出版社，2016.9（2024.3 重印）
　ISBN 978-7-5126-4338-3

　Ⅰ . ①漫… Ⅱ . ①彭… Ⅲ . ①彭富春 - 自传 Ⅳ .
① K825.1

　中国版本图书馆 CIP 数据核字（2016）第 183584 号

出　版：团结出版社
　　　　（北京市东城区东皇城根南街 84 号　邮编：100006）
电　话：（010）65228880　65244790（出版社）
　　　　（010）65238766　85113874　65133603（发行部）
　　　　（010）65133603（邮购）
网　址：http://www.tjpress.com
E-mail：zb65244790@vip.163.com
　　　　fx65133603@163.com（发行部邮购）
经　销：全国新华书店
印　装：三河市东方印刷有限公司

开　本：170mm×240mm　　16 开
印　张：17.25
字　数：290 千字
版　次：2016 年 9 月　第 1 版
印　次：2024 年 3 月　第 2 次印刷

书　号：978-7-5126-4338-3
定　价：49.80 元

再版前言

《漫游者说》写于2001年。2002年百花文艺出版社出版了第一版，2011年武汉大学出版社出版了第二版。现团结出版社出版第三版。新版在文字上无任何改动，只是附上了若干相关的图片。因此，新版可称为图文版。

我自比漫游者，我自说漫游的故事。或许有人会问：这是一条什么样的漫游之路？我的回答是：也许它只是一条奋斗者的道路，一条自强不息的道路，一条追求爱、智慧与美的道路。

其实，人生在世就如同走路。世界上布满各种各样的道路。但道路并非是自然天成的，而是人自身开辟的。尽管如此，人并非可以任意地开辟道路并行走于其间，而是要遵循道路自身的本性和规定。当人试图行走在真正的大道上时，就要远离各种小径和歪门邪道。为了大道，人必须克服千山万水的困难，能在深深的海底行，能在高高的山峰立。道路漫长，无穷无尽。只要生命不息，人就要奋斗不止。

这条路是爱之路。爱是给予，是奉献。人要爱自己，爱他人，爱天下万物。但对于一个思想者来说，最根本的是要爱大道，爱真理，爱智慧。只有爱智慧，人才能爱天下。所谓的爱智慧，就是将自己给予智慧，奉献智慧。同时，智慧也会将自己给予人，奉献人。这样，人与智慧合一，人与智慧同在。

这条路也是智慧之路。智慧就是知道。人知道自己是谁，世界是什么。这就是知道存在的真理，知道人生的大道。人生而有欲望，但必须借助技术才能满足。虽然如此，但人的欲望和技术的使用需要大道或者智慧的指引。人有了智慧，就能区分真伪，选择正道，并决定行走在真正的大道上。

这条路也是美之路。爱与智慧的完满实现就是美。美不仅包括自然美、艺术美，而且包括人和世界的美。最高的美是爱的美，是智慧的美。因此，美是人生的最高原则，美是存在的最高规定。人陶醉于美中就是在亲证爱与智慧。

　　这是一个漫游者的言说，是一个奋斗者的言说。也许这一言说如同一召唤的声音，能激起人们或强或弱的回响。愿那些爱道的人们能成为同道，一起步入爱、智慧与美的道路。

2016.7.12

于武汉大学

独　白

在这夜深人静的时候，我要开始讲述我三十八年的故事。但此时在我面前没有任何人，只有我自己那在身体之中的灵魂。他是最了解我的人，也是我最忠实的听众。他能判断出，我是否在讲真话，是否赤裸裸地将自身完全展示出来。

我不禁问自己：这三十八年究竟刻下了一个什么样的岁月轨迹？

也许我是走在一条漫游的路上，从江汉平原到珞珈山，从珞珈山到北京城，又到德意志大地。我有时在白昼中行走，有时在黑夜中摸索。道路有宽有窄。它一会儿向前，一会儿向后。它也会形成一个圆圈，甚至会变成一条死胡同。我的漫游试图走出一条自己的路，一条无人走过的路。

世上的漫游有种种形态，但最伟大的漫游是在边界上。因此最伟大的漫游者是那些跨越边界的人，是那越境者，是那冒险者。边界是临界点，也就是危机之处。危机本身包括了危险和机遇。但最大的边界是有与无、生与死的临界点。于是最伟大的漫游者是在有与无、生与死的临界点上的行走的人。

作为漫游者之一，我知道路途是遥远的。它没有开端，也没有终结。但任何一个边界的转换都能敞开新的地平线，在那里可以看到大地上最美丽的风景：日出与日落。

我的灵魂！你说呢？

说1

田　　野　　之　　子

1.1　小儿子

　　我一直对自己的出生年月不感兴趣，因为我不相信中国的生辰八字之类的玩意儿和西方占星术之类的把戏。小时候只记得母亲说我是癸卯年生的，后来知道所谓的癸卯年原来就是公元 1963 年，而出生的月份就是农历七月，至于哪一天，虽然听母亲说过，但我早已忘记得一干二净，变得朦胧不清了。不过有时村里的一些婆婆妈妈和我母亲在一起聊天的时候，会谈到我的出生。她们说，我出生的时候正是她们在田里采棉花。那虽说是秋天了，但天气还热得不行，人在棉花林里流着一身汗。因为在农村当时并没有实行户口制和身份证制，所以我的出生日期就无需写入文字了。只是后来到镇上读高中和到城里读大学需要填表格，出生日期的填写就变成了一个必要的项目。根据母亲所说的农历的日子我便写了一个大致的时间。事实上，在我现在的身份证上和护照上的出生日月都是不准确的。就在前不久，我回老家翻了我的家谱，上写着我出生于农历癸卯年的七月二十六日，即 1963 年 9 月 13 日。

　　一些伟人在他们出生时，天地自然都会出现某种奇异现象，当然这些现象是美好的吉祥的。我的母亲和乡亲却从未说过他们在我出生时看到过什么或听到过什么奇异的现象，不过也许那一天在我家乡的田野有一颗成熟的果实被风吹落在大地上。这注定了我这一生只能是一个平凡的人。因此我从小时开始就没有做过当什么大人物的美梦，如当"主席"和"总统"之类。

　　但我的面相还是有一些独特之处。按照我们家乡的审美观，我小时候绝不是一个讨人喜欢的漂亮男孩。我高眉骨，小眼睛，鼻梁不怎么高，嘴大且唇厚，有人还说我脑袋上长了反骨。这还是不是最主要的。突出的是，我的面部天生就有几个黑痣，其中有三颗在右脸从额经眉上到眼下形成一条线。这条线有什么意味，一般人都没有想过。但我的姨在我小时每次见到我，总说这条线是克父的，我父亲在我两岁时去世，就是因为我的面相。我不相信姨的话，我不能承担我父亲去世的责任。因此我对她的判断极为厌恶，并怀有一种面对女巫般的恐惧。每当姨说我克父时，我都会用听来的肮脏语言来骂她。而我母亲就会劝我姨不要再说这样的话，也会来说我不懂事。

　　一个小孩生下来自然要给他取名字，但关键在于取一个什么样的名字。在我的家乡，人们要么给小孩尤其是男孩取些极为低贱的名字，如狗娃、牛娃、憨巴之类，据说这样好养大成人，避免不幸夭折；要么取一些传统的名字，如仁义道德之类，表达了儒家的一些观念；当然还有的与时代政治相关，如爱国、爱民、爱军之类。我的父母对此均无兴趣。在我前面有三个哥哥、两个姐姐，由此父母只是简单地按他们所生的儿女的顺序叫我为"四娃子"，或者简称"四"、"老四"。这是我的小名。

在我出生时，我的祖父母和外祖父母都早已去世。我既没有见过他们本人，也没有听到过关于他们的什么故事。我只知道彭家的先祖从江西迁移到江汉平原，其中一支就定居在东荆河畔。他们都是一些平民百姓，没什么丰功伟绩可言。彭氏家族就在东荆河畔过着亦渔亦农的简单生活。

我家住在河的北岸。由于岸边地势低洼，难免积水之苦，彭家在那里就地取

从笔者家门前流过的东荆河

土筑台。于是在高台筑好后，台前就形成了两个水池。人们在台上盖起了房屋，种植了杨柳，而池内在夏天的时候长满了荷叶，开满了荷花，还有鱼儿嬉戏于其前。这看起来是一个美丽的彭家台，但也许它的风水并不好。我家的邻居是我的叔祖父一家，他们是当地有名的富农，家里盖了非常高大的瓦房。叔祖父也是读过十年长学的人，当贺龙在洪湖建立革命根据地时，他曾给贺龙当过文书，并留下了一个印章。但他只有女儿，没有儿子，只好将他兄弟的儿子过继来。不幸的是连续过继的两个侄子都相继死亡，最后他只好将他另外一个侄子的儿子过继来，以延续香火。我家出于对于这一系列死亡事件的强烈恐惧，同时家穷不愿与富为邻，外加上我家的房子由于父亲赌博而输给另外一个村庄的农民，不久就迁出彭家台，移到东边不远的台上去，在那里盖起了房子。这个新家相当简陋，人们用木头搭起架子，再用稻草盖好屋顶，用芦苇加泥巴做成了墙壁。而室内则没有什么像样的家具。这就是我童年时的家。

如果说茅屋是我的小家的话，那么东荆河则是我的大家。它是一条大河，上接汉水，下通长江，宛如一条巨龙从我家门前流过。对我儿童时代的经验而言，它的所有方面都是最中之最，它的河堤是最高的；它的水面是最宽的；它的沙洲是最大的。东荆河堤内外栽满了垂柳和水杉，盛夏的色彩仿佛是熊熊燃烧的火焰，而冬天无叶的树枝则似乎成为了死亡的形象。河堤上的青草在风中摇曳，水牛自由自在地啃吃着它们。青草混合着牛粪的气味在空气中弥漫着。这青草的世界也常常是我们儿童的嬉戏之所。当然更使我们感到快乐的是沙滩和河水。在沙滩上我们可以寻找到色彩斑斓的河蚌和蛤蜊，在水中我们则光着屁股游泳和捕鱼。不过那深深的河水对于我们是神秘的，甚至是恐怖的。听说河里有落水鬼，每年都要让一个玩水的人淹死，以便让自己重新投胎。同时河里还有一种叫江猪的怪物，它专门吃小孩。这样我们每次游泳时都带有一种复杂的心情，一方面是对于玩水的快乐的渴求，另一方面是对于死亡的畏惧。因此这是一种冒险。对于儿时的我，东荆河有许多迷惑之处，例如它哪里流来的，又流到哪里去，它是怎样形成的。大人们告诉我，东荆河是一条大龙游走之后所留下的痕迹。对此我有点似信非信。不过对着远去的篷船、东流的河水和远方的地平线，我始终充满幻想，远方也许是一个与我的家乡不同的另外一个世界，如武汉、上海、北京。

1.2　父亲之死

　　对于我父亲，我的印象极为稀少且朦胧，因为他在我两岁时就因病去世了。我对父亲至今能保持的记忆只有两个。一个是父亲在我家草屋上修屋顶。稻草由于日晒雨淋就会腐烂，由金黄色变成黑褐色，这时房子往往就会漏雨，因此屋顶每年都要翻修。那天我在屋前玩耍，看到父亲在屋顶上，感到非常惊奇，我朝屋顶喊他，但我叫的不是"伯伯"（爸爸），而是"姆妈"（妈妈）。邻居的婶娘们则笑着骂我是一个憨娃，说那不是我的姆妈，而是我的伯伯。后来我回到家乡时，她们总是喜欢提起这件事，说我小时候可怜，我连父亲都不会叫，可父亲就离开了我。另一个是我父亲的葬礼。据说我父亲是患流行性脑膜炎死的，死时还不到五十岁。这病要是在今天的农村根本就不是死症，但在当时却是可怕的疾病。对父亲的生病过程我一无所知，只是记得有一天有很多人聚集在我家门前，围绕着黑色的棺材嚎啕大哭。我的大姐抱着我一会儿痛哭流涕，一会儿哽咽抽泣，家里的人都伤心欲绝。但我自己并不知道真正发生了什么事情。

　　父亲离开我们走了。但他一直生活在我母亲的心里，存在于我们的家庭之中。在我家的堂屋的神柜上，端放着父亲的黑白画像。这是在父亲临终前，母亲用手将他闭紧的双眼抹开，请乡下的画师画的。每当我走进堂屋，就看到了父亲的形象。尽管它只是一个简单的画像，但它就是我父亲的存在。不过这个存在的父亲却是是死去的父亲，我和他之间的距离是咫尺天涯。因此父亲看着我的眼光却常常使我感到害怕，这使我往往不愿意一人孤独地待在家里与父亲为伴。当然父亲在家里的存在不仅以画像的方式置放在那里，而且以幽灵的方式参与家里的活动。特别是在每年的除夕之夜，母亲和我们一起吃团圆饭时，她总是要把餐桌的上席空出来，并摆一副碗筷，那是给父亲留下的位置。然后母亲以我们的口吻轻声地请父亲吃饭。我觉得父亲已经动了第一筷子，便开始狼吞虎咽起来。因为家穷，所以家里平时都是粗茶淡饭，只是逢年过节，家里才有鱼肉，可以美餐一顿。而每一次美餐时，我们都和父亲在一起。此外父亲的幽灵还常常显现出来，如在家里人生病时。我的大嫂和二嫂生病经常头疼和胃疼，对此当时的赤脚医生一般都无济于事。这时我母亲认为是父亲在阴间没钱用了，因此他的幽灵回家来要钱而缠住了她们。为了证实这一点，母亲按照家乡巫术的仪式，端一碗水放在嫂子的病床前，把一双竹筷放在碗中央，用水浇在筷子头上，让它站立起来。如果当呼唤父亲的名字时筷子站立起来了，那么这就是父亲的幽灵在作祟了。母亲边这么做，边口中念念有词，要父亲的幽灵保护家人，不要让嫂子们生病，她会给父亲烧纸钱的，让他在阴间不至于困顿。之后，嫂子们的病果然就好了。我在旁边观看时，倒不是惊奇这种巫术的灵验，而是害怕父亲幽灵般的存在。他不可见，但他却又时时来到我们的周边。

父亲去世之后，家境自然更加艰难。大哥已经结婚生子，独立门户。后来二哥也结了婚，不久也分了出去。在大姐出嫁之后，就是母亲、三哥、小姐和我相依为命了。有时在昏暗的油灯下，母亲会回忆起她和父亲的一些往事。我母亲也是苦出身，她只有一个妹妹。外祖父母按照习俗要她们裹脚。母亲非常听他们的话，让自己的双脚变成了三寸金莲。但这成为了她一生的痛苦，使她不能远行，因此她常常诅咒自己的小脚，希望有一双天足。与母亲不同，小姨则性格刚烈，外祖父母晚上给她裹脚，她白天就解开。这样小姨依然保持了她的天足。外祖父母家也许是我们村最贫穷的，他们都无法养活自己和孩子，于是他们把母亲送给彭家当了童养媳。母亲说，她在彭家过的也是苦日子，生活艰难。她和父亲结婚后，曾逃过荒，避过难，经历了非常多的磨难。后来母亲谈起父亲的死时说，要是现在，父亲的病就有救了。

也许是我当时太小，父亲之死并没有对我心灵上有任何阴影。我母亲的爱护弥补了父亲不在的空缺，同时我大哥二哥都已成人，并先后当过村里的小头目，这使他人不敢随便欺负我。

但当我离开了我周围熟悉的圈子，遇到其他人时，他们总爱问我的父亲是谁？我会告诉他们我父亲的名字。他们又会接着问我父亲是干什么的？我也会告诉他们我父亲死了。这时他们就会把我不放在眼里，不屑于继续和我问话，

作者在家乡东荆河边诉说往事

而是把兴趣转向那些父亲是书记和队长的孩子身上。从小我已经在大人的眼光里感受到了父亲在与不在的差别了。有时我和小伙伴发生冲突时，他们也会大声叫喊我的父亲死了。这使我感到深深的羞辱和痛苦，因为他们是在幸灾乐祸。我的愤怒使我和他们拼命厮打，直到被人分开。

没有父亲的生活对于我的影响是双重的：一方面是消极的，我没有了庇护，没有了后台，没有了一个无条件为我承担责任的人；另一方面是积极的，正是没有父亲和父亲般的人的存在，我从小就养成了一种独立自主的个性。我自己的任何事情都不和人商量、不找人咨询，而是自作主张，敢作敢为。

1.3　游戏的日子

我的童年时代是朦朦胧胧的，但又是无忧无虑的。

在我所生活的地方和年代，可没有什么幼儿园和各种各样的学前补习班，学习音乐、美术和体育等科目。我认为这各种幼儿班尽管启发了孩子的智力，但是它在根本上是对孩子身体的摧残和心灵的折磨。这种培养的背后是人们所谓的"望子成龙"的陈腐观念和追赶攀比的世俗恶习。在成人的高压下，孩子的天性受到磨灭，而没有得到自然的发展。

我所生活的空间不是幼儿园，而是自然大世界。这个大自然是多么奇妙。天上的太阳是金黄色的，但它早晨和黄昏是血红色的，在中午又是白色的。月亮有时是圆的，有时又是缺的，人们说月亮上有一个兔子。在无月的夜里则闪烁了明亮的星星，北斗星和牛郎织女星都有自己的故事。我们最爱看的是流星雨，它们在天空划过一道又一道的光痕，然后消失在无垠的夜空之中。在星光全无的夜里，黑色则充满了恐惧，此时也许是鬼魅出没的时候。地上是黄土，长满了庄稼和野草，其间又活跃着许多昆虫和动物，如蚂蚁、蜻蜓、蝴蝶、青蛙、毒蛇等。河里则有水，有鱼和其他东西。夏天的暴风雨会伴随着雷电。刺眼的闪电和爆炸的惊雷似乎不仅要毁灭整个原野，而且要威胁那些躲在家里的人们。冬天的大雪将天地之间都变成了白色，路上的行人仿佛成为了黑色的蚂蚁。

在这样的自然天地里，我这个农民的孩子成为了野孩子，成为了一个小小的动物。也许因为这样，我似乎和动物有共同的语言，是它们的亲密朋友或敌人，这样我就特别喜欢和动物玩耍。玩的方式是多种多样的。最常见的是捉蚂蚁。我们在蚂蚁经常出没的地方放一点饭粒，它们马上就会从洞里倾巢而出来搬运食物，在洞穴和食物之间的来回路上形成了浩浩荡荡的黑色队伍。对此我们的心头涌现出莫名的兴奋。但我们决不只是站在这里静观欣赏，而是用石灰或樟脑丸在地上划一个圆圈，让这群蚂蚁只能在圈内团团转。看着蚂蚁无计可施的样子，我们不禁获得了极大的快感。到最后我们或者打开一个缺口让蚂蚁全部逃离，或者将全部蚂蚁一脚碾死。不过我和小伙伴最爱好的则是捕捉一些飞行的昆虫。春天家前的篱笆内外都开满了五颜六色的花朵并散发出迷人的芳香，引来了阵阵蜜蜂和蝴蝶。我们乘它们专注于亲近花朵时，就一手把它们抓住，然后放进备好的白色玻璃瓶中，以便欣赏它们的体态或声音。但对另外一些昆虫，人却不好用手去抓了，这样我们就只好借助于某些工具。最常见的是，我们找来一根长长的竹竿，在它的尖部绑上一个三角架，去搅蜘蛛网。然后我们站在远处，拿着竹竿来捕捉蜻蜓和知了。我们将捕捉到的蜻蜓和知了剪断其翅膀，这样它们就不会飞走，而乖乖地在我们的周边爬行。那忘掉了被囚禁境地的知了有时竟歌唱起来，但它的声音显得有些孤单，因为它不能加入到树林中的知了们的大合唱中去。

在捕捉动物的活动中，最冒险和最刺激的是打蛇和掏鸟窝。蛇和老鼠都是恶毒和丑陋的动物，因此俗语当中就有"见蛇不打三分罪"和"老鼠过街，人人喊打"。但老鼠其实不好打，因为它过于机灵，人不在的时候出来，人在的时候就走。蛇虽然也是灵敏的动物，但大部分蛇的爬行速度过慢，因此容易被人活捉和打死。对于蛇，我有许多恐怖的经验。我的邻居的一位女儿在田里劳动时，她的脚被蛇咬了，小腿肿得可怕。当时她家求助于流浪到我们那里的一个乞丐——一位隐姓埋名的中医师，经过很长时间的治疗，她才能下床活动。我自己在一次和小伙伴在河塘里裸体游泳戏耍时，就不幸被躲在塘边的无毒的水蛇咬中了屁股。当时我痛苦得哎呀一声急忙爬上了岸，摸着迅速肿胀的屁股，鬼哭狼嚎。但不久肿胀的屁股又瘪了下去，我便平安无事地又去玩水去。尽管我怕蛇，但我对打蛇怀有莫名的兴趣。有一次，我和小伙伴们拿着竹条，到村边的草地里寻蛇，不久就发现一条一米左右长的蛇缠住拉青蛙。蛇见到了我们，就丢开那青蛙准备逃走。但我们其中年纪最大且胆子最大的一位快速跑去，一把抓住了蛇尾，将蛇提了起来，并迅速地抖动着。这样一来蛇就无法向我们进攻了。后来我也提着蛇的尾巴抖动了一会儿，心里既害怕，又快乐。与抓蛇一样，掏鸟窝也是一件会使人心跳的事情。一些鸟特别是一些比较大的鸟都栖息在高大的树上。我们在爬的过程中，那粗糙的树皮会很容易地划破衣服和手脚的皮肤，以致流血。当爬到树顶时，树干变得较细，人和树都会在空中颤抖。这时心里常常就会发虚，手脚冒汗。一旦能掏到鸟蛋或小鸟，那当然是件令人高兴的事情，但假使一无所获，则不免兴味索然。有一次掏鸟窝的经历可谓惊心动魄。我和小伙伴同时爬两棵相近的树，他爬得比我快，已经准备去掏鸟窝了。突然他发现居然有一条蛇的尾巴露在窝外，一条蛇正在吞吃鸟蛋。他惊呼有蛇，不顾一切地从树上溜了下来。我当时听到呼叫，也吓得魂不附体，赶快落到地上。当我们飞快远离树林后，心还在怦怦地跳着。从此以后我们再也不敢掏鸟窝了。

除了抓动物之外，我还养过一些动物。最简单的是我把蝌蚪装进有水的玻璃瓶里，不久就可以看到它的尾巴消失，小腿长出。我的哥哥姐姐们常常会在劳动之后给我带来一些小动物，如乌龟、野兔等，我都会精心照料它们。有一次我得到了一只乌龟，看到它一副憨厚的样子，觉得非常可爱。我给它喂了一些谷物，并把它放在盆子里，盖上了盖子。不料一夜之后，它就逃得无影无踪。后来我还养过一只受伤的野兔，每天除了给它喂草之外，还用油涂抹它的伤口。这只受伤的野兔居然活了很长时间。在乡村，狗和猫是人们养的最多的动物了。狗是为了看门，猫是为了灭鼠。我和我家都不喜欢狗，对它没有亲近感。但我家倒是养过猫。有一次我和小伙伴们和小猫逗着玩，怎么不小心将猫弄得不能动弹了，它好像是死了。但我们听说过猫有九命，如果把刚死的猫放在泥地上，再用盆子盖住，然后用棍子敲打盆底，那么猫就会死而复活。按照这种办法我们折腾了半天，把盆子揭开，但发现小猫仍然躺在那里毫无动静。看来小猫真的死了，而且是被我们弄死的。这可把我们吓坏了。猫不是老鼠和蛇，弄死它是有罪的。同时猫死后会来复仇，它的鬼魂会缠住我们，不是把我们弄病，就是把我们弄死。我们吓得浑身起鸡皮疙瘩。不过一个小伙伴不知从哪里学到一个让小猫的鬼魂不缠住我们的办法。我们站在小猫尸体的周围，把中指放在嘴里再拿出来，然后发誓说，我们不是有意弄死小猫的，要它不要缠住我们。如此这般我们就挖了一个土坑，埋葬了小猫，最后如释重负地回家了。

我和动物的玩耍极少是一个人，大多是和小伙伴在一起。儿童害怕孤独，总是喜欢热闹，喜欢和年龄差不多的小伙伴一起游戏。由于我的哥哥姐姐们都大我许多，我几乎和他们找不到共同语言。这样我平时最爱和邻居的小伙伴玩耍，有时疯得不愿回家吃饭睡觉，母亲只好站在门前大声呼喊我的名字要我回家。我和小伙伴的游戏是多种多样的，如捉迷藏、摔跤比赛。我们还模仿成年人的家庭生活，特别是做饭。我们挖来一些泥巴，加上水，然后做成各种各样的菜肴，之后还用树枝当筷子把它们夹到嘴前，装出一副品尝的样子。此外我们也模仿成年人的劳动生活，如插秧、割谷等。不过我们更喜爱在一个小水沟中用泥块垒成小水坝，然后开一个闸门，看着水哗哗地流淌。在儿童游戏中，最能使我们兴奋的是在夏天的月夜下在禾场上打仗。我们拿着木头等做的枪支，分成两队，分别躲在禾场上两头的庄稼垛后面，然后搜寻对方。如果我方发现敌方的成员，并大喊他的名字说他被打死了，那么他也就是死了，并乖乖地跑在禾场中间，如同死尸一样地在那躺着。要完全歼灭敌人，往往需要很长的时间。这样我有时回家时会深更半夜，则不免要挨母亲的训斥。

虽然我平时和小动物玩，和小伙伴玩，但也终觉单调无聊，没有什么刺激性。因此我总是盼望着过节。过节是多么的好啊。

在农村里，一切节日中最大的节日当然是春节了。到了腊月，节日的气氛已经开始弥漫，而且越来越浓。天气变得寒冷，大地呈现出一片静谧，田野早已看不到人们劳作的踪影，路上也只有稀少行走的男女，相反人们大多只是在家劳作，准备年货。我每当过年时都想要新衣服、新帽子和新鞋子，最好哪位长辈也能给我一块的压岁钱。但由于家穷，我的这些美好的愿望往往都只是成为了白日梦，我只能得到由别人穿小的衣服，而得不到一分钱。这样我不得不羡慕那些有新衣服和压岁钱的邻居的小伙伴。不过从除夕开始，我却能连续十天吃到鱼肉，充分满足了自己肠胃的空虚和舌头的贪婪，这可是过年最美妙的事情之一了。此外从大年初一之后，门前被雪铺满的路上或大雪融化了的泥泞的路上便穿流着熙熙攘攘的人群，他们是相互拜年的乡亲，是回娘家的小媳妇，是看丈母娘的新女婿。不过我们感兴趣的只是那些在各家各户门前表演的划旱船和河蚌精的队伍。他们穿着五颜六色的戏服，敲打着锣鼓，小丑拿着把破扇子，会做几个滑稽动作和讲几句俏皮话，而打扮得花枝招展的女船主和河蚌精则会唱起我们当地的花鼓小调。在表演的过程中，主人会放鞭炮，以表示欢迎。鞭炮的爆炸声未停止，我们就会蜂拥而上，抢那些尚未点燃的零星鞭炮，装在荷包里，然后在路上不时地放几颗。

春节的鞭炮爆炸的火药味在空中尚未彻底消失，人们又迎来了元宵佳节。这时人们吃汤圆和团子。我个人更喜欢后者而不是前者。团子是由米粉做成，里面包有腊肉、香干和其他东西，通常有一拳头大小。如果把团子放在灶内烤成金黄色，那么吃起来更是其香无比。白天会有远方来的舞狮子的和玩龙灯的。我们跟随他们走乡串户，不愿回家。晚上我们则拿着大人们给我们制作的小灯笼在门前的空地上游玩，比谁的灯笼亮和谁的灯笼漂亮。

元宵之后的日子是单调的，而且雨水特别地多，这极大地阻止了我们小伙伴的行动自由。好不容易才熬到端午节。此时母亲和家人就包粽子，将它们浸泡在水中。粽子虽然有股清香，但我却不愿多吃。我对端午节的热情绝不是因为粽子，而是因为人们在门前的东荆河进行龙舟比赛。端午那天，河里聚集几十条船只，它们都装饰了龙头和龙尾，船员们也裹上了红色的头巾。他们在锣鼓声、鞭炮声和人们的欢呼声中，挥动双桨，努力超过对方。船儿就像离弦之箭飞向远方。我们也会在岸边跟随船儿奔跑，但不一会儿就被飞快的龙船丢在后面。

到了中秋，我们又迎来了一个节日。人们可以吃到乡村作坊制作的非常简陋的月饼。除此之外，对于儿童来说就没有任何节日的意味。不仅我和小伙伴们，就是村里的白胡子老头们也不知道如何在中秋赏月。月光如水，只是流下了乡村的一片宁静和寂寞。

一年四季中，比起平时农民日出而作和日落而息的简单日子，节日当然是美好的和快乐的，但它毕竟是稀少的和短暂的。因此在节日之外，我们就希望村里能有大事发生，如某家生孩子，男的结婚和女的出嫁，还有老人的葬礼。

农妇生孩子没有现在城里的女人那么复杂。她们无法做所谓的孕期检查，也不会到医院的产房去生产。有一些农妇就是在田间锄草时生下孩子，用锄头割断血淋淋的脐带。这样的孩子一般取名叫"田生"。当然更多的农妇是在自己家里生产，由请来的接生婆来负责生孩子的整个过程。当我们听说谁家要生孩子时，就会兴奋地聚集在那家门前打闹。产妇的阵痛所发出的叫声如同鬼哭狼嚎，撕肝裂肺，叫人听起来有些毛骨悚然。但不久孩子出世后便是婴儿的啼哭了，其声音高亢无比。我们也会跟着一起欢叫。此时这家里的人就会喜气洋洋地给我们每人一碗红糖水。这水真甜，我们喝了一碗还想喝第二碗，但一般是不会有这种可能的。有的好心的家里还会给我们刚刚煮好的鸡蛋，我们不怕那冒着热气的滚烫，一口吞了进去。

当然如果某家儿子结婚女儿出嫁那更是让我们疯狂地忘乎所以。男婚女嫁是人的一生大事中的大事。特别是儿子结婚是一个家庭的节日，也是一个村庄的节日。结婚的那一家在门前搭起一个高大的棚子，人们在里面饮酒作乐，昼夜不停。除了亲朋好友之外，乡亲一般也都会应邀参加。喜宴持续长达三天，第三天是最后一天，但也是最热闹的一天。这天晚上是闹洞房的之夜。大人们用各种动作和语言让新郎新娘当众亲热，但新人总是害羞不愿有所动作。这就会激起大家和新人之间的矛盾，并会随时达到戏剧性的高潮。我们小孩子觉得很有趣，但看不出一个什么道道来。我们只是希望有喜糖吃，有红糖水喝。不过有些大人会唆使我们小孩喊新郎新娘的名字，并唱一些童谣。后来我才明白，这些童谣其实具有极其浓烈的色情意味。但这在新婚之夜是容许的。还有一些大人教我们在闹完洞房之后留下来趴在在窗户外面，偷听洞房内的声音。并说谁要是听到了，谁一辈子就会走运。果然有一个小伙伴听信此言，趁人不注意时钻到了婚床的下面，结果被新郎事后发现，打了一个半死。挨揍的小伙伴给我们说，他钻到床下不久就睡着了，但不知什么时候新郎新娘在床上打起架来，把他弄醒了。看来偷听洞房的声音不能带来好运，相反只能带来霉运。

　　跟婚礼不同，葬礼自然谈不上是件令人快乐的事情。但在农村一个寿终正寝的老人的葬礼却并非不吉利的事情，而是被称为白喜事，正如婚礼称为红喜事一般。我们对老人葬礼的参与最重要是为了满足好奇心。在抬着的棺材后面，老人的大儿子要披麻戴孝，脸上涂满黑色的锅灰，而儿孙辈的小孩要头戴红白帽子。如是这般将老人的棺材送到墓地。在葬礼中，我们最感兴趣的是那位奇装异服的大儿子，他的行为举止往往使人觉得怪诞。

　　在我童年的游戏时光里，除了和动物打交道，和乡邻在节日和大事的时候打交道之外，几乎没有所谓智力的训练活动。一个贫穷农村的孩子做梦也不会去想用钢琴演奏莫扎特或贝多芬的曲子，用碳笔去画静物，或者背诵李白苏东坡的名言名句。我们唯一的精神空间是由讲古话（故事）的老人开启的。夏夜人们都喜欢在村头的大树下乘凉。这时就有一位白胡子老头在那给我们小伙伴说故事。有时他老人家心情不好，不愿讲话，我们就只好哀求他张开金口，并许诺每人轮流给他扇风。老人敌不过我们的请求，就慢慢地开始道来："从前或古时候如何如何"。听古话可算作我的学前启蒙。通过它，我知道了天地的来历，万物的产生，以及一些著名的民间机智人物的生平。

　　但所有的古话不如鬼话好玩。古话多为传说，似真似假，半信半疑。鬼话则大多是人们的亲身经历，活灵活现。古话所说的东西已经死了，而鬼话中的鬼却依然活着。这就是鬼话作为关于鬼的故事刺激人的原因之所在。鬼有许多种，大多依照人死亡变成鬼的方式而划分，如吊死鬼、落水鬼、饿死鬼等等。所有鬼当中，无常鬼是最可怕的。它善变，且能变得奇大无比，人若碰到它必死无疑。鬼一般是不可见的，当然也有人说遇到过无头鬼，但鬼经常会缠住某个生物，这样人们会由此生物感觉到鬼的存在。事实上，鬼无所不在，特别是在漆黑的夜晚活动得相当猖獗。每当我夜晚听完鬼的故事一人回家时，总是感到异常恐惧。一方面怕路前有鬼走来，另一方面怕鬼在后面追上。心在狂跳，脚步也不断地加快。一头跑回家门口，叫着母亲，人才安定下来，心想再也不去听什么鬼的故事了。但过了不几天，我对于鬼的故事的兴趣不可遏止地增长，那只好又好奇地去听，又害怕地跑回。鬼的故事的确敞开了一个不可见的想象的奇异世界，这对于一个求知欲和好奇心十足的儿童来说，可以说魔力无穷。

我虽然听了很多鬼的故事，但却从未见过鬼。不过鬼火倒是见了不少。在黑色的夜晚，即使有月光和星光，我们也经常看到在田野上漂浮的鬼火。鬼火发出令人毛发直立的冷光，且一闪一闪的，叫人身心哆嗦。有一次我居然和大人们看到一团鬼火从远处飘到近处的一棵大树的树梢上，且停了一段时间，过了好一会才飘到远处去了。在鬼火停在树上时，我的心跳也几乎停止了。后来我们在同样一个地方，发现在夜色中远处有一奇怪的黑影。我们想这一定是鬼了。一说到鬼，我们自然开始害怕。但年龄较大的小伙伴说，我们有六七个人，不用怕鬼。而且他要我们每人回家拿上棍子去打鬼。我们就像一群伟大的冒险家，明知地有鬼，偏向鬼地行。等我们接近那个鬼时，才发现它是一个刚栽好的稻草人。但我们也毫不客气，给这个稻草人一阵痛打。

1.4　上学去

我六岁就告别了浑浑噩噩的学前状态，进入了生产大队乡村小学。当时农村教育并不发达，小孩一般是七岁入学，也有的是十岁入学，还有更多的学龄儿童待在家里，帮父母操持家务，成为了小大人。我当时可能是乡村小学中最小的小学生。家里之所以要我这么早入学，并不是因为发现了我是神童、早慧，具有什么特别的天赋和才能，而是因为害怕我不幸死亡。我的母亲和年龄较大的哥哥姐姐白天都要下地劳动。我的小姐原来为了带我，从未上学，但现在也要帮家里争挣工分去了，这样白天就会无人看管我。如果我一个人白天在家的话，那么不可预见的生命的危险的事情是会发生的。我们整个村子屋前屋后都有水，布满了河、沟、塘、坑。小孩都喜欢在水边玩耍，一不小心就会掉到水中，一旦滑到水深处无人抢救的话，那么必死无疑。我们村几乎每年都有小孩淹死的事件发生。这使我家里人非常担忧，生怕我的小命不保。于是他们找到一个好的办法，让我提前读书，这样可以避免我白天玩水而被淹死。

当时入学是春季。我要上学了，当然很兴奋，但我不是为了识字学文化。对于农村孩子来说，读不读书，识多少字，并不是一个性命攸关的大事，反正长大了都是当农民，而农民一辈子的命运就被牢系于田地之中，面朝黄土背朝天。我可没有想到当什么哲学家、文学家和科学家。相反我上学兴奋而是为了好玩，我将到一个新的地方去，那里有更新奇的人和事。

那天我提了一个破旧的打过补丁的红色塑料袋，里面装了一支用过的铅笔，便跟着二哥三哥上学了。我们是沿着东去的田间小道去学校的，路程有一公里多。小学的校舍是红砖砌的墙，稻草盖的顶，看起来已破烂不堪，但比起我家已经是豪舍了。哥哥们见到了校长和一年级的班主任，为我报了名。但校长觉得我的小名太土，建议我用一个学名。二哥想了一会，就给我取了学名"富春"。富字是我的辈分，我的家谱中的一个部分辈分的顺序是荣华富贵，我属于富字辈。至于春字则相关于我入学的春季。报名之后，我被安排到教室的最后排。课桌和课椅不是由学校提供的，而是学生家长从家里带来的。有的家里带来活动的写字桌，但我们家没有。三哥就只好如同许多穷学生的家人一样在教室的地上打了两个树桩，然后将一块木板钉在上面。这就成为我的新的课桌。报名那天并没有上课，我只是带了一个学名回家了。

第二天我就和老伙伴新同学一块到学校去了。那崎岖的田间小路倒是一条快乐之路。路边长满了荆棘和茅草，还绽放着许许多多的无名小花。我们一路上疯疯癫癫，打打闹闹，不时发现有些小动物，如野兔、黄鼠狼等，还发现了被人在路边打死的蛇。但一到教室里我就有些惴惴不安，心里发虚。铃声一响，那五十岁左右的老师便要我们这些野孩子安静下来，说今天就要上第一堂课了。我们每人没有得到教科书，但却领了一个粗糙的写字本。我们紧张地期待第一堂课学习些什么。在一种异常的无声中，老师嚓嚓嚓在黑板上写下五个大字。他写的什么字？我们还是文盲，是睁眼瞎，不明白那些字是怎么写出来的，更不明白那些字的意义。老师写完字，用一个竹条指着黑板大声说：同学们，我们的第一堂就是学习"毛主席万岁"，并领导我们齐声朗诵了三遍。从我学会说话开始，或者说从我学会喊"姆妈"开始，我就慢慢熟悉了毛主席的名字，并逐渐也学会了喊"毛主席万岁"，我知道毛主席是世界上最伟大的人，每当我呼喊"毛主席万岁"时，心中都升起一股敬畏之情，这个名字是神圣的，不可反对的，不可侵犯的。但我过去只是听到和说出"毛主席万岁"，它是飘浮在空中的声音，现在不同了，我看到了"毛主席万岁"五个大字，而且还要写这几个大字。它们成为了一个摆在那里的东西。这可以说是一个根本性的转变。就在我的惊奇之中，老师要求我们跟着他学写"毛主席万岁"。他开始在那五个大字下面又一笔一画地写"毛"字。每写一笔，他都停顿一下，好让我们模仿。我也拿起我的铅笔准备在写字本上学写"毛"字。但此时觉得那半支铅笔沉重无比，远没有我抓住石块、泥巴和木棍那样好使。于是手指开始颤抖，手心开始流汗。我已经不知道如何动笔，究竟是从上到下还是从下到上，是从左到右还是从右到左。我越来越无所适从，越来越心慌，最后竟哇地一下哭了起来。我的无所顾忌的哭声引起了大家的注意。有些同学在那里扮鬼脸嘲笑我，还有些同学居然在模仿我的哭状。但好心的老师发现我的困境之后，径自向我走来，教我不要哭，不要怕，说慢慢就会写字了。我停止了令人羞耻的哭声，并用袖口抹去了泪水和鼻涕。等我安静之后，老师便弯下腰来手把手地教我写出了"毛主席万岁"五个大字。按照老师的嘱咐，我又把这五个字描了一遍。虽然我开始学会用铅笔写字了，但我并不兴奋。相反我体会到了上学读书尽管不会淹死，但并不好玩。

我上学哭了的事当天就传到了我母亲和哥哥姐姐们的耳朵里。他们为我感到非常忧虑。当然上学读书可以避免我玩水，死亡的可能性减少了。但现在读书自身却出现了严重的问题。看来我不是读书的料，强行要我读书也许会使我的大脑出问题，而变成疯子或呆子。不过他们还是让我留在学校，但从不给我施加压力，要我勤奋学习，争取成为第一名。他们的要求其实很简单，第一保住性命，不要淹死或者由于其它事情而死亡，所以要上学读书；第二，读书但脑袋瓜子不出毛病，因此在学校里混混就行。至于其他就看我的造化了。

我就这样正式成为了一名小学生。小学的课程开的不多，只有语文、算术、常识、体育和唱歌。我们很少能在开学初领到教材，一般是在期中，有时是在期末。即使我们能够领到教材，它也往往是些用非常粗糙的纸张所印行的文字。有些学期我们根本就没有所谓的教材，老师只好自编，如语文大多选用了毛主席的著作、诗词，或者是《人民日报》上的文章摘要。但这对于一个小学生来说没有太大的兴趣。

我们的老师们大多只是读过乡村小学，有的甚至没有毕业。他们之所以能够成为老师，往往是因为他们的钢笔字、毛笔字和粉笔字写得端正，同时能说会道。当然也有凭关系进来的。比起当农民的辛苦，乡村教师是一个清闲而高贵的职业。那些乡村干部的亲戚当然想办法谋得这份美差，但他们是教师中的劣者。老师上课时不讲我们当地的方言，而是努力讲普通话。尽管他们不能如同收音机里新闻联播的播音员说得那样标准，而是讲一口半吊子普通话，但他们仍然是我们学生的楷模。因此我们也要跟着他们变着嗓子说话。

除了体育和唱歌，像语文和算术之类都是非常枯燥的。小学生们大多是些野孩子，他们在家成天和泥巴、猪狗牛打交道惯了，因此很难在教室里安静坐下来听老师上课。他们不是讲小话，就是做小动作。有的甚至在课堂上相互破口大骂拳脚相加。对此老师们特别是那些血气方刚脾气暴躁的青年教师们就会勃然而怒，实施体罚。一次我旁边的一位调皮的同学在课堂上捣乱，撕了另外一个同学的课本。站在讲台上的老师怒不可遏，气呼呼地一把抓起桌上一瓶批改作业的红墨水朝那捣乱的学生扔了过去，幸好瓶子落在课桌上，但红色的液体溅满了学生全身。那倒霉鬼一摸身上，满手红色，以为是血，便开始嚎啕大哭起来，尖叫打死人了救命啊。这一叫倒是更加激起了老师的愤怒。他从讲台上奔了过来，给那学生啪啪就是两耳光，并问他，这是血吗。那学生被突如其来的响亮耳光打傻了，居然停止了哭叫，一声不吭。老师要那学生站起来，而且要站到放学为止。等学生站完之后，老师还恶狠狠地骂了他几句，内容极为下流，其中包括说他的父母不是东西，生出一个儿子也不是东西。

由于年龄小，胆子也小，我在课堂上基本上没有讲小话和做小动作的恶习，老师从来也没有理由对我进行训斥和体罚。应该说，我对老师一直怀有一种莫名的敬畏之情。我母亲按照习俗称老师为先生，并常常教导我要听先生的话。我见到老师，都会主动地给他打招呼。对老师，我的敬畏与其说是尊敬，不如说是害怕。这是因为他们懂得许多我所不懂的东西，我生怕他们在课外拿一个生词一个算术题来考我的智力。如果我回答不出来，那么我将感到万分的羞愧。在我的敬畏之情中，那些乡村教师都成为了我心中的圣人。但这样一个感觉被那位老师口中的下流话所破坏了。只有那些无教养的农民和我们这些刚上学的野孩子才会骂出叫人难听和叫人脸红的下流话，一个有知识的老师怎么也会这样呢？对于老师的上课，我们无法判断他讲得好不好，但对于他的态度我们则能察觉出来好不好，并且会用超出农民的道德标准来衡量他。

但不管谁上课，也不管上什么课，课堂仍然没有成为我们的天堂。文字是死的，不是活的，它没有色彩，也没有声音，而数字比文字更为枯燥，更无聊。我们喜欢的不是上课，而是不上课。如果说每天上课的痛苦能被某种东西所克服的话，那么就是课外的欢乐。上课时我们总是感到这四十五分钟的漫长，仿佛是在煎熬之中。我们等待着下课铃声。一旦我们得到了课间的十五分钟，便如囚禁的小鸟飞到笼外，打打闹闹，其乐无比。但美妙的时间太短暂了，还没等我们尽兴，上课的铃声又将我们赶回了教室。除了课间的欢乐时光之外，我们还喜欢上学或回家的路上。早晨上学时还害怕迟到，在路上耽误不得。但晚上放学时却是绝对自由的时间，我们可以在这一公里的路上消磨几个小时，玩各种游戏，直到天黑为止。在平时上课时，我们还希望老师迟到、早退、生病请假，这样我们也就不用读书。此外暴风雨来临时也是老天爷送给我们的礼物。因为我们的校舍是危房，所以每当天气突变，老师都叫我们中断读书，跑回家去。至于寒假和暑假更不用说了，我们已经忘了自己是小学生，完全成为了野孩子。

我就这样混了一年。事情的发展有些出人意料之外，我居然不是班上最差的学生，而似乎是中等偏上。但家里人无视我的进步，仍然不放弃他们约定的规则，不鼓励我努力学习。当我从一年级升到二年级时，家里就希望我留级，再读一个一年级，但校方坚决反对。从二年级升到三年级时，家里坚持要求我留级。三哥直接就把我的课桌钉到了二年级教室的地上。校方无奈，我也无奈，就这样我重读了一个二年级。但我对于这种留级已经不快了。

对我而言，虽然留级不是件光荣的事，但却是一件轻松的事，我轻而易举地成为了班上的尖子，因为那些东西都是我所学过的。从三年级开始，我慢慢地对于读书发生了兴趣。在课堂上，我能聚精会神地听老师讲课，并能主动积极地举手发言，正确地回答老师提出的问题。至于课堂作业和家庭作业，我都能准时地交给老师，并得到老师给的高分。特别是在上语文课时，我的表现极为突出，我能读出生词，解释其意义，并能用它来造句。老师总是给我表扬。从此我成为了班上的第一名，并一直保持到高中毕业。虽然很多同学挑战这一地位，但从未动摇过我，更不用说取代我了。由于我成绩优秀，我自然成为了班干部，不是班长就是学习委员。为什么我能取得这么好的成绩，老师和同学以及周围的人们一致认为我天生聪明，富有灵性。事实上，我读书并不勤奋努力，刻苦钻研，也没有家人和老师的课外辅导。我读书的关键在于，听懂老师讲的内容，看懂教科书上的课文，这就是一切了。我的悟性只不过是能很容易地接受老师和课本上的东西。我也感到很奇怪，那些被骂作为蠢货的同学为什么听不懂和看不懂。这可能是他们从来没有用心认真听过和看过，他们的心不在读书上，不在教室里。

我的二年级和三年级班主任大概发现了我语文方面小小的天赋，但他自己也没读过几天书，能力有限，并不能满足我智力发展的要求。于是他好心地要求我家里培养我、支持我。不过他也知道，我家里一半是文盲，一半只是读了小学三年级，他们根本无法在学习上帮我什么。同时家里贫困，没法把我送到更好的地方去读书。但有一次二哥有事到小学来时，班主任指着我对他说，我非常聪明，他都教不了我了。他要我哥给我买本《新华字典》和《现代汉语小词典》，这样我就可以读报了。当时买这两本书大概需要两块钱，这对于家徒四壁的我家是一笔巨大的开支。二哥卖了家里积攒的鸡蛋，把平时用来换油盐的钱给我买了字典和词典。当他把一本红色塑料皮的《新华字典》和灰色塑料皮的《现代汉语小词典》送到我手上时，我高兴极了，比吃了一顿鱼肉还快活。我们学校的老师一般都没有这两本工具书，更不要说一般同学了。我是学校中唯一拥有这两本工具书的学生。这种优越感唤起了我的骄傲和自豪。不久我就学会了使用这两本工具书。我不仅在读教科书和报纸时用它们查找生字和生词，而且常常翻翻它们，找出其中一些有趣的字或词，特别是一些成语故事。有了这两本书，我读书可以说是如虎添翼，突飞猛进。如果说有什么书在我乡村的读书时代发生了重大影响的话，那么就是这红色的《新华字典》和灰色的《现代汉语小词典》了，它们是我二哥给我一生送的最珍贵和最美好的礼物。

由于天天翻字典和词典，我就认得了更多的生字和生词，也懂得了它们所具有的意义。这样我甚至知道老师有时将字认错了，将词解释错了。当然我不敢公开向老师说出来，而只是在家里告诉二哥。不过老师也认为我的语文水平远远在班上其他同学之上，因此我有时就代老师做一些事情。最常见的是念报纸，主要是《人民日报》、《解放军报》上的短评，还朗读新的课文，它通常包括了许多同学们不认识的生词。在小学五年级即小学毕业那一年，由于语文老师中途有事，我还代老师讲解了一次课文。当然这种讲解很简单，无非是认识生字，解释词语，分析段落大意，总结中心思想，并带领同学将课文朗诵几遍。

我的优秀成绩得到了大多数人的赞赏和艳羡，但受到一些人的批评。一些同学非常妒忌，特别是一些学生家长是乡村干部的对我几乎充满了仇恨，也有个别学校的头目为了讨好干部拼命地打压我。对我的批评可以归纳为两个方面。第一，不是又红又专，而是只专不红，走白专道路。第二，不是谦虚谨慎，而是骄傲自满，看不起他人。在小学毕业那年的班会上，老师要求每位同学都要作批评与自我批评。开始大家沉默了一阵，但不久就开始闹哄哄了。一位乡村干部的女儿举手站了起来，开始攻击我，说我打击先进，也就是打击她本人。这位女生至少大我五岁，学习成绩不好，但热爱劳动，常帮她家里干活，因此成为了班里的优秀学生。我当然很瞧不起她。在她发言之后，一位木匠的儿子接着数落了我一大堆毛病，说我是个小修苗子。这位同学是家里的独苗，很是受到宠爱，在班里想超过我，但始终不能如愿。我早就不能忍受这帮家伙对我的无耻攻击了。等这位同学还没讲完，我就大叫起来，用所知道的最下流的语言来咒骂他们，同时自己也觉得委屈地不行，居然大哭起来。老师这一下着急了，劝我们都坐下来，不要再吵。对那两位同学说，你们批评要实事求是。又对我说，有则改之，无则加勉。这样班会便不欢而散。

人们说我只专不红和骄傲自满不过是夸大之词，也无非是想借此表达自己心中的不平和怨恨而已。我真正的问题只有我知道，只有我的小伙伴知道。这就是只会读书，不会其它任何东西。我的缺陷是由我的身体所决定的。我母亲怀我时已经年龄较大，而我出生下来之后又缺少营养。这可以说我先天不足，后天失调。在同龄人中，虽然我的个子是最高的，但却不是最壮的。人们一向称我为黄豆芽。我瘦弱的身体没有多少力气，肩挑不起，手拎不起，干不了重的家务事和农活。我和小伙伴摔跤往往也是以失败告终。此外我对技能的掌握也不如其他小伙伴，如打各种球、唱歌、吹笛子，还有钓鱼捕鱼等。我虽然也能够对付这些事情，但我的能力绝不是小伙伴中最好的，而是一般，甚至有的是最差的。因此我在读书时感到快乐，在干其他事时，虽然开始觉得有趣，但最后都觉没劲。

　　在小学毕业那年，我对读书的渴望变得异常强烈。我感觉到，只有读书，我才能找到一条出路，而且是唯一的出路。这就是离开我的充满贫穷、落后、痛苦的乡土，到城市开展新的生活。但这种对读书的渴望在毕业时变成了对于读不成书的恐惧。首先不知道是否可以读上初中，其次，如果可以，不知道家里是否能供养得起，因为我们村没有中学，只有片里和区里才有中学，那里离我家有十几里路程。我已经对于自己毕业后的前途怀有担心。如果我不能读初中，那么我能干什么呢？最大的可能就是回家务农，当一个早出晚归的放牛娃。当然还有一个小小的可能，我成为乡村小学年龄最小的小学教师。

　　毕业前夕老师教给我们学生最多的一句话就是：一颗红心，两手准备。但我的心和手都是不安的。在这种不安中，我告别了我的小学生活。

1.5　开门办学

　　就在毕业后不久，我们听到了一个破天荒的好消息，为了普及中学教育，生产大队马上要建立乡村初中了。我们这些应届小学毕业生无须参加入学考试将自动转成初中一年级的学生。这意味着暑假之后我可以继续读书了。我和其他同学都兴奋无比，我们生产大队有史以来第一次开办了初中，而我们就是它第一届的新生。

　　因为这一消息太好，所以我又担心它只是天上美丽而虚幻的彩虹。为了证实消息的真实性，我在暑假期间跑到了学校，看一个究竟。一看大吃一惊，学校成为了一片乱七八糟的建筑工地，过去的破烂校舍全部推翻，人们正在原有的地基上盖新的校舍，而且已现雏形。它将是砖墙瓦顶，高大宽敞。在那里劳动的老师还向我指点了初中一年级教室的位置，显然它占据了校舍中最好的环境。老师还说，初中一年级的教室内部将用石灰粉刷一遍，变成漂亮的白色。这是超过其它教室的地方。我想中学生和小学生就是应该不一样，这可大大地满足了我骄傲的心灵。

　　暑假过后，我带着激动而期待的心情去上学。当然我还是和同学扛着桌子和板凳，还是走的同一条路，但感觉已经完全不一样了。它已不再是通往小学之路，而是通往中学之路。我的心中如同早晨东方地平线上升起的红色的太阳，充满了希望之情。我将通过这条道路离开这条道路。

来到学校在新教室将桌子板凳安排好，我们就等待新的老师和新的课本的到来了。原来听说，初一的任课老师可能就是那些好的小学老师，也可能是村里那些刚毕业的高中生，他们被称为回乡知识青年。不过我们更愿上面给派来县师范毕业生，如果更好的话那么就派大学毕业生。当然我们也知道这只是美妙的幻想。但在好的小学老师和高中毕业生之间，我们情愿选择后者而不是前者。一些小学老师也不过是小学毕业生，与我们一样，怎能教我们呢。即使是初中毕业生也不行，因为我们就是初中生啊。一个高中生来教我们，这还勉强说得过去，不过也要看看。

语文和数学老师终于来到了讲台上，一个瘦子，一个胖子。他们看起来的确和那些小学教师不一样，梳着小分头，牙齿刷得洁白无比，白色的的确良衬衣有着很硬和很大的领，伴着汗味，还在身上飘出香皂和雪花膏的味道。他们简单地自我介绍了一下，便谈起我们学习的事情了。我对他们谈不上喜爱还是憎恶，但有些羡慕，如果有一天我自己就是高中生那就好了。老师最后说我们暂时无法领到教材，而现在教育革命提倡自编教材，讲读报刊文章。没有教材，我感到很失望，我很想借助字典将语文教科书先通读一遍。

初中的学习生活就这样开始了。由于没有教材，老师就将以前的教材的主要内容写在黑板上，同学们再抄下来。当然语文课有更大的选择空间，而且也更能激起我的兴趣。老师选用了毛主席的一些重要文章以及他所发表的诗词作为课文，此外还将《人民日报》和《光明日报》上的文章作为参考资料。对于这样一种无教科书的教学，我倒是如鱼得水，因为我对于一般报刊的阅读在文字方面已毫无困难，有问题的只是，有些文字所具有的哲学意义和历史意义。

为了配合教学改革，班里订了一份《光明日报》。除了老师阅读之外，就是我了，其他同学对于读报无甚兴趣。这份报纸一般上午分到班里，当然首先是老师浏览，他要一直读到下午。为了读到当天的报纸，我在放学之后留在教室里，独享那份夕阳照射在文字的快乐。我最喜爱的版面是副刊，上面刊有诗歌散文小说评论。那些文字本身就是一个世界，它使我忘却了贫困的现实。而且我幻想，什么时候我也能够成为这样一个世界的制造者，如同那些作家一样。

当时报纸也许是我们唯一可以持续获得的精神食粮。我们的学校没有图书室，甚至连一个书架都没有。除了老师办公桌上置放的《毛泽东选集》四卷之外，学校几乎没有其他什么图书。但有一次我看到班主任的桌上放着一本与众不同精装的大书，仔细一看，原来是《马克思恩格斯全集》，再一看是《资本论》。当时我的敬佩之情油然而生，老师居然能读懂马克思的原著！这种书我也想看一看。我翻了一下，但不知所云，便只好带着羡慕和遗憾的心情罢休。但我心里一直不平，后来我也买了一本《共产党宣言》。这本书虽然很薄，但也不好读。特别是马克思将共产主义和幽灵扯在一起，使我百思不得其解。共产主义是美好的东西，幽灵亦即鬼魂却是丑陋和可怕的东西，它们是完全对立的。当然我不敢怀疑马克思的正确性，而是承认自己文化水平太低。

能使我废寝忘食的既不是报纸，也不是马克思的著作，而是小说。在当时的乡村能找到一本小说如同在田里掘到了金子一样。但有一次我发现三哥的枕头下面藏着两本书，已经没有封面和封底，前后发黄的书页也变得残缺不全。我翻了几页，发现它们就是人们所说的四大古典小说中的《三国演义》和《水浒传》。它们是我太想看的书了。为了尽快读完它们，我上学前和放学后都挤出时间来看书。甚至在吃晚饭时，在昏暗的油灯下，我都一手拿筷子，一手拿书，一边吃饭，一边阅读。在阅读时，我已经不知道自己还在吃饭，完全沉迷于小说所描写的人物的生活中去了。对于《水浒传》中的每一章回中的诗词，我都抄录下来，不时地读一读。后来我还从其他同学处借来几本小说来看，但印象都不是太深刻。

当时的教学除了鼓励读报刊文章之外，就是强调文章的写作。写文章主要是写学习心得，它基本上是《人民日报》文章的中学生变形。但老师也倡导大家写散文和诗歌。散文的开头一般是：东风万里，红旗飘飘。诗歌的开头一般是：我站在美丽的校园里。有的同学还模仿毛主席所写的古典诗词的格式，写什么七言、五言以及沁园春和满江红之类，当然它们只是字数吻合，而平仄和对仗全然不顾，不过是乱写一气而已。与一般同学相比，我的写作略高一筹。我的散文和诗歌经常得到老师的表扬，并作为范文在班上宣读。老师说我的写作有几大优点，一是用词准确，表现了驾驭语言的能力。二是语句通顺，行文流利。三是主题突出，有个人的思考。事实上，我当时感到，写一篇散文和诗歌是一件轻而易举的事情。因此我对那些绞尽脑汁而写出一塌糊涂的东西的同学不屑一顾。

语文特别是写作在当时的学校教育中无疑是最重要的。没有写作，一些主要的教学活动都无法开展。不仅在课堂里，而且在课堂外，处处都需要形形色色的写作。最通常的是班级的专栏写作。老师在教室内雪白的墙壁上用红色的油漆划了几个大的方块，并在它们的上方分别写了表扬栏、批评栏和建议栏。他也在教室外的墙壁上划了一个更大的方块，上面写了大批判栏。教室内的专栏主要张贴针对班内的好人好事和坏人坏事以及改进班级工作的文章。而教室外的专栏主要张贴批判资产阶级思想的文章。这些专栏文章的选用、抄写、粘贴的整个过程都是由我所领导的班级写作组负责。

除了这些一般的专栏之外，还有一些重要的节日专栏。在春季学期就是"迎七一"，在秋季学期就是"庆国庆"。这些节日专栏设在学校校园最显眼的墙壁上。在办栏之前，老师会安排专门的课堂时间，让大家写作散文和诗歌。经过我们写作组筛选之后，老师再最后定夺。这些文章都有一定的套路。如迎七一的一般从南湖写到井冈山、遵义、延安再到天安门等。如庆国庆的大都写祖国新貌，大庆如何，大寨如何，还有家乡如何。这些文章是赞美的、抒情的和放声歌唱的。

后来校长和班主任在班上讲，现在有的中学开始办报纸了，我们也要办报纸，且绝对不能落后。这个光荣而艰巨的任务自然落在我和我所领导的写作组身上。我们把这个报纸取名为《新苗》，定为月报，它只有《人民日报》一版的内容，由字写得好的同学用钢笔抄写。经过长时间的准备，我们终于凑齐了第一期的稿件，它们无非也是与墙上各专栏类似的文字。等我们将它们工整地抄在一张白色的大纸之后，就请校长在事先预留好的左上角的地方用毛笔题写了"新苗"两个大字。第一张由我主办的报纸终于问世了。它不仅在我们班上传阅，而且也在我们学校的老师中传阅，都得到了广泛的好评。但这张报纸办了几期之后便由于种种原因停办了。

我们在办专栏和报纸的同时，还办了各种主题的朗诵会，在班上宣读自己写的文章，然后由老师主持评比。在各种朗诵会中，让人激情澎湃的就是赛诗会了。主题诗会举办的时间分为两个单元。第一堂课在老师确定题目之后，我们便开始构思写作，第二堂课我们便开始朗诵自己的诗歌作品，并评选出优胜者。在这种比赛中，我所朗诵的自己的作品总是获得"作品第一名"，但"朗诵第一名"却往往是其他同学。这些同学的作品写得差强人意，但朗诵的表情动作却很夸张，不是张开双手，就是挥舞拳头，博得大家的喝彩。

我的写作的特长使我在学校出尽了风头，也为我在生产大队获得了良好的声誉。人们都称我为"小笔杆子"。大队有些文字方面的事情还请我这位初中生代劳。一次大队开团员大会，主要任务是要整风，批判资产阶级的思想作风。团支部书记发现自己很难写出大会发言报告，便请我帮忙，给他写了几页的稿子。我当时还不是团员，但书记认为我的水平比团员高多了。另一次是大队的党的宣传活动，主题是批判资本主义道路。他们要我和另外一个同学中止了一周的学习，各写了一份大批判稿，然后巡回到大队的七个生产小队的群众大会上去念。每次会议都是书记主持，我和另外的同学作主要发言。显然我的发言比那位同学的好多了。一些人当我的面说我真行啊，我将来恐怕是要吃笔杆子饭的！

我除了按照老师和学校分配的任务写作之外，还尝试进行个人写作。那些命题作文束缚我的写作的手脚，而个人的写作则能张开我想象的翅膀。当然这种写作也不是什么创作，而是对他人简单的模仿。在一个假期，我曾写了一首诗歌，表达自己的青春的理想；一篇散文，赞美了家乡新貌，既写景又抒情；还有一篇十几页稿纸的小说，描写在东荆河边的农村里社会主义和资本主义的斗争。这些文字无论是在内容上还是在形式上都采用了当时报刊上流行的模式，它实际上扭曲和遮盖了一个少年天真的真实的心灵和情感。如果我表达了真实的话，那么那些文字将是痛苦的和忧郁的。这是因为我的家乡和家里是贫困的、不幸的。我的母亲常常为家里的口粮发愁，吃了上顿，没有下顿，也为下雨发愁，屋外大雨，屋内小雨，还为其它种种事情发愁。虽然我不当家，但我也在母亲和家人的脸上发现了忧愁。这种忧愁只能储存在我的心里，不能转化成文字。我从报刊上学到的是红色的光明的灿烂的文字，它们使我遗忘了现实的苦难。

当时学校的教育革命一方面进行课堂的课程的变革，另一方面强调教学和劳动相结合，也就是将教室的小课堂放到田野广阔天地的大课堂中去。在这样的观念的指引下，我们班就在教室边上的地里办了试验田，一年相继种植麦子和棉花。老师要求我们既要科学种田，也要锻炼思想。于是我们几乎每天在上课的同时花时间泡在农田里，除草，捉虫，特别是在收割的季节里，要对麦秆和棉秆捆扎，挑走，干得人汗流浃背。我对这种劳动虽然也非常积极，但并没有发现这种劳动能如何的科学种田和锻炼思想，因此也就没有什么刺激性。后来也许老师也发现了这个问题，他异想天开，要求我们在教室旁的河滩上围堤造田，种植水稻。在开工时，正是冬末春初，河里还结着薄冰。在河滩上劳动十分困难，鞋子都会陷到淤泥里去。在老师敢于牺牲的号召下，我和几个同学成为突击分子，勇敢地脱去了雨鞋，赤脚在淤泥中挖土。我当时自然感到寒冷无比，两腿发抖，加上我的脚后跟冻疮溃烂，疼痛钻心。但为了磨炼革命的红心，我强忍着寒冷和疼痛，坚持到完工。这次造田的确锻炼了思想，但却未能做到科学种田。没等将秧苗插在田里，一场大雨使河水泛滥，将我们所围的堤坝冲得全无踪影。

比起这种在教室边的试验田的劳动，我们更向往的是开门办学。这种学习指我们完全脱离了教室，到生产队和农民一起劳动和学习，而且一般持续两周左右，做到脸晒黑了、心变红了。事实上，开门办学不过是鬼混时光，学不到任何东西。我们之所以喜欢开门办学，是因为我们班的同学能够集体生活，同吃同住同劳动。我们一般一个小组十个人住在农民家里。在一个闲置的空房间里，我们在地上铺了一层厚厚的稻草，然后放上我们从家里带来的铺盖。我们这么多人住在一起，有说不出的快乐。有时年轻的老师还和我们挤在一个被窝，给我们讲故事，使我们倍感亲切。吃饭的时候全班在一起，队伍就庞大了。生产队派人给我们烧了饭菜，一大锅饭，几盆子蔬菜。这比家里的饭菜好，因此不仅激起人的食欲，也激起人的贪欲。为了吃多吃饱，有些人偷偷地采用"一二三"的法宝。这就是第一碗少盛一点，第二晚多盛一点，第三碗根据锅里的情况而定。我最初不懂这一法宝，将第一碗盛了很多，等我将它吃完再盛时，那些第一碗盛得较少的人早已盛满了第二碗，而锅里已经空了，由此我只能吃个半饱。白天我们和农民在田里劳动。那些农妇们很爱说三道四，动不动就斗嘴吵架，甚至抱在一起撕打起来。这时我们就会旁观热闹，如同看戏。晚上我们会到农民家中去，在昏暗的油灯下听他们讲各种谚语，并一字不漏地记下来。如是这般，我们很快消磨了十几个教室外的日夜。

一晃一年的时间就要过去了。在我从初一要升初二那一年，家里发生了不幸的灾难，三哥在夏天因病去世。自从大哥二哥结婚和大姐出嫁之后，就是母亲、三哥、小姐和我四人在一起相依为命。母亲在家操持家务，三哥和小姐在队里劳动，挣工分养活全家。在这样一个贫困的家庭里，三哥就是生活的支柱。这年夏天的一天的中午，三哥劳动回家后没有吃饭，就直接睡在地上的席子上说累。这是从未有的事，母亲和我们都十分焦虑，生怕会发生什么事情。三哥说他只想喝点汽水或者是糖水，但家里都没有。母亲叫我拿了家里攒的十几个鸡蛋，卖了买回汽水。我飞也似地跑到学校边的小卖部，换回了东西。三哥喝了它，还是躺着，并开始呻吟起来，喊腹部疼。母亲知道不好，便叫二哥找人将三哥抬到了十几里地的医院。医生经过诊断，说是肝硬化导致的肝癌，现在已是晚期，没救了。三哥在医院住了一段时间，哥哥姐姐在那里轮流照顾。母亲不顾小脚，走来回三十里去看三哥，回来后总是有疲惫又哀愁，眼睛充满泪水。我也在星期天去看过三哥好几次，但他基本上处于昏迷状态。我也哭，只恨自己不是神医，不能救三哥一命。过了几天，我放学回家发现家里空无一人，原来母亲和哥哥姐姐都到医院去了。我感到不妙，不愿待在家里，而是徘徊于村头的路上，焦急等待家人的身影。在天快黑时，人们抬着三哥回来了。家里已负债累累，三哥住不起医院了，只好回家等死。三哥躺在堂屋的竹床上，只是鼻子里还有一丝气息，全家人都悲哀地守着他。在一个夜晚，三哥停止了呼吸，那时他才二十出头。为此母亲和姐姐们都哭得日夜不停，茶水不思。我的哥哥们也在那无言垂泪。我则在那喊着三哥，嚎啕大哭。三哥离开我们的那一年，家里灾难不断，二哥一对可爱的孪生子因病也先后夭折了。

在这种死亡的阴影中，母亲和我们仍艰难地活着。小姐带着悲哀继续地参加农活，但她每天挣的一个工分只值一角钱，这根本不可能为家里换回口粮。近六十岁的母亲又不得不克服身心的痛苦下地劳动，为家里多挣一点工分。在这种情形下，我也不能再去读什么书了。一方面我家死亡和贫困的现实和"东风万里，红旗飘飘"的语词是脱节的，另一方面我家无力支持我读书，而我却要帮家里挑重担。这样我跟母亲说，我不去读书了，并真的开始逃学。母亲却坚决要求我读书，说我只有读书才能出头，并要我用心读书。在母亲的劝说下，我又开始了上学，比起农活，我还是喜欢读书啊！但我在上学的路上，碰到一些乡亲，他们说我不懂事，不去务农还去读书，就是放条牛也好啊。我听到后非常难受，也害怕再听到类似的指责。我知道，我现在的读书实在不容易。但我也知道，只要我坚持读书，读完初中再读高中，之后读大学，这样就可以帮助母亲和家里了。在三哥去世后，我又继续上了一年初中，并以优异的成绩考上了高中。

1.6 向往天边外

1977年的9月，我就要去读高中了。当时的高中只设在片以上的地方。片是人民公社下面的一个乡村机构，管理几个生产大队。而我所在的片的管理中心在杨树峰，从我家东去走乡村公路经大队学校还有十几里的路程，来回超过三十里地。这样我读高中必须住读。

那天早晨我离开家里去杨树峰中学。幸好读高中不用带桌子板凳，我和村里的同学各自带上了旧的铺盖，背了一袋子米和一罐子辣椒酱，口袋里还装了母亲借的几块钱，那是书本费和学杂费。我告别母亲时，心里有些担心和新奇。担心的是，我长到十四岁第一次出远门，没人照顾，而家里也只有母亲和姐姐了；新奇的是，我要过一种从未有过的学习生活，而且它就是我所梦想的大学的序曲。

我们踏上了东去的乡村公路，充满稚气的脸上带着太阳的光辉。公路两边都是田野，是一片无际的庄稼。路上弥漫着静谧，偶尔被拖拉机和汽车的声音打破。从沔阳县城仙桃到杨树峰的早班车来了，但我们只能看它们擦身而过，因为我们买不起车票。当我们经过大队学校时，不禁涌现出一股骄傲之情，我们不再是初中生，而是高中生了。怀着这样的心情，我们来到了杨树峰中学。

这才是一所真正的中学，校园面积很大，几排高大的校舍整齐地排列着，旁边还有一个椭圆形的运动场。我们把行李安排好了就来到教室。听说老师都是县师范毕业的，而且还有一些刚分来的工农兵大学生。他们都是城镇户口，而不是农村户口。用当时通行的话来说，是吃粮票的，而不是背米袋子的。老师很快就发给我们语文、数学等教科书，它们比我们原来偶尔用过的教材要厚一倍。看来高中和初中就是不一样。

我们的班主任兼语文老师上了第一节课。他点了一下名，但并没有讲解教科书上的第一篇课文，而是在黑板上画了一双草鞋和一双皮鞋。接着他便开始慷慨激昂、唾沫横飞地教导起来。老师说，我们读高中就是为了考大学。考得上大学就能穿皮鞋，考不上大学就只能穿草鞋。这是一个显而易见的道理。但是穿草鞋还是穿皮鞋得看同学这两年的努力。老师还说，不仅要穿皮鞋，而且要穿好的皮鞋，希望大家都能考上北大、清华。开学老师的教导虽然没有叫我热血沸腾，但也叫我刻骨铭心，终生难忘。他说得很幽默，很直观，形象生动，并能激起我们的想象。

从初中到高中的确发生了翻天覆地的变化。学校再也不搞什么教育革命，也不搞什么开门办学，而是要求学生扎扎实实地读书，认认真真地考试。读书和考试形成了一个无限的循环。在这种氛围中，我们培养了追求知识和崇拜科学的思想。而我们追求的具体的目标就是考上大学。

　　在第一学期住读的日子里，我所遇到的困难并不是学习上的，而是生活上的。我一天三顿都是在学校食堂吃饭，但我每次只是打来半斤米饭，而不打那五分钱一份的菜。然后回到近四十人住的集体宿舍里，拿出自己带来的辣椒酱开始吃饭。家里富裕的同学可以在食堂里买菜吃，或者从家里带来猪油、干鱼和咸蛋来吃。我知道自己的家境，从不和他们比较，自己一个在边上慢慢吃。但辣椒吃多了，人就变得厌食。我多么希望星期天回家吃上母亲做的萝卜白菜。我除了吃得差之外，穿得也不好。一些同学穿上了人们羡慕的的确良，也有的穿上了皮鞋。我穿的都是布衣和布鞋。而且我当时开始发育长个，有些衣服虽然没破，但已经穿小了。有天老师问我怎么把我弟弟的上衣穿来了。我告诉他我没有弟弟。正是因为家境贫寒，有些同学对我投来了白眼，不愿和我说话。但我人穷志不短，也不屑于与他们说话。

　　虽然我的生活是艰苦的，但学习却是轻松的。这给我带来了快乐。其实我的学习并不勤奋，因为事情很简单，一是讲课听得懂，二是作业做得对，自然考试能得高分，而无须课外再重复学习课堂上已学过的东西。那些勤奋的同学往往是那些成绩落后的同学，他们讲课听不懂，作业做不对，考试不及格，因此总是要在课外预习、复习和补习。我们学习不久，我的成绩就在班上处于前列了。我语文第一，作文成为老师讲评的范文。数学和物理也可以排上第二名或第三名。在一次在我校和其他学校的数学和物理竞赛中，我就获得了亚军。但我的化学较差，主要是元素周期表难背。我在初中没学过英语，高中刚开始学 abc。总的说来，我属于班上少数几位能考上大学的种子选手。于是我这个穷人的孩子不仅得到了老师的青睐，而且获得了许多同学的友谊。

　　在课堂上，老师和学生都是依据教科书的安排有计划地教与学。但在课堂外，我们则解放了自由了。由于吃住读均在学校，我们便有大量的空余时间。特别是在晚饭前后，我们都不知道如何消磨。最主要的方式就是瞎逛。杨树峰也可算上是一个小镇，有一条青石板铺的老街，还有一条砖渣铺的新街。它们都不长，且没有多少可看的。但对于我来说，就有许多新奇的东西，除了一般的商店之外，还有修收音机的、刻公章和私章的、照相的等。到了晚上，学校还没有要求同学去上自习，我们就更要想办法去玩一玩。听说学校周围哪里放电影，我们必定结伴而行，前去观看。这几乎成为了我们的最大的精神享受。有时老师也会将办公室的小的黑白电视机放在露天，这就会把我们这些无所事事的住读生吸引过去。

尽管老师说不准学生看，但在黑夜里他们也无法管那么多。

不过我的课余生活和一般同学仍有所不同，就是喜爱读各种文化读物。比起我原来读的大队初中那样的文化沙漠，杨树峰中学就是文化的海洋。学校有图书室，是给老师专用的。但我曾在它的门口瞟过几眼，看到有《红楼梦》、《中国通史》、《世界通史》之类的大部头的书。同时很多同学是镇上的，他们家里也有几本藏书，而他们自己也有钱买一些书。虽然我没有买一本书，但他们都成为了图书资源。我已经找同学借了几本小说了，但我最想看的是《红楼梦》。我知道一位同学的舅舅是学校的副校长，他主管图书室，便通过这位同学将《红楼梦》偷偷借了出来。当《红楼梦》一到我手上，我便如获至宝如饥似渴地阅读起来，并把其中的诗词歌赋工整地抄在笔记本上。其实我当时根本读不懂《红楼梦》的真义，既不能领会贾宝玉和林黛玉的爱情心理，也不能明白这一悲剧与道佛的关系。我所爱看的是其中一些荒唐和怪诞的东西，它们能满足我的好奇。

在一段时间里，《红楼梦》和我形影不离。我在下课时无拘无束地读，在课堂上偷偷摸摸地读。有一次上数学课，我把教科书放在桌上以遮人耳目，同时则拿着《红楼梦》在悄悄地阅读。我读得如醉如痴，完全不知道老师在说什么。刚好老师点名要我站起来回答问题，但我没有应答。老师直接走到我的身旁，取走了《红楼梦》，并要我站起来，不得坐下。在老师返回讲台时，他又抓住了一位读小说的女同学。她的书也被收走，而她本人也逃不过如我的厄运，站起来直到下课。一个男生和一个女生同时在课堂上读小说，并同时被抓住，真是一样的爱好，一样的命运。这在班上成为了一个话题。虽然那位女生漂亮可爱，我对她也颇有好感，但因为她是镇上人，我是乡下人，所以我在事情发生的前后都没怎么和她说过话。几年之后，我已是大学二年级的学生了，她突然给我来信，说她始终记得我们课堂读小说而被罚站的事，而这件事使我不断地思念我。这可是我当年偷看《红楼梦》万万没有想到的浪漫事情。

我在杨树峰中学很快读完了第一学期。进入到第二学期不久，老师找到我和班上其他几位尖子开会，说我们是学校的高考种子选手，校长已经作出决定，我们要由高一跳到高二，与毕业班的同学一起学习，准备参加1978年的全国高考。听到这个决定，我感到很兴奋，今年说不定就可以成为少年大学生了。但同时我也感到很担心，这次真的能考上大学吗？

我们几个很快调到了毕业班。有的到了理科班，有的到了文科班。我以为我可以到理科班，却到了文科班。这使我一时很不高兴。学校当时流行"学了数理化，走遍天下都不怕"，人们推崇理科并只办理科班。我读的高一就只有理科班，高二最重视的也是理科班，但把一些理科成绩较差的同学单独办了一个文科班，他们是受到歧视的。现在我要到文科班，感到脸上无光，同时也很为难，我要放弃以前所学的理科，而要重新开始学习历史地理等。不过老师对我说，我的理科当然也不错，但我的文科更好，尤其是作文是我的特长。因此我读文科是明智的。至于历史地理我可以突击一下，不会有太大的问题。

我坐到了毕业文科班的教室里。开始我还是有些害怕。其一是怕人欺负。班上的同学一般比我年纪大，个子高。其中有些还是复读生，年龄都二十多岁了。他们和我的想法都不一样，他们之间的争吵和打架都很可怕。其二是怕课太难。文科毕业班的课基本上是超常规的应试教育。所有的科目不再按教科书的课程来讲解，而是按学校从武汉买来的高考复习资料来教学。这些资料完全为应付考试而编写，如政治、历史、地理等就全部分成名词解释和问答题。老师在课堂上安排部分时间学生背题，再安排部分时间答疑，最后就是举办各种模拟考试。经过很短的时间，我既熟悉了班上的同学，也熟悉了考试的资料，这样什么也用不着怕了。在模拟考试中，我总是名列前茅。由此同学们不得不佩服我这个最小的同学。

到了学期末，我和同学来到公社所在地杨林尾中学的教室参加了第一次高考。我的心情是高兴和轻松的，因为我考上大学是光荣的，考不上大学也是光荣的。与我不同，那些应届毕业生和复读生们个个都如同面临生死抉择，因而忧愁无比。在考场上，大家都鸦雀无声，聚精会神地思考和答题。但每个科目考完之后，大家都聚集在教室前的空地上互对答案。这时就会有人欢乐有人忧愁，欢乐的是答对了题目，忧愁的是答错了题目。但不管怎么样，最后一门科目考完了，大家总算做完了一件事情。唯一要做的，就是等待分数的通知。

考完之后，我也回家了。我觉得自己考得还可以，估计应该能够达到大学录取的最低起分线。但我并没有将上大学的赌注彻底押在这次考试上，我不过是将它看成一次预演而已。因此当我知道我的成绩离最低起分线只差四分时毫不痛苦。但一些好心的人建议我找人去查一下分数，通过复查，也许能够补给四分甚至更高的分数。如果这样的话，那么我就马上可以读大学了。早上大学意味着早毕业，也就是早工作赚钱，这样就可以早拯救我家的贫困和痛苦。但我没有这么想，我希望的是考更高的分，如果不上北大清华，那么至少也要上一个重点大学。

度过暑假，我又到杨树峰中学读书去了，与我那些过去高一的同学同班。糟糕的是，这次学校对于学生不再分文科理科，而是通通地归到理科。我必须放弃我曾学过半年的历史地理，而补习物理化学。有一位老师嘲笑我原来考文科的经历，说是偷鸡不成，反蚀一把米。虽然我觉得学校多变，有损我上大学的希望，但也毫无办法，那也只能和其他同学一起学了。我对自己充满自信，因为我的语文、政治绝对可以拿高分，数学、物理可以拿较高分，只是化学会拖后腿。至于英语据说只是算参考分，因此不用害怕。我甚至作好最坏的准备，如果理科考不上，那么我肯定可以回大队中学教书，我也许可以成为一个业余作家。通过我的作品，我能够走出田野。

但不久学校的政策又发生了戏剧性的变化。根据上级指示，片属中学的优秀教师和尖子学生要集中到公社中学。用最好的老师培养最好的学生，那么学校肯定能输送更多的大学生，达到更高的升学率。这样我被选拔到杨林尾中学去读高二毕业班。当我离开杨树峰中学时，很多留守的同学都带着一种羡慕的眼光，他们也希望一起去啊。但也有的同学劝我不要去，说我在杨树峰是第一名，在杨林尾就不一定是第一名了。当然他们的真实想法是，不愿看到我和他们拉开太大的距离，将他们甩得太开。

杨林尾中学位于杨树峰中学东边十五里地，这样它离我家有三十里，来去六十里。去杨林尾中学报到时，我也如同当时去杨树峰中学报到一样，只是路走得更远了。跟杨树峰中学相比，杨林尾中学当然更大些。校园里栽满了高大的梧桐和水杉，这使它具有一种历史感。我们很快获悉，这里的老师个个都非常厉害，语文老师是过去的反动学术权威，政治老师经常发表一些作品，数学老师是清华毕业的，外语老师是从中山大学分来的。最厉害的是守门和敲钟的老人，他居然是黄埔军校毕业的，但他一直沉默寡言。听到这些关于教工的介绍，我对他们产生了一种强烈的敬佩之情，并暗暗告诫自己，要向他们学习。

高中毕业班共有四个班，三个理科班，一个文科班。我分到了文科班，这样我又放弃了物理和化学的学习，重新背诵历史和地理。但这对我而言无疑是轻车熟路。我感到，即使一般用功，也能过高考大关。

但学校对于我们毕业班实行了强化训练的策略。除了正规的课程安排得满满之外，还增加了早自习和晚自习。每天早晨人还在梦乡时，起床铃就响了。我们必须尽快洗漱，排队做广播体操，然后开始自习。好在我们不一定要待在教室里，可以在室外的树林里坐着或站着。老师会来突击检查，因此同学一般不敢偷懒。每天的晚自习差不多要延续到十点。其间如果有电，那么我们就可以在日光灯下读书，如果没有，那么我们每人就使用用墨水瓶自做的煤油灯照亮课堂。这种强化的学习也剥夺了我们的节假日的休息。我们只能在星期天的下午回家，过一夜之后星期一大早返回学校，换下衣服，带来米和菜。在寒假，我们也如同在学期中一样地学习，那一年的春节只过了三天。

对于这种强化学习，我在内心里非常反感。也许其他同学需要如此，但我不需要。所谓的强化训练，就是将一些简单的常识性的东西不断地重复，永远地重复。那些既不能理解，又不能记住的同学的确要通过重复获得知识，但我不仅理解了，而且记住了。因此再课堂上，当老师又在重复一些问题时，我就只好开小差了，或者干脆睡起觉来，来弥补晚上睡眠的不足。这时老师就会大喝我的名字，把我飘走或沉睡的灵魂唤回到他的面前。不过老师却并不因此批评我。

虽然我并不真正地去强化学习，但我的学习成绩在班上始终是优秀的，每个月的模拟考试分数排列都是第一名。老师不仅把同学的姓名按成绩序列抄好贴在黑板旁，而且将同学的座位也依成绩的顺序来安排。教室中间一排的座位有四个，朝着黑板方向从左到右的第一个位置就是第一名的宝座。它自始至终被我占领。

我在班上的这种独特地位当然引起同学们的关注。有些同学不服气，尤其是那些家住在杨林尾镇上的学生和那些在他们原来所读的中学是第一名的同学。他们会在我面前炫耀我所欠缺的东西，如他们读过莎士比亚和普希金，而我还只是听到过名字，不仅如此，他们还经常到老师面前告状，说我骄傲自满，眼中无人等等。同时他们还在不同的地方嘲笑我的贫困和土气，如我只是吃家里带来的咸菜，我穿的都是破旧的衣服，在冬天的暴风雪中光脚穿着凉鞋回家等等。对于这些不友好的同学，我一概不予理睬。我知道，不久我们就会各奔东西了，我就要读我的大学去了。与这些同学不同，另外一些同学却给予了我真诚的友谊。有一次班主任病了，同学们都买了水果罐头去看他。我也想去，但我没有钱买罐头。这时一个同学将他刚买的海军衫卖了，帮我买了瓶罐头送给老师。

经过了近一年的强化学习。我终于又参加了我的第二次高考。大家知道我平时成绩好，高考试卷一定能答对题，就非常希望能和我在考场上同桌。我一进考场拿到第一科目的考卷，就认真做题。等我做了一半，后面的一位镇上的同学开始踢我的凳子，他是要我把卷子竖起来，好让他看到答案。我没理他，但他就开始不间断地骚扰。我只好把凳子移向前，让他的脚够不着。这样他就无法捣乱了。后来几门课的考试基本上平安无事。考完后他对我说，他考不上大学，也不能让我考上大学。他是怕老师发现，才停止了干扰我答题的。

高考完之后，我们文科班举行了一次聚餐。菜都是用盆子装的，有青椒肉片和西红柿蛋汤等。我们仿佛都是饿鬼出生，将所有的饭菜全部吃尽。然后就收拾了自己的东西回家。

回到家里，只有母亲一人。就在半年前，小姐出嫁了。母亲一人劳动，家境更加贫困。虽然一些人劝我好好休息一下，准备上大学了，但我还是如同一个回乡知识青年一样参加生产队的劳动，我要为家里挣点工分。夏日的棉花林里，异常闷热。我就和同村的男女青年们在田里打药灭虫。其中有几个和我今年同时参加高考了，但他们考的不好。因此我们在劳动的时候都避免谈论高考的事。

不久杨林尾中学就给我发来通知，告知了我的分数，并要我到学校去填志愿。班主任跟我说，我的能力在高考中发挥得很一般。政治、语文、历史和地理还过得去，但数学居然搞糟了，拖了后腿。我的成绩在全省排名为一百五十名左右，北大是上不了，但其它重点大学是可以上的。这样我的第一志愿填了武汉大学中文系和历史系，最后一个志愿还填了北京广播学院的采编系。有一位老师去过武汉大学，说武汉大学好，风景非常美丽。

从学校回家之后，我就只是等待大学的录取通知书。到了发通知书的那几天，我等待的心情就变得焦虑了。每天我都会在村头的公路边，望着骑着自行车的邮递员的到来。我问了他几次，他都不耐烦地说没有我的信，我只能失望地回家。这次高考之后我可失去了上次高考之后所特有的无所谓的心态，而是担心、害怕。我怕我的档案丢了，也怕通知书不小心被人忘在一个什么样的角落里了，总之我害怕读不上大学。比起其他的各种可能性，唯有上大学才是我真正的希望，它将让我马上离开这片贫穷落后的土地。在害怕的心态中我期待着。我每天还是来到村头的路边，等待着邮递员。一天上午，那位穿制服的青年骑车来到我面前，问我是不是"彭富春"，我说我正是。他说这是我的挂号信，请我签个字。我颤抖地在他的本上写下我的名字，然后小心翼翼地打开信封，一看正是武汉大学的录取通知书。我读大学的梦想终于实现了。

说2

青　春　的　梦　幻

2.1 走出东荆河

1979 年 9 月，我就要到武汉上学了。那天我在二哥的陪伴下，背上了行李，离家去东荆河边的渡口，等车上路。母亲和家人也来到渡口给我送行，他们都兴高采烈，喜气洋洋，并无离别的伤感。他们知道，武汉离家乡并不远，而且我寒假就会回来。在等车的地方，我碰到了一些乡亲。他们也同喜，脸上挂满了笑容，说彭家祖坟埋得好，出了我这么一个有造化的人。但我非常明白，由于历史上常年洪水泛滥，我家的祖坟都被冲积的泥土所覆盖，现在都不知确切的位置。因此对这种说法只能一笑了之。在等车时，母亲和家人反复叮嘱我，一人在外要小心，学习上要用功，生活上要节约。我说我都知道的。

一辆从洪湖经沔阳到武汉的客车终于在马达的轰鸣声和喇叭声中来了。我和二哥急急忙忙和家人告别，上了汽车。飞驰的汽车已把渡口抛在了后面。如巨龙般蜿蜒的东荆河大堤消失了，乡村公路边熟悉的田园风光也不见了，我生活了十六年的地方也逐渐淡出了视野。

在家乡的消失中，我有一种说不出的快意，仿佛小鸟飞离了巢穴，凭借自己的翅膀在空中飞翔，没有了依赖，没有了限制，享受着自由和自在。我知道，我不再属于我的家乡，我属于它之外的另外的天地。

我当然热爱我的家乡，我在这里出生，成长，生活和学习过。它们已经成为了我生命的一部分，塑造了我的血肉和灵魂。

但我对家乡的热爱又是和怨恨交织在一起的。家乡太贫穷了。一般人都住的是草屋，即使后来改建成瓦房，家里也往往只是徒有四壁。我家就是如此。人们也没有吃的，虽说是鱼米之乡，但年年都吃返销粮，要去借米。由于米不够，煮饭的时候一般将米和白菜萝卜一起煮。家乡太落后了，没有电，没有自来水。家乡也太苦了。人们都早出晚归，不管日晒雨淋，都要在田里辛勤地劳作。另外家乡的人也有许多丑陋的地方，愚昧、无知、自私、狡诈。特别是邻里之间的争斗，以及经常性地为一点鸡毛蒜皮所引起的相互咒骂和打架，把他们人性恶毒的一面暴露得淋漓尽致。

我对这一切都充满了厌恶之情。我也曾梦想自己能够改变家乡的命运，如同当时的口号所说的，改天换地，移风易俗，但是我发现我无能。我作为学生根本就无法触及现实，即使作为一个农民也不能推动什么。如果我一直生活在农村的话，那么我仍然会被土地所束缚，依然逃不过贫穷落后的厄运，并蜕变为一位丑陋的农民。

因此我的希望就是离开我的家乡。当我远离之后也许能够回来，直接或间接地改变家乡的面貌。至少可以让我的母亲和家人走出贫穷和落后和现实。

汽车在江汉平原上飞驰，窗外展现出了一些与家乡不同的陌生景色。汽车将把我带到一个我不曾去过的地方，它是令我无限憧憬的。在那里，我将没有在家乡的一切烦恼、忧愁和痛苦。我不会住在一个破旧的房子里，担心暴风雨的到来，不会只吃米饭、咸菜和辣椒酱，也不会穿别人穿过的旧衣服，我也不会因没有钱而看不起病了。同时我再也见不着那些讨厌我和我所讨厌的人了。它是一个新的世界，我将成为一个新人。

2.2 新的世界

汽车开进了武汉市。我第一次见到宽阔的大马路、多层的高楼以及车龙和人流，这是与乡村完全不同的风景。这里的人是多么高贵和幸福啊。他们不是待在楼房里，就是坐在汽车里，或者在树荫下的水泥路上行走。他们不会在田野里被风吹雨淋，也不会在泥泞的小路上被泥巴弄脏鞋或脚。我想我这个乡下的孩子已经走入他们的世界，要与他们为伍。汽车不久就开到了龟山边，在那里就可以看到蛇山、长江和长江大桥了。我以前只是在书本和电影上看过它们，我距离它们是多么遥远啊。现在我亲眼见到了它们，而且就在它们的边上和上面路过。我似乎是将一个美好的梦境变成了现实。龟蛇二山不高。但比起我家乡的东荆河大堤，它们就是了不起的高峰了。长江的宽阔和浩渺超出了我的想象力，但它浑浊的江水却使我想起了黄河。长江大桥的雄伟让人感到惊奇，它仿佛不是一座桥，而是一条在飞跃大江上的彩虹。

来到武汉大学之后，我就被它独特的美所吸引住了，我从未见过如此美丽的地方。但我还无心来欣赏，而是忙于报到，办理各种手续，填写各种表格。在填写我的出生年月时，我感到难办了。母亲过去告诉我的时间是按农历计算的，但我忘记了具体的月份和日子。同时最糟糕的是我根本不会将阴历转换成阳历。这样我就填了一个大概的时间。报到之后，我便住进桂园的一幢学生宿舍，并认识了班级辅导员和其他新同学。

在刚入学的那一周，我们如同生活在节日里。学校里到处贴有迎新的标语，诸如：欢迎你，未来的科学家；欢迎你，未来的学者。当然我所关注的只是：欢迎你，未来的文学家。看到这幅标语，我的心都会猛烈地跳动，仿佛它就是对我这个文学爱好者的祝愿。在早中晚校园的广播中，喇叭播放着轻快的音乐，它们都是广东音乐和西方音乐的名曲。广东音乐是《步步高》、《喜洋洋》、《彩云追月》等，听到它，人不禁喜从心来，乐显脸上。西方音乐是《西班牙的风》、《鸽子》，它似乎把人带到了另外一个天空，另外一个世界。在音乐停止后，广播就播放男女声朗诵的迎新诗篇。我一直还记得那首诗篇的前两句："黄鹤在白云中欢笑，珞珈山欢迎你来报到。"在这样的诗的语言的幻觉中，我和那些新来的同学们更是觉得自己是天之骄子，上帝的宠儿。

事实上，我自己感到自己成为了一个新人。我从头到脚穿的都是新衣服，使用也是新买的生活用品，而且住的也是学校新盖的楼房。同时我所遇到的都是新人新事。但是我明白我不过是一个外在的新人，而关键问题是要成为一个内在的新人。这也就是要使自己有新的语言、新的思想和新的行为方式。我将这些默默地作为自己的准则。

入校后不久，学校举办了新生入学典礼。所有的新生在小操场聚集在一起，场面颇为壮观。我们对于主席台上坐着的那些官员们怀有敬畏之情，但并不知道他们的姓名。使我们感到佩服和羡慕的是那些新生代表，他们用非常标准的普通话富有激情地表达了学习的伟大决心。其中有一位就是我们中文系的新生，是一位眼睛很大但皮肤较黑的穿连衣裙的女孩。这样她很快就引起了我们的注意。我觉得她了不起，而我自己却不可能如她那样。我当然不可能作为新生代表去发言，即使我有幸上台，也许也会吓得发抖的。

在开学最初一周，我们还没有进入到专业学习中去。学校安排了各种大会和小会，连续放了好几场电影，还安排了校园内的参观活动。我们排队去看了学校的一些设施，主要是图书馆等，还特别瞻仰了毛泽东和周恩来等人去过和生活过的地方。在我们的心里，那些地方都具有神圣的意味。

在自由活动的时间里，我便和同学们慢慢地欣赏和品味校园的风光。校园的美是多方面的。首先是它的山水。武大校园环绕珞珈山，傍依东湖水。山光水色，交相辉映。其次是它的建筑。那带绿色琉璃瓦的校舍矗立在山水之间，它既具有西方建筑的雄伟，又富有中国建筑的神韵，可谓中西合璧。其三是它的树木。高大的梧桐、银杏、香樟和雪松各自支撑了一片天地，而桂花和樱花则把枝条伸给了路行的人们。最后是它的道路。校园几乎没有一条直路。它们不是弯曲的，就是环行的，相互交叉。同时也几乎没有一条平路，它们不是上坡，就是下坡。此外也没有一条是相同的或类似的。我陶醉于校园的美之中。当时的印象是震惊的，但是朦胧的。我只是后来才慢慢地理解其中的意味，品尝它春夏秋冬里的不同风姿，晨光暮影中的变幻景象。而我深深地感觉到，校园的路是永远走不完的。

在专业学习之前，我们新生参加了一次复试，课程不多，只是语文和历史两门。考前我和同学们都非常紧张不安，生怕考得不好，而被学校勒令退学。但我走进语文考场之后，心情就变得安宁了，一块石头就落在了地上，考题居然是如此地简单。其中的作文题相关于青春的理想之类，这是我从初中以来就不断学习过、思考过和写作过的题目。因此我轻而易举就在考场上写作了一篇充满激情的文字。我的理想就是为人类美好的事业而奋斗。至于历史考试，也无非是一些基本的中外历史事件。它们几乎没有任何难处。考试结果很快出来了，我的语文和历史均列为第一。这使我知道了我最初在班上的位置。过了一段时间，一位同学告诉我，他遇到了那位改作文的老师，老师说我的文章写得非常优秀。从文章表达的思想来看，我具有远大的抱负和无限的前程。我听到一位大学老师对我的评价，似乎是千里马遇到了伯乐。我一直想知道这位老师的名字，遗憾的是未能如愿。

2.3 学习与生活

不久我们期待的专业学习就开始了，我的心情是激动的。一周以来我虽然已经是中文系的大学生，但我还没有上过一次专业课。我还不过是一个文学爱好者，而不是文学的专门学习者。但这样一个关键性的转变马上就要实现了。这也就是说，我将迈出走向实现当一个文学家的梦想的第一步。

第一周的专业课主要是文学理论、文学史、汉语和写作等课程。我们以为那些主讲的老师都是教授，或者是副教授，他们应该有非凡气质和儒雅风度，或者跟国外的教授一样，有小汽车接送。但我们的期望太高。主讲的老师居然没有一个教授或副教授，全部是讲师，甚至还有助教。他们似乎也和那些高中教师差不多，不过他们对学生的态度要温和些，没有高中老师的严厉。他们课前课后推的都是自行车，或者步行。除了讲课老师不是教授、没有满足我们的意愿之外，老师所讲的内容也与我们所想象的有天地之别。我和同学们以为。我们读中文是为了成为文学家，即当诗人或小说家，那么我们的课程就是训练我们如何从事创作，充满了感性、激情和幻想。但老师讲授的课程不是关于文学的理论，就是关于文学的历史。这对我们来说绝对是陌生的，甚至可以说是枯燥的，因此也不是很好理解和好消化的。后来我们才知道，中文系并不是所谓文学家的摇篮，而是文学研究者的培养机构，甚至是一个万金油人才的制造工厂，将来可以当秘书，当宣传工作者，如此等等。如果学生想当所谓的文学家的话，那么他自己去创作好了。我们当然对于中文系的这种教学方针表示不满，但也不能改变它或者改变自己、退学或者转学。我们雄心勃勃，准备两条腿走路，一方面学好文学的理论和历史，另一方面进行创作练习。总之那最伟大的梦想就是成为一位伟大的文学家，成为当代的鲁迅。

我们的学习生活是相当有规律的。人们将大学生活描述为"寝室、食堂和教室"的三点之间的运动。但教室是主要的活动场所。我们白天都在那里上课。所谓上课实际上不仅仅是一种脑力劳动，而且也是体力劳动，因而是一种人体机械运动。眼睛要看老师的表情，耳朵要听他的声音，手要迅速地将声音变成文字。我们晚上在教室或者阅览室自习，除了阅读与课程相关的书籍之外，还可以看很多自己想看的报刊、杂志。同时还可以随心所欲地写些东西，如日记、书信等。此外还可以认识一些陌生的同学，尤其是异性同学。

在晚饭后我经常一人或者和同学们散步。它是一种美妙的身心活动。当开始散步时，人就将白天的一切忙碌和烦恼丢在后面，而进入到了一种无拘无束的感觉中去。在路上人不设定达到某个目的，相反走路本身就是目的。散步只是为了散步。脚步是轻慢的，人可以观看道路上和道路边的风景，它们是房子、树木、花草，还有来来往往的男男女女们。如果是一个人散步的话，那么可以沉思自己的生活，追忆过去，憧憬未来，也可以让自己的感觉如同飞絮，随风而来，随风而去。如果是和同学散步的话，那么我们则会高声谈论，乘兴而去，乘兴而归。

当然我更喜欢的是一个人的散步。在孤独的散步中，人可以咀嚼自己的孤独。它似乎是一种痛苦，但也是一种快乐。孤独的散步是思想的摇篮，它会让人的思绪如同泉水般涌现出来。

我的散步的领地一般在中心校园，但不再是"寝室、食堂和教室"的路线，而是在大树下的林荫道或被灌木所簇拥的小径。在那里，我发现了那些平时被急急忙忙的行走中所忽略和遗忘的石头和小花的美。每一种发现，都会给我带来无言的欢乐。除了在中心校园里之外，还有两条路线，一个是水路，一个是山路。

水路是东湖边的道路。校园的北边和东边都濒临东湖。我从南到北走到东湖边，一看到它宽阔的水面，就会心旷神怡。东湖是我当时所见到的最大的湖，它在我心中就是大海。特别是细雨蒙蒙时，它远处的边线的小山完全消失，呈现出水天一色。人在东湖边如同走向了无限的边缘。在强劲的季风的吹拂下，东湖白浪滔天，一直飞溅到路边的行人身上，使人感受到了水这柔弱者惊人的力量。当

武汉大学校园濒临的东湖边

夜幕降垂之后，星光和月光照耀下的湖面波光粼粼。水上那反射月光的一条悠长的银白的光线，好像是一条虚无缥缈的道路，人不禁想向它走去。我深深地被东湖的水所感动，曾写下这样的诗行：当你感到孤独的时候，就驾上一叶扁舟，驶向那无人的远方。后来我曾在学校的一次演讲中也朗诵了我的这句诗，打动了许多同学的心灵。过了好多年，一位美丽的低年级的女同学给我来信说，她当时在下面都感动得哭了。东湖的水正是有这样的魅力，才吸引我沿着它的道路不断地朝前走去。当不知不觉地从校园的北边走到东边时，我才感觉到时间过得飞快。在风光村的桥边，我还会沿着湖中的道路走到枫多山，在那里驻足，欣赏西边的珞珈山的风姿。当夕阳在珞珈山峰缓缓西沉，晚霞将天空和湖水都燃烧成红色，那黛色的珞珈山更显出了神秘。它仿佛不是人的住所，而是诸神和精灵们生存的地方，是那不可见的龙和不可见的虎的藏卧之处。我很骄傲，我就是珞珈山人。

　　山路是珞珈山的道路。我一般在山下通过上坡的道路来到珞珈山北山，走到老图书馆前。在路的两边，人们栽种了许多桂花树和樱花树。桂花树常年皆绿，让生命的颜色永驻于四季。当秋天来临，桂花绽开出黄色的小花，它散发的馨香弥漫在风中，沁入人的心脾。而樱花树则随着四季的变换呈现出不同的形象，如同生命的无常。它在秋冬之际便落叶飘零，而后一直裸露出光秃秃的黑色的枝干。当初春到来，樱花吐放了最早的花朵。它的花既不如桃花那样鲜艳，也不如梨花那样雪白，而是一种淡红淡白的奇异结合。成片的樱花所构成的景观仿佛是一片云彩，凝固在树梢。在一场猛烈的风雨中，樱花便全部飞落在地，只是剩下那悄然长出的绿叶。当经过长满桂花树和樱花树的道路来到老图书馆前时，人进入了一个十分开阔的境界。朝南的远方就是珞珈山的南山，她如同一位静卧的处子。在它北麓中间，屹立行政大楼。人俯瞰校园的其它角落，它们均被茂密的树林所遮盖。离开珞珈山北山顶，来到珞珈山南山的道路，人的面前则会呈现另外不同的景色。进入半山，环山的道路掩映在树荫之中，仿佛与世隔绝，人所面对的就是树木和石头，它们成为了散步者的无言的朋友。来到山顶，则来到了校园的最高处，那里视野开阔，人可以饱览校园风光。朝北望去，近处可以看到行政大楼的屋顶，远处则可以看到老图书馆和老斋舍所构成的绿色琉璃瓦的建筑群。朝东望去，则可以遥看东湖全景和远处的磨山。但如果仰望天空，那么人如同脱离了大地，遗世而独立，与天为友。

　　每天散步之后是自习。自习完后就是洗漱准备睡觉。到了十点半，学校按时

武汉大学老图书馆

关灯，于是整个寝室就会刹那间笼罩在黑暗之中。一天的大事和小事终于随着灯光的熄灭而过去了。我们也都上了床，躺进了被子。我的铺位在高低双层床的上面，比起下面，它能给人一种奇妙的感觉，如同躺在空中一样，它能让人夜间的思绪如同幽灵一样在空中飘游。但上床还不意味着睡觉，进入梦乡。青春期的我们正是处于骚动不安的人生季节。这时情欲如同动物一样在黑暗中找到了它蠢蠢欲动的时机，它使人不得不思念一位现实的或想象的少女的存在，以及和她可能的亲密的关系。遗憾的是，这虽然是可思议的，但却是不可言说的。

夜间的情欲会折磨得人无法安眠。我们虽然不能公开谈论它，但可以谈论它之外的其它事情。这样卧谈就成为了每晚寝室生活的最主要的形态。卧谈是一种独特的谈话方式。大家住在一起，这就取消了人与人之间的距离感和疏远感，而不至于对场所和谈话的参与者有太多的顾忌。同时在夜里人都闭着眼睛，即使睁开眼睛，也看不见他人，这也使谈话本身更加自由，它只是变成了声音亦即话语的自身交流。于是随着一个话题到另一个话题的转换，我们都会在床上沉默，激动，争论，愤怒，叫骂，大笑等等，有时还会起来喝杯水，以滋润大声谈话而干渴的嗓子。卧谈有时持续到早晨一两点钟。它的声音往往干扰了别的寝室的同学的睡觉，因此会招来猛烈的敲门声和批评声，我们只好像闭上眼睛那样闭上嘴巴，开始睡觉。这时人也疲倦了，睡魔无声地来临。不久就传来了呼噜声。

在夜里我们讨论和争论问题是多种多样的。国际上所发生的重大事情，国内某一旧事情的衰败和新事物的兴起，都是我们议论的话题。我们的言谈大有指点江山、激扬文字的味道。对于一些重大问题的处理，我们常常会使用一种虚拟式：如果我是谁的话，那么我将如何如何。大家都知道，这不过是空谈，没有任何实际意义。当然我们更多的是议论学校里发生的一些大事和小事，如校长换人了，食堂的菜份量少，且味道极其糟糕、难以下咽等等。同时那些任课老师都成为了我们品头论足的对象。我们自然会赞扬那些授课优秀的老师，但对于那些讲课水平极其糟糕的老师，我们会揭穿他皇帝的新衣，并将他批判得体无完肤。不过问题在于，哪位老师好，哪位老师不好，却是仁者见仁，智者见智。这就不可避免地会爆发口舌大战。人们需要摆事实，讲道理，最后决定胜负。除老师之外，我们也会对班上的同学逐一进行点评，既指出其优点，也揭露其缺点，然后给予排队。那有幸成为第一名的还要接受苛刻的复查。在班里的同学中，女生当然成为了我们男生谈论的主题。我们班一共有九位女生，大家给她们取了一个非常高雅的名字，那就是古希腊神话中奥林匹斯山上的九位文艺女神的名字：缪斯。但遗憾的是，她们在我们整个中文系中并不是最漂亮的。这样大家开玩笑地说，如果我们班上没有出现一位伟大的诗人的话，那么不能怪我们，而要怪她们，因为这些女生不能激发男生的灵感。

卧谈的话题谈来谈去，不可避免地谈到我们自己。首先是说自己的家庭。许多人喜欢把自己一个平常的家庭吹嘘成一个具有非凡历史的血缘组织，或者与某一名人的亲戚挂钩，由此显示自己的高贵和特殊。其次是说自己的经历。大家的经历看起来都差不多，从学校到学校。但因为每人的出身不同，所以经历也不同。比如有人去过北京、上海，还去过北戴河、庐山，坐过火车、轮船和飞机。这些我都没经历过，只能暗暗羡慕。还有个别同学当过兵，做过工，他们的经历够复杂了。后来才知道，一位云南来的同学还参与了到缅甸的走私，曾被抓住蹲了几个月的大牢。最后是说个人的爱情的历史，甚至还包括了初次的性经验。当时大学虽说不提倡谈恋爱，但谈恋爱的同学比比皆是。他们如同蝴蝶鸳鸯一般，成天形影不离。我们寝室有人入校就有女朋友，还有个别年纪较大的在入校前就有了性经验。事实上，对于大学生来说，也许在专业学习之外，找一个男朋友或女朋友是最重要的事情。我们中文系的男生将这表达为二元崇拜：诗神和女神。卧谈时谈自己的情史或者听他人的情史都是件具有诱惑力和刺激性的话题，也许这相关于心理的暴露欲和窥探欲。我们每人都必须讲自己的爱与性的故事，以及目前有无追的目标。但非常惭愧的是，我没有爱情史，更没性经验，也没有追求的目标，因此我没有什么可讲的。于是话题的主讲人就由那些情场高手把持着。他们谈了衡量女人的一些标准，接着传播了一些追求女朋友的经验。这可概括为三狗精神。第一是猎狗，瞄准目标。第二是哈巴狗，大献殷勤。第三是癞皮狗，缠住不放。有的还加了一狗，说要当狼狗。大家听了以后，不禁一个个狂笑起来，仿佛自己变成了一条狗。至于初次的性经验，他们都支支吾吾，遮遮掩掩。他们说，没有经验时很想，有了之后也就觉得只是那么回事。

但在卧谈中最激动人心的话题还是文学。因为它是我们专业，是我们的命运。我们的梦想就是成为一位诗人、一位小说家或者一位戏剧家。我们期待着成为文学家的那一天，自己的文字会被印刷出来，登在报刊上，或编成一本书。它将放在读者的书桌上，就如同莎士比亚和歌德的书放在我们的书桌上一样。想到或谈到这里，我们都不禁热血沸腾，心潮澎湃。文学是唯一神圣的世界，成为文学家是唯一神圣的事情。因此与艺术相比，我们十分鄙视现实，并用艺术批判现实和指导现实。虽然我们对文学推崇备至，但对古今中外文学的看法却各有不同。有人是西化派，有人是复古派，有人喜欢古典文学，有人赞美现代文学。尤其是对当代文学中一些流行现象如朦胧诗和意识流的看法，大家可以说是针锋相对，水火不容。至于我自己的文学的倾向是西方现代派诗歌。关于文学的卧谈，实际上是课堂学习的一种补充形态。比起课堂学习来说，卧谈甚至更能发挥人的主动性、独立性和创造性。同学在课堂上只是听，但在卧谈时却在说。前者是围绕老师的思路转，后者是随从自己的意思走。我觉得自己的很多想法就是在卧谈中突然激发出来的。

一周每天的学习生活几乎是一样的，像同一的永恒轮回。但星期六的晚上却构成了时间的中断。这时学校的露天电影院将放映电影，它似乎成为了我们节日般的夜晚。当时周末时间是单调的，却不是无聊的，这是因为那时没有太多的诱感，没有舞会，没有酒吧。人们度周末不过是休息而已，看电影成为了唯一的消遣和娱乐的方式。我们期待着每个星期六的夜晚到学校的露天电影场看电影。在这节日般的时刻，我们能聚集在一起，参与这唯一的众人的狂欢。一到周六晚上，我便和几个好友拿着小板凳，来到学校的电影场，选择一个理想的位置坐下。不久整个场地都坐满了人群。

在这样一个露天电影场，人将产生出一种何等奇妙的感觉啊。它位于珞珈山南山和北山之间的平缓的山谷上，舞台或幕布的位置坐北朝南，人则面北坐在坡地上观看如同众星拱月。在露天里和在电影院完全是处在两个不同的世界。后者的空间是狭隘的、空气是污浊的、人是被束缚的，而前者的空间是广阔的、空气是新鲜的、人是自由的。珞珈山的露天电影场还不止如此。它的周边环绕着高大的乔木。梧桐、枫树和香樟所形成的森林在夜色中弥漫着一种神秘的气息，里面似乎栖息着一些精灵与人同在。黑色的树梢的上方是幽深的天空。那里是月亮的运转，星星的闪烁，它们仿佛在遥远的地方通过它们的光辉也来到了这一场地。有时会有风雨的袭击，雪花的飞舞。但它们只是给伞下的我们更增添一种乐趣。在这露天电影场里，人所体验的是美妙的天人合一。

在电影放映之前，喇叭播放一些中外名曲。这是我们当时所能听到的最好的音乐会。我们一边听音乐，一边闲聊，或者一边读书。当电影开始放映时，整个场地都会变得鸦雀无声。不久我们就会被电影所诱惑，走进一个虚幻世界，和主角一起哭和笑。除了一些优秀的国产电影之外，我们还是更喜欢欧美和日本的电影。不仅那些著名的男女演员，而且那些异国风情，都会使我们如醉如痴。当一些好的电影激动了我们的情感之后，我们在放映结束时都不愿离去。

度过了星期六快乐的夜晚之后，人们迎来了平静的星期天。我主要是在阅览室读书。由于一些同学回家或者外出，阅览室的人比平时少多了，这样很多座位就空着。我一般找一个安静的地方，读自己计划中的书。星期天的读书时间具有完整性，不至于被班级的各种安排所打散，因此人能够一气呵成地读完一本书。如果我一天都能聚精会神地沉浸于书本之中，那么我将忘却一切烦恼，获得一种无言的欣悦。当然我在星期天也会和校内的高中同学聚会。我们的聚会很简单，就是相互走动，交流学习和生活情况，最后轮流到桂园、樱园和梅园的食堂一起吃饭。结果我们发现所有的食堂的菜的数量和味道都是一样的糟糕。这真是天下乌鸦一般黑。有时我们也在星期天到学校周边逛一逛。当时的校园周围充满了自然的田园风光，到处是草地和灌木，还有一些池塘，岸边是荆棘和茅草，水中是荷花和其它水生植物。在这些地方漫游，人感觉到似乎回到了自己的家乡。当节约了一点钱后，我们也到武汉的一些风景名胜去玩，如磨山、长春观、黄鹤楼、古琴台和归元寺等。我们早就听到过它们的大名。正是它们的名字吸引了我们，使我们慕名而来。我们所要寻找的就是这些名字的对应物。但这些地方早已今非昔比，失去了其历史的意味，而只剩下一个空洞的名字。

2.4 身心问题

大学一年级很快就要过去了。虽然我无论在学习还是在生活方面都学到了许多新的知识，但我发现了自己的许多问题。我感到，我与我"成为新人"的目标仍有很大的距离，同时与班上其他同学相比，也有很多不如的地方。

我最直接和亲身的感觉是自己的身体差，没力气。也许我是先天不足，后天失调，没有一个强壮的体魄。虽然我入校时就已经高达一米八，但体重只有一百二十斤，可以说是一株高大的豆芽。最主要的是，我怀疑自己得了某种尚未诊断出的严重疾病，现在只是显现出体弱，但也许某一天会突然爆发出来，而让我在美丽青春的岁月里就走向死亡。为此我自己常常怀有一种深深的忧愁。我当然害怕这过早向我走来的死亡之神，但我更痛苦的是，我尚未达到我的理想，写出传世之作，就要告别人世，那我的短暂的存在就会如同风一样飘去。这种感觉一直深藏在我的心中。我从来没有将它表现出来，而是在孤独一人时才开始咀嚼自己的痛苦，然后吞咽下去。不过我对于疾病和死亡到来的畏惧同时也给我压力，要珍惜时间，不要荒废任何光阴。

如果说对于身体的疾病和死亡的畏惧还只是个人的一种内在的感觉的话，那么由于说话的毛病所导致的语言的交流的障碍则是一种外在的事实了。我在农村讲的都是我们江汉平原上的湖北方言，而在学校课堂上所学的不过也是一种半吊子普通话。我们有自己的发音，没有北方的浓烈的后鼻音和卷舌音。我们还有自己独特的词汇，这些是在字典里根本找不着的。此外还有一些奇特的语法或者是语词排列的顺序。我刚入校时有时不敢讲话，如同得了失语症一般。许多同学讲

1979年秋，笔者（前排右一）与大学同学在武汉大学合影

的是武汉话和普通话，但我都不会讲。我只会讲我的家乡话，但乡音太土，因此
羞于说出口。我不喜欢武汉话，既不爱听，也不爱说，或者模仿去说。我很佩服
一些非武汉市的同学，他们很快就得心应手地能如同使用自己的家乡话那样地使
用武汉话。我当然喜欢普通话，但我讲普通话时要变着嗓子去说，感到实在是一
种折磨。同时我用普通话很难如同用家乡话那样自如地表达自己的思想。这样
我更加佩服那些能讲流利普通话的同学，他们如同收音机里的播音员一样。对于
自己语言表达和交流的困境，我只好慢慢留心去学了，让自己的乡音转变成普通
的口音。

　　身体的虚弱和说话的土音无疑在我的心理上形成了一种自卑感。而家境的日
趋贫困更使我增强了忧郁的心态。我上大学后，家里只有母亲一人生活了，她依

靠自己的劳动过着非常艰苦的日子。虽然哥哥姐姐们也力图照顾，但他们自身也是一个比一个贫困，自顾不暇。实际上他们都把经济上的希望寄托在我的身上。等大学毕业了，我就有工资了。我不仅可以自己生活，而且也可以帮助他们。但现在我还只是刚上大学，只有很少的助学金。它们只能满足我的吃饭和最基本零花的费用。我知道自己家庭的困境，因此我从不滥花一分钱。我养成了这样的习惯，不接受有钱的同学的邀请去餐馆，也不去逛商场去看那些琳琅满目的商品，总之拒绝一切消费的诱惑。这样我在吃饭和穿衣方面比同班的一些同学自然要差些。即使这样，我买书和学习资料还是需要经济资助。母亲知道我的情况后，她靠每年在东荆河堤上挖中药材卖的钱积攒后寄给我，支持我读书。对这充满血汗的钱，我都不敢用。我高中最要好的同学王明远已经工作了，也从微薄的工资中挤出钱来助我学习。这使我感到了友情的温暖。我自己常常自叹：穷人的孩子读书不容易啊。

1980 年夏，笔者（右）与高中同学王明远在武汉中山公园合影

正是在这样的情况下，我觉得学习的压力更加沉重了。虽然我在入学复试时考了第一，但在第一学期的考试中成绩并不理想。有些同学善于作笔记，而且反复地复习，反复地背诵，这样他们在考试的时候轻而易举地获得了高分。而我的考试成绩不过是中等偏上而已，与那些同学根本不能相比。但问题不仅仅如此，我感到自己还是知识贫乏，水平有限。那些城里来的同学已经阅读了许多中外文学名著，他们的谈吐和文章都充满了一些令我无法想象的语词。至于中文系七七和七八级的同学据说个个都是才子才女，许多已经在著名的文学刊物上发表了诗歌和小说，有的还戴上了诗人和小说家的桂冠，在全国颇有名气，常常收到读者来信。这真是山外有山，天外有天。面对这些少年天才们，我简直是自惭形秽，不敢遇到他们，更不敢和他们打招呼说话。但我也在想，我什么时候也能和他们一样戴上诗人和小说家的桂冠呢？

说到不如人，我几乎是所有的方面都不如人。在大学生活中，除了学习之外，也许文体活动最能显示一个人的才能了。有些同学会书法、画画，有的则会下棋、打篮球和排球、踢足球，有的会拉小提琴、弹吉他，有的会唱歌、跳舞，有的还会口技，如此等等，不一而足。我要是有一方面的特长也好啊，但事实上我什么也没有。我想我有些才能是天生就没有，有些虽然有，但后天没有机会训练而得到显露。我当然也想学一学，试一试，但都无功而终。

通过大学一年级的学习与生活，我更多地意识到了自己的残缺、不足、无能。因此我的心灵的深处主要是被自卑的情绪所笼罩。但我没有自甘自卑，被自卑所左右，而是意识到了自己的自卑，并去拒绝它，反抗它，努力发奋图强。我也深信，我的潜能尚未激发出来，但有一天它会像喷泉一样地显现。我唯一的出路就是更专注于学习，舍此别无他途。

2.5 夏日的孤独

第一个暑假就要到了。素有"火炉"之称的武汉早已炎热无比，空气中都弥漫着火的力量。我的心也是灼热的，是对知识和思想的渴望和焦灼之情。

同学们都在打点行装，准备回家。大家都在说，大学学习太累，应该回家好好休息一下，把书本抛在一边，只是吃饭睡觉，和亲朋好友们聚会，以度过这难熬的夏天。我也想回家，看看我的老母亲和家人，还能帮家里做些事情。但是我的心里却丢不开书本，我不能想象在将近两个月的时间里能没有书本而生活。我觉得，我的命运已经与书本相连。我每时每刻都需要书本，唯有通过它，我才能获得精神食粮，才能获得肉体存在的力量源泉。同时在我一年的学习之后，我知道了自己不知道，知道了知识是一个无穷的海洋。我就是需要时间来拼命地获得知识啊。在这样的心情的驱使下，我克服了回家的想法，决定一人留校读书。

同学走了以后，一向人来人往、吵吵闹闹的宿舍变得空荡荡，也变得安静了。校园也很少看到人的踪影，只有无言的校舍和树木。我现在是一个人了。没有什么事做，也没有人可以说话。每天除了吃饭、睡觉，就是读书。我主要阅读大学四年课程相关的教科书和参考书，此外就是中外文学名著了。

一个人住在一个五层的学生宿舍里，我开始还有些害怕。特别是在夜里，我担心一些意外的发生，如小偷之类翻窗入室。此外当我做噩梦惊醒时，人不禁有一种恐惧之感。尽管我不相信鬼魂的存在，但我还是要提醒自己，不要怕鬼。当然有时也有一种淡淡的孤独的感觉，不过它很快在阅读中消逝。

过了一段时间，我发现一个人的感觉真好。我从学校和班级的各种关系中解放出来了，自己有一种莫名的轻松和愉悦。此时我只有我自己，不用关心大家的评论和眼光，而只用关心我自身的一切。同时我也不再为任何生活的和学习的事情所困扰，而只是沉浸于文学的想象和激情的世界里。

在接近两个月的暑假中，我日夜兼程，大概泛读了好几十本书。由此我对大学四年的学习课程的内容以及所要达到的目的已有了一个大致的了解，同时我也意识到了我应该做些什么和不做什么。等同学们暑假回校后，他们都认为我似乎变了一个人，学习上获得了长足的进步。这个暑假给我带来的收获，使我感到兴奋。在后来的两个暑假里，我仍坚持一人留在学校读书。

2.6 自由主义者

第二学年的课开始了。听了一周的课之后，我对上课的感觉完全变了。如果说第一年我对各门专业课的学习还处于黑暗之中，而摸索前行的话，那么现在对学习的内容和方式则豁然开朗了，知道老师会讲什么和如何讲。但这种觉悟带来的结果不是积极的，而是消极的。它使我厌恶了课堂学习。

老师的讲课基本上借助于教材和讲义。教材大多是上世纪五十和六十年代所编的，其内容之陈旧可想而知。即使是七十年代所出版的教材也是新瓶装旧酒，不过在旧的教材的基础上装饰了一些所谓的时代特色。而老师的讲义也只是这些教科书的综合和改造，除了使它们更口语化而便于讲授之外，就是加上了一些个人的经验和评价。但不管是教材还是讲义，它们都是陈词滥调，缺少对于文学的审美经验和哲学思考。例如各种文学史课程（包括中国文学史、中国现代文学史、西方文学史、西方现代文学史等等）都是一个模式，即时代背景和个人生平、作品的内容、作品的艺术以及影响等。在这种模式中，文学作品本身所具有的值得思考的问题被遗忘和掩盖了。

老师的讲课就是宣读讲义的过程，偶尔的中断只是为了激起学生的注意力。这样讲课和听课成为了一个机械化的运动，而不是一个思想自身的发端、展开和完成。同时，这种机械化教学始终是单向的，而不是双向的和互动的。老师从来不向学生提出问题，而学生也更不会给老师提出问题。因此课堂上从未发生问题的讨论，由此激发学生的创造力。对于学生来说，其根本使命就是听课记笔记。

到了课程考试时，同学就要将所记的笔记背得滚瓜烂熟，以利于获得一个好成绩。闭卷测验这种考试方式只能检查出人们的背诵能力和记忆能力，而不是分析力和判断力。因此闭卷测验远远不如课程论文的写作能够表达一个人的思想能力，它在很大程度上是对于大学生天才的扼杀。

很多同学和我一样，都不满足于这种教学。不过他们具有一种难以想象的忍耐性，还是坚持到堂上课，不迟到，不早退。当然有些同学在课堂上也不认真上课，而是读爱情小说和其它读物，或者写信，或者干脆睡大觉。而我的天性使我很难如此。我感到这种课堂学习无异于浪费光阴、谋财害命，于是偷偷地逃课，到图书馆里做自己想做的事情。

不幸的是，有些老师实行了课堂点名。上完课的同学回来告诉我，有一门课的老师已经发现我在点名时缺席两次了，威胁说：如果连续第三次不来，那么平时的考核成绩就算不及格。听到这样的消息，我还是有些害怕，又乖乖地跑去听课，不过坐在了教室的最后面。当老师点到我的名时，我便大声地回答"有"。

老师说我总算来了。我耐心地听他那套陈词滥调，趁他在黑板上板书背朝着我时，便偷偷地溜了。后来我又继续上课，但老师在上课前却不点名，我以为他会大度地放过我们，于是故伎重演，溜之大吉。但不久同学说，老师诡计多端，发明了在下课前点名的办法，我不幸又被发现缺席了。在课程结束后，我的这门课程的考试成绩悲惨地被判不及格。但值得庆幸的是，其他课程的老师很少采取点名的方法，为我的逃课开了方便之门。这样大学四年，很多任课老师不认识我，当然我也不熟悉他们的面孔。

2.7 采集和酿蜜

逃避了各种功课之后，我就有时间可以开始实施自己的学习计划。当然首先还是要对付考试。如果有两门以上不及格，那么它将影响我的毕业，这也就意味着影响我将来的工作，甚至我的整个前程。因此我在自学时始终将所学的课程看成首要的学习任务。当然完成此任务并非难事，不过是反复阅读相关的教科书而已，同时也还抄一下同学所记的课堂笔记。对付完所上课程之外，我的自学主要是强化阅读，它分为三个方面。

第一是文学作品。我所阅读的范围十分广泛，但主要是名著，而不是通俗作品和流行作品，如当时人们爱看的侦探小说，以及武侠和言情小说。在西方的文学作品中，我阅读古希腊的悲剧，文艺复兴以来的诗歌、戏剧和小说，特别是十九世纪末之后的现代派文学。在中国的文学作品中，我当然要读人们一般所说的诗经、楚辞、唐诗、宋词、《红楼梦》之类。现代的鲁迅作品令我百读不厌，我一直认为他是一位黑暗中的孤独行者，他的文字渗透了思想。在所有的文学作品的阅读中，我当时最喜爱的是那些孤独的英雄的经历和内心体验。

第二是文艺理论。在读文学作品时，人们自然面临对它的欣赏、理解、解释和批评。这需要一种思想的判断力，而它不能从文学作品自身获得，而要从思想理论著作中取得。为了更好地理解文学作品，我开始阅读大量的文艺理论著作，尤其是诗学方面的书籍。这样一种兴趣的扩大化，使我逐渐转移到美学。对于美学的爱好和学习成为了我的中心。我当时几乎将图书馆藏的所有的美学书找来读了一遍，除了知道像柏拉图、康德、尼采和孔子、老子等人的美学观点之外，也逐渐地关注当时国内的美学讨论，尤其是围绕青年马克思的《一八四四年经济学－哲学手稿》的讨论。由此我也系统地阅读了朱光潜、蔡仪、李泽厚、刘纲纪等人的美学著作，熟悉了他们各自的观点。经过一段比较和选择之后，我倾向于李泽厚、刘纲纪等人所主张的马克思主义的实践美学观点。

第三是文学的相关领域的著作，如美术、音乐、心理学等。但我已经意识到，美学问题在根本上是一个哲学问题，因此要学好美学，必须学好哲学，尤其是西方哲学。我除了继续攻读马克思的相关著作之外，热衷于阅读当时流行的存在主义哲学家的著作。海德格尔、雅斯贝斯和萨特等人的著作在当时翻译成中文的并不多，而且大多是一些片段，另外还有一些关于他们的介绍性的文章。我对存在主义哲学的兴趣是因为它开辟了另外一种哲学思考的道路。首先它关注人的存在，而不是讨论世界的本原是物质的还是精神的。其次它将人的存在理解为个体的存在。这表现为人的命运的唯一性和不可重复性，亦即他的偶然性。最后它揭示人的存在的各种情绪，如焦虑和无聊等等。这样一种哲学与我青春期的苦恼意识正好吻合，它激励我将一种思索的东西与一种体验性的东西结合起来。

我在阅读的同时，也开始了各种文体的写作练习，包括诗歌、散文、小说，但我写的最多的还是诗歌。诗歌是青年人的文体，它更适合于青春期的人们在世界中的体验和思索，尤其是即兴的思绪。为了训练自己诗的感觉和锤炼诗的语言，我专门准备了一个笔记本，将自己所有创作的诗歌都写在上面。我的诗歌的主题就是表达我青春期的心灵的活动。青春似乎是人生的觉醒。当时我觉得我和我所生活的世界都是陌生的、新奇的，仿佛太阳刚刚升起。我要寻找自己在这个世界中的位置，并设定自己的道路和这个道路所通达的目标。这一切都形成了对于未来的憧憬和向往。当然因为人生还只是开始，所以我也觉得有许多的迷茫和惆怅，还有许多的压抑和痛苦。所谓的欢乐和悲伤构成了青春期诗歌的基调。这又集中地体现在对于爱情的吟唱中。一方面我向往一种理想的爱情，自己心爱的少女仿佛女神一样，她能给我带来无限的幸福和快乐。另一方面我在现实中并没有找到这种爱情，它不过是一种自我安慰罢了。现实中的我如同那饥渴的沙漠，忍受着心灵的煎熬。对于自己的诗作，我也逐渐意识到其局限性：它们大多是囿于个人的世界里的情绪而已，而且语言过于雕琢和唯美。因此我力求探索走出个人感伤的领域，追求对于人生更深刻更内在的沉思。这样一种转变的成果表现为我写的长篇戏剧诗《启明星》里。当时班里要举行文艺表演，每个小组都要出节目。我所在的小组推举我写一表演的脚本。于是我一夜未寐，躺在床上构思。第二天上午便一挥而就。《启明星》描写了东方的黎明时分，亦即黑暗和光明的更替之时，启明星与黑夜艰巨斗争的过程。启明星在太阳升起时光荣地死去，但它的鲜血化成了朝霞的颜色。这叙述了一个大自然的英雄的悲剧故事。在这样一个戏剧诗里，启明星、黑夜、白天、太阳都被拟人化而成为一个角色。小组的同学们各自充当一个角色，排演了一周，后在班里的文艺表演上大获全胜，取得了令人震惊的效果。由此我也获得了"戏剧诗人"的桂冠。

随着我的学习兴趣的转移，我逐渐放弃了诗歌的写作，而是转向文艺理论和美学论文的写作。我的基本想法是，文学艺术最主要的任务不是去描写情节和塑造典型，而是要探索人的精神世界，展现人的心理活动。围绕这样的主题，我写了一系列的文章。

后来我又将自己的写作中心集中于哲学方面。我所思考的一方面是马克思《一八四四年经济学－哲学手稿》中的人道主义和异化问题，另一方面是存在主义哲学中的人生存、自由和选择等问题。

我也将上述各种类型的作品投寄给各种刊物。当我将那些包含了我心血的稿子的信件投递到邮箱的时候，我的期待就开始了。我希望哪位伯乐能发现我这位千里马，让我的名字和文章尽快刊登于刊物上。一个用铅字印刷出来的名字仿佛具有魔法般的意义，我似乎可以看到一个更真实的自我，他超出了我的肉身，而获得了普遍性和永恒性。但我的希望却在失望中结束。在最初的两年里，那些稿件要么无消息，要么被退回。我简直沮丧透了。对于那些无消息的稿件，我知道它们已经死了，而且尸体难寻。对于那些被退回的稿件，我不过是收到了一份死亡通知单。在这种恶劣的心态中，我将那些稿件全部付之一炬。但这不过是说，我要重新开始。

2.8 初恋的苦恼

谁都知道，读大学有两大任务：读书和恋爱。虽然学校不提倡恋爱，但也不禁止它，因此恋爱之风日益盛行。从食堂到教室和图书馆，都是一双双、一对对的热恋情侣。至于珞珈山的树下，到处都栖息着鸳鸯和蝴蝶。在我们班上，很多同学已有了异性朋友。这些朋友一般是他们高中时的同学，远在外地，平时靠鸿雁传情，但到了假日，就会在外地或武汉相会。我们班的男女同学之间也有相互追求之事，已经成了两对，其他还在艰苦的地下斗争之中。分析判断同学之间成为恋人的可能性，并揭露一些秘密追求者的隐秘行为，这往往是班上闲谈的主题之一。有一次居然出了一个爆炸性的新闻：班上一位女同学将追求她的男同学的求爱信交给了辅导员老师，老师把这件事说了出来，但没有点男女同学的名字。同学们在被这一新闻震惊之余，就纷纷猜测男女主角是谁。我完全茫然无知，但班上一位敏锐的同学指出，这个男同学就是我们寝室的一位情种。

在最初的大学生活里，我对异性没有什么特别的感觉。在阅读文学作品时，我常常看到描写女人的性感特征，如"乳大臀肥"，修长的双腿等，还有赞美女人的胸部是无穷的面包与美酒，是温柔的港湾和宁静的墓地，另外也有叙述亲吻、拥抱，甚至男欢女爱的过程。但这一切对于我来说似乎非常朦胧。这样我根本就没有想到和谁谈恋爱。

但也许是身体的发育以及自己对于身体的觉醒，我越来越感觉到自己和异性的差异以及异性对于自己的吸引力。我开始渴求异性的爱。这样一种爱欲如同种子在心中慢慢发芽。

不过我总是试图压抑自己的爱欲。其原因是多方面的。首先，我对自己有着清醒的认识。我是从农村出来的大学生，从内在到外在都有许多乡土气息。我的非凡的品格和才能没有充分显示出来。这样我没有能力去爱一个人，也没有能力得到一个人的爱。对于我来说，爱的季节还没有来临。第二，我也没有发现合适的目标。我的高中女同学大部分没有读大学，而是在老家的小镇上工作，我和她们根本就没有共同语言；而少数在武汉读大学的女同学，我也没有什么好感。至于我们班上的女同学，我几乎没有打什么交道，不知道她们的芳心是否曾经思恋过我。至于其他的美女，我只认识那些电影明星了。第三也是最根本的，我认为我要专心读书，不能让所谓的恋爱分散了我的注意力。我知道班上一位同学有一位外地的女朋友。他成天就是写那些永远写不完的情书和等待他女朋友的连续不断的情书。一旦到时没有收到，他就会焦灼不安。这严重地影响了他的学习。我自己暗暗告诫自己，一定要学有所成，不要浪费自己的青春。为了收获，就必须放弃。当我收到一位高中女同学的情书时，我断然拒绝了她。我知道这会给她心灵上带来伤害，这也给我带来了痛苦。

我就这样安心地生活和学习了两年，无忧无虑，仿佛那平静的秋水。但不知怎的，我逐渐被班上的一位女生所吸引。我的心情开始骚动不安，那种平静被无情地打破了。她绝对不是世界上最美丽的女人，甚至也不是我们班上九位缪斯中最美丽的一位女神。但对我而言，她却是世界上最可爱的女人。她可爱在什么地方，我也说不清楚，也许是她的眼神，是她的笑容，是她的说话的神情和走路的姿态，也许还有很多很多。但我印象最深的还是她的苍白的脸，是它所透露出来的冷漠和高傲，以及包含的若有所思和一股淡淡的忧郁。这幅脸如同魔鬼的脸，袭击了我的心灵。

我思恋着她。但这一思恋是一种煎熬。当我没见到她时，我的心目中总是闪现她的身影，它驱使我想见到她，并向她表白我的心迹。但当我见到她时，我又非常害怕，担心她看出我的内心的情愫，拒绝我，远离我。我在这种心灵的亲近和远离的矛盾中度过我的日日夜夜。

此时我真想找一个人来倾诉。但找谁呢？我不知道他们是否会理解我这初恋的感情，弄得不好就会招来他们无情的嘲笑，因此我还是保守我这份秘密，不要向人们袒露。这样我更喜欢一人独来独往，到珞珈山和东湖边散步，让自己面对那山那水，咀嚼自己初恋情怀的那隐秘的甜蜜和痛苦。我把这些感受都变成了文字，写成了一首首情诗。很快我就写完了一本。

一种要向外表达的感情却要隐藏起来，这是件使我非常难受的事情。我一直在寻找机会告诉那位女同学，让她知道我是如何地爱她。但我还是犹豫不决，如果她接受我的爱，那么我将是世界上最幸福的人了。如果她拒绝我的爱呢，那么我将进入人生最黑暗的时期。在现实的观察中，我没有发现任何迹象她是百分之百爱我或者百分之百地不爱我。我如果向她表示，那么我实际上是在冒险，如同一个赌徒的选择所面临的结果，不是赢，就是输。但到了最后，我已经放弃了这种对于结果的考虑，而是要不顾一切地去表达，而不计成败。

我毅然决然地将我所写的情诗交给了那位女同学，并约好一天后见面。这一天是漫长的二十四小时，我的焦灼的心灵等待着见面的到来，等待着我的女神对于我的最终审判。在一个雨后的夜晚，我们在一棵大树下见面了。她带着一副冷漠的面孔，告诉我这是不可能的。我请求她再考虑一下，她冷漠的面孔更冷漠了，强调说这是不可能的。然后我们在黑夜中分道扬镳。

对于这样的结果，我并没有非常沮丧，更没有想到去发疯或者自杀，相反感到很平静，我终于了结了一个事情。在回寝室的路上，我也没有考虑更多的什么，头脑似乎是空的，心灵有一种释放后的轻盈之感。

但到了晚上睡觉时，我的心灵倒是不安了。我分析自己的初恋心理，我为什么爱她呢？也许她是我的理想的恋人。但她为什么不爱我呢？现在可以肯定地说，我根本不是她心目中的白马王子，或者我具有她心目中的白马王子的潜能，但尚未化成现实。我爱上了一个不爱我的人。这就是我初恋的悲剧。但我真的是爱她吗？也许我爱的是一种观念，而将这种观念投射在她的身上了。她不过是被我的观念所美化了，神化了。也许她根本上不符合我的观念。我就这么想着，安然地度过了一夜。

时间一长，我这单相思失恋的痛苦逐渐地消失，而我再也不想什么恋爱了。我只是等待命运之神赐予我的爱情。

2.9 漫漫长夜

我上大学不久，就开始失眠。这也许是因为体质太差。我本来就是先天不足，而后天失调。在大学里加上学习紧张和神经衰弱，失眠就成为了我生活中的一大问题。这场单相思的恋情更加剧了我的失眠。

到了寝室关灯睡觉时，或者在经常性的卧谈结束后，同学们都开始进入了梦乡。我虽然也感到身心疲惫，但很难入眠。眼睛是闭着的，但耳朵却是张开的。窗外是夜虫的不知疲倦而带有节奏的鸣叫，而室内在夜的静谧中也开始了不同声音的合奏。有的是均匀而轻缓的呼吸，有的则是雷霆般的呼噜声，一声大，一声小，还有的发出咕噜不清的梦呓。我真羡慕他们，但又非常厌恶他们发出的各种讨厌的声音。即使没有任何声音，我也很难入睡。至于在这种夜的交响曲中，我只能在那里静听了。但这是一种难言的痛苦，是那些倒头就睡的人难以体会的一种心理折磨。在漫漫的长夜里，人的失眠只会使人产生死亡的欲望，不是自杀，就是杀人。自杀可以使自己摆脱身体和意识的痛苦，而融于永恒的黑夜之中，不再醒来。而杀人则消灭了那些夜间的噪音制造者，消除了那些睡眠和梦幻的阻碍者，而能与黑夜合而为一。我是多么的想睡觉。在无穷的辗转反侧中，终于能够在疲乏之余安然入睡了。

但我一旦入睡，就进入了梦乡。我的梦多，而且非常清晰，梦后能够将一些细节回忆起来。有一些梦会经常性地出现。它们有的感到很轻快，如飞行，观鱼。有的则很劳累，如登高和奔跑。我常常梦见自己在天空中飞行，有时感觉在越过一片又一片森林。在飞翔中，我觉得身体非常轻盈，自己四肢未动，但不知哪来的力量，使我快速飞行。这种飞行的梦给人带来了无限的快意。观鱼也是我梦中经常出现的场景。我在岸边行走，观看着河中的流水。水似乎清澈见底，不久就会游来几条鱼。它们大的如同成人的身体，小的也会像手掌那样。我有时也会垂钓，当鱼儿咬钩时，我的手就会抖一下。至于登高的梦境则比较惊险。在我爬山时，在前面遇到悬崖峭壁。我用手抓住岩石，拼命想爬上去，但总感到自己的手劲不够，无法成功。而奔跑也有类似的经历。我在路上无目标地向前跑去，而到了一定的时候，就感觉两腿无力，跑不动了。

这些梦很容易醒。梦醒仿佛是巨大的心理转折一般。一个似乎是真实的东西顷刻之间就变成了虚无。对于那些美梦，我自然感到无限惆怅，而对于那些噩梦，我也会心有余悸。当然我有时也会对这些新鲜的梦境进行分析，从生理的角度、心理的角度和一般日常生活的角度来解读它们，发现它们隐蔽的意义。我相信，大多数的梦是有意义的，但意义不是某种绝对的意义，如把它理解为性欲无意识的表露，或者是某种命运般的预示。意义是多元的，而且与日常生活的多样性密切相关。

在梦醒之后的折腾中，我又迷迷糊糊地入睡了。但不久天亮了，学校的广播开始播送晨曲。在美妙的音乐声中，我不得不和同学们一起起床。一夜没睡好，根本就不可能朝气蓬勃，因此我在上课的时候很容易犯困，在其他场合也会无精打采。

失眠当然是件糟糕的事情，但它也给我提供了一个机会，就是思考。在夜之深沉的时候，失眠者的感觉真是世人皆睡我独醒。如果不考虑白天的纷争，那么这个世界就如同光明一样消失了。如果对于那些干扰思绪的噪音制造者习以为常而忽略不计的话，那么自己的存在也就是那在黑夜深处所涌现出来的意识了。在失眠时，我思考故我存在。但失眠的思考是一种独特的思考，不是我在主导意识，而是意识在主导我。这就是说，意识超过了我的规定，摆脱了我的控制，自由而来，自由而去，如同黑夜空中的一丝轻风。当然如果我抓住契机，让自己的意识由朦胧变得清晰的话，那么我便能够由被动的思考变成主动的思考。在反复的思量之后，许多事情会去掉它的面纱而敞开其真实面目。这是失眠的思考在它给人痛苦之后所给予的快乐。我在生活和学习上遇到的许多问题就是在失眠时解决的，而且我的许多文章的写作大纲也是在失眠时打下腹稿的。

但不管怎么样，失眠还是严重地影响了我的学习，也使我万分苦恼。我总是试图找出失眠的各种原因，并想办法去克服它。同学们认为我的失眠是勤奋学习用脑过度造成的，因此建议我要多玩一玩，当然也得去医院看医生。医院的医生判断很简单，我的失眠原因在于植物神经功能失调。要想克服它是件不容易的事情。但要多锻炼，参加各种文体活动，以提高自己的身体素质。然后他给我开了谷维素等药物。当从药房取出药之后，我就服了几粒，以期马上见效，能睡一个好觉。

听从了医生的建议，我也慢慢开始参加体育运动。早晨起来跑步，晚上在睡觉之前冷水沐浴，甚至在大雪天的时候也不怕寒冷，坚持下去。但经过一段时间，我并没有发现自己在睡眠方面有什么实质性的进步。我又只好寻求其他的解决办法。

很多人都告诉我，入睡的一个简单可行的方法就是身体放松和数数。在尝试身体的放松办法时，我就让自己的意识首先要头部放松，其次让躯干放松，然后让四肢放松。如此反复，人就慢慢忘记了自己的身体的存在，而进入梦乡。如果说身体的放松是制服自己那骚动不安的身体的话，那么数数则是驯服自己那心猿意马的大脑。数数一般是从一数到一百或者更大的数目，并且不断地循环。这种方法无非是为了使人摆脱各种杂念的干扰，而集中注意力。同时数数作为一种单调的心理活动，会使大脑失去兴奋而处于疲惫而要休息的状态。但数数很容易中断，这时会跳跃很远或者回到开头。保持数数的连续性是件非常困难的事情。在所有克服失眠的办法中，最重要的是静坐。我开始觉得静坐很神秘，因为它和宗教修行、气功以及所谓的超自然的冥想结合在一起。我看了很多关于这方面的书籍，但我认为它们说的过于复杂。我所做的是一种非常简单的静坐。我一般坐在椅子上或者床上，单盘腿或者双盘腿，在深呼吸之后将呼吸变得轻缓无声。然后我努力让自己的思想不再思想。但问题是这样一个不再思想的思想是困难的。每当我静坐试图不再思想时，各种杂念就会如同乌云般遮盖了自己心灵的天空。因此所谓的静坐就是和各种杂念做斗争，并达到心灵自身的宁静。如果每天能够静坐半小时，那么人将感到身心轻松，获得了一种难以言说的力量。

2.10 心灵的转折

在单相思的梦幻破灭之后，我经历了相当长一段时间的心灵痛苦。但我逐渐意识到，我并不是为所爱的人而痛苦，而是为自己的爱情本身而痛苦。所爱的人其实不过是爱情本身要求其现实化所构筑的形象而已。它是未确定的，但它在某一时空的规定下会是某一个人，但在另外的条件下就是另外一个人了。当然恋爱作为男女之间的关系不是单向的，而是双向的。这就使所谓的爱情本身始终必须实现为男女的相互爱慕，而不能在自身中完成。因此一个自在自足的爱情本身其实是空洞的，无意义的。

由此我看到了恋爱在人生中的有限性。它不是如同人们所鼓吹的爱情至上论中所说的那样，仿佛爱情就是人生的拯救之途。如果在爱情的欢乐和痛苦中不可自拔，那么人们将贻误人生中其它许多美好的东西。对于我来说，爱除了爱情之外，除了爱一个女人之外，它还包括了更重要的意义。那就是爱智慧，爱知识，爱思想。男女之爱和智慧之爱有其一致的地方：给予自身，奉献自身。但与男女之爱不同，智慧之爱中的爱本身和所爱具有一种奇妙的关系。当人爱智慧的时候，智慧也会爱人。这就是说，对于爱智慧的人而言，智慧永远不会拒绝、背叛和抛弃。智慧的爱表现为，它将自身给予人，让人获得智慧，获得了生命的守护神。

从此我能坦然地对待自己的单相思这段历史，也不再考虑去恋爱的问题。我的注意力完全转向了对于思想的追求。我知道，爱少女和爱智慧都是我人生中的重要事情，它们不可相互取代。但如果爱情和思想比较的话，那么后者比前者更为重要。不是爱情，而是思想才是我生命的拯救。因此不能为爱情而损害了思想的学习。当爱情尤其是单相思的爱情死亡之后，我更应该专心致志地去追求智慧。

在这样平和的心态中，我比过去更专注于读书和写作。读书是学习别人已思考的，采集人类思想的精华。当然我的读书已不再是泛泛而读，而是集中于一个问题，围绕一个问题。当我被一个问题所困扰时，也就是一个问题激起我的思考时，我就会努力地收集相关的中外文献，分析人们是如何思考的，并比较他们的不同，然后试图提出自己的评论。如果说读书主要思考别人已思考的东西的话，那么写作则是思考自己要思考的东西。我的写作主要是关于思想和理论的写作。它当然建立在读书的基础之上，但更多的相关于当代思想的讨论。这种写作作为思想的练习，能将自己日常的思想整理出来，使一些朦胧的想法变得清晰。

在读书和写作的过程中，我逐渐获得了一种奇异的感觉，即我的生命与读书和写作合为一体。倘若我不读书和写作，我就会无事可做，空虚无聊。一旦我读书和写作，我就会感到充实，感到有意义。有些人如同逃避灾难一样地逃避它，万一不能有幸逃避的话，也只会如同在牢狱中忍受漫长时间的煎熬。与之相反，我认为读书和写作是神圣的，对它们怀有一种朝圣的感情。在我进入读书和写作时，我仿佛进入了一个另外的世界。这个世界只有我和那些思想家们在一起，甚至只有我的思想在时间中绵延，如同一条小溪在山涧中流淌，有时平缓，有时激荡。它给我带来了无言的欢乐。

我一直坚持不懈地读书和写作，就像我的先辈一样、像一个农夫那样在田野上耕耘、播种、护养。我当然期待着收获，但我从来认为，收获是付出的回报。因此只有辛勤劳作，才能获得成果。我的青春就这样在读和写的文字中度过的。

有一天我在阅览室翻阅学术刊物，主要搜寻当时理论界的热点问题。我看到了一位赫赫有名的人物谈论文学的文章，其观点认为，文学应该如同镜子那样如实地反映现实。读后我简直有些吃惊，觉得这不过是一种低级的现实主义。我认为，文学当然有其镜子的功能，但它还要如同光芒一样，照耀现实。根据这样的观点，我在图书馆花了一天时间，写了一篇数千字的文章，并投给了一家刊物。不久这篇文章就发表了。

当我拿到了发表我的论文的那本刊物，我真是太激动了。我如同一个年轻的母亲那样怀抱着自己初次生育的婴儿。我的名字第一次不是有手写的，而是被印刷出来并公开传阅的，我的观点也不再是发表于卧谈和其他的讨论会上，在空气中消失，而是与这刊物在一起，获得了长久的生命力。我觉得个人的生命因此也得到了确证。在我们班上，我也是第一个发表学术论文的，而在整个系中，也属少数。同学们知道之后，有些人内心里感到压力很大，而公开则保持沉默，有些人则向我表示衷心的祝贺。

　　大概一周之后，我收到了四十元稿费。这也是我第一次通过自己的劳动而且是通过写作赚来的钱。这笔钱在当时不算是一个小数目。我们每个月的助学金不到二十元，其中的伙食费则只有十多元。这四十元钱则意味着我可以凭借它生活近三个月。当然我有助学金，不须为日常生活花掉这笔钱。它有其它的用处。我首先想到的是给母亲表达我的孝心，给她老人家买点补品。我在农村的时候听说富裕的人家吃白木耳来进补，于是我在商店买了一些白木耳，然后到邮局包好给母亲寄去。同时我还给哥哥写信，告诉他们我是用稿费买的白木耳，以后等我有更多的稿费了，我还会给母亲买补品，也会给家里的其他成员买东西。在给母亲买补品之后，我也给自己买了双皮鞋。穿着那双皮鞋走在校园的路上，内心里感到无比自豪。

　　对于自己第一次发表文章和得到稿费，我在班上和寝室并没有张扬，而是准备悄悄地和一个喜爱哲学的同学在珞珈山上庆祝。那天我买了一瓶红葡萄酒，一盒猪肉罐头，还有一包花生米，一共花了三块钱。夜幕降垂时候，我们在上山的路口相遇，一起爬上山顶，找了一块大石头坐下，开始独特的晚宴。我们没有酒杯，便轮流拿着酒瓶喝酒，然后品尝猪肉和花生米。我们边喝酒，边谈论各自对于生活和学习的想法，并对各种流行的观点进行了批驳，还畅谈了自己对于未来的设计。不知不觉中，酒与菜被我们消灭干净了。这时月亮已升到了顶空，月光如水洒在树林，并渗透在岩石上和我们的身上。四周一片寂静，偶尔有风吹过来拂动树叶飒飒的声音。我们一看表，时间过去得真快，已快到关门的时候了。我们不得不离开山顶回到宿舍。下山时，那位同学踉踉跄跄地摔倒了。我要扶他，但他却不愿起来，说他要留在这儿，并说最好去自杀。我突然明白了，这家伙不胜酒力，喝醉了。没有办法，我只好一边搀扶着他，一边安慰他，将他送回了他的宿舍。当我一人躺在床上时在想，如果我在珞珈山顶的月下喝醉，那将是何等美妙啊。

2.11 爱智慧

　　到了三年级，我的学习的兴趣发生了根本性的转移。虽然我觉得文学在我的学习领域中依然占有非常崇高的地位，但哲学对于我来说越来越重要，越来越凸显其意义。因此我的阅读著作主要是哲学类，我交往的人也是哲学系的同学和同班中对于哲学感兴趣的人。我选了哲学系的课，也常常去听一些哲学讲座。在相当长的时间里，我一直有一种强烈的愿望，想转到哲学系去读书，系统地接受哲学训练。但我有些犹豫，这倒不是因为专业方面的原因，而是经济方面的原因。据我所知，转系并不困难，只是需要考几门要转专业的基础课程，而这些我都自学过。问题在于，转系后要和低一年级的同学一起学习，这意味着要读五年本科，比一般同学要多读一年。而这对于我这样的贫困家庭的学生而言，是一个难以承

1981 年春，笔者（前排右一）与在武汉读大学的高中同学在武汉大学合影

受的负担。经过慎重考虑之后，我还是决定留在中文系，但是我暗暗下了决心，除了完成中文系尚未学完的课程外，还要自学完全部哲学系的课程，精读中西哲学名著。

我和哲学的关系可以说十分悠久，但非常复杂。我在读中学时，从报刊上就知道了哲学。然而当时的哲学给人的印象只是斗争哲学，而且非常抽象、枯燥、难懂。当时的哲学论文也充满了教条主义的气息，简直叫人不忍卒读。因此我从内心里厌恶哲学，从来没有想到去学习什么哲学，而是立志去当一名文学家。文学的想象和激情能使我超出现实世界，漫游于一个美妙的精神世界。这是我当时选择中文系的最根本的原因。

最初的大学学习更强化了我对于哲学的看法。我们所上的哲学就是"辩证唯物主义和历史唯物主义"，它不过比我们高中所学的同名课程更详细而已，但其内容是一致的。后来我们知道，其实马克思本人并没有创造辩证唯物主义和历史唯物主义，而只是发现了历史唯物主义。所谓的辩证唯物主义和历史唯物主义实际上是苏联哲学家构造出来的，与马克思的马克思主义并不吻合。同时讲课老师照本宣科，哲学课变得更是索然无味。这样我们中文系的同学更加钟情文学，更加厌恶哲学。班上曾经流行一句话，要当莎士比亚，不要当黑格尔。更极端的事件是，一位已成为了海内知名小说家的女同学在离校前一把火烧了她买的所有哲学书。

我对哲学的追求是在进行文学写作练习时萌发的。在一段时间的写作之后，我发现自己的文字内容空洞，感情贫乏，它们不过是一些华丽的辞藻和怪异的形式。我感到自己要在文学上有所作为的话，一方面必须有深刻和丰富的人生体验，另一方面必须有敏锐的眼光和深刻的思索。因此我注意了对于自己感觉的培养，同时也加强了理论的学习。当然所谓的理论主要是关于诗歌和文学的理论，并逐步转成美学。通过理论的学习，我思考的中心集中于诗歌是什么、文学是什么和美学是什么这类形而上学的问题上，并试图用一个词或者用一个句子来回答它们。我想如果找到了这些词句，那么我就拿到了进入诗歌、文学和美学王国的钥匙。

但思想在它自身的途中却发生了令人意想不到的变化。我学习文学和美学理论本来是为了进行更好地进行文学写作，但是这种理论的兴趣却使我既改变了对于文学创作的看法，也改变了关于文学研究亦即文学理论的看法，而且这种看法都是否定性的。我认为，没有哲学意味的文学创作和文学理论研究都是无意义的。

对于文学创作而言，如果它没有对于人的生命和生活的深刻思考，那么它的文字不过是空气中的泡沫，将随风飘散。对于文学研究而言，如果它不具备哲学的洞察力和批判力，那么它所谓的研究将只是现象的描述和分类。因此一切根本问题归根到底是哲学问题。而美学的核心并不是一个艺术问题，也不是一个审美心理分析的问题，而是一个存在的问题，一个人的生命的问题。于是它也必须首先理解为一个哲学问题，并且是哲学的最高问题。

至于哲学本身，我对它也获得了一个新的理解。它不再是抽象的世界观和方法论，也不等同于苏联教条主义所规定的唯物论和辩证法，而是如古希腊所谓的爱智慧和爱的智慧。哲学就是去追求智慧，而最高的智慧就是爱本身。当人获得智慧的时候，人也就达到最高的美的境界了。

于是我便立下了一个志愿，做一个爱智慧的人，将自己的生命和哲学联系在一起。在哲学的基础上，我开展自己的美学研究。这样文学创作和文学研究则置于次要的地位。

2.12　不安和骚动

到了大学四年级初，班上的情绪就已经开始呈现出异样。人们对于学习不是那么热衷了，甚至有些厌倦。经过三年的学习，人们仿佛已吸进了满腹墨水，不再具有其它可供吸纳的多余空间了。但我们还有一年的光阴，又没有多少课可上。时间出现了空白，变得漫长。人们如何消磨它呢？大家都在想办法，依据消磨方式的不同，这时班上逐渐分成了几个群体。

最大众和普遍的是打牌。当时流行"打升级"和"拱猪"两种游戏。特别是后者，有时一张牌出手，会导致对手彻底完蛋，因此引起人们惊心动魄。那些不幸当猪的人往往会在记分本上的大名下得到一个夸张的猪头。

另外的是一些谈恋爱的。他们是班上的少数派，是幸福者。他们共同学习的时间不到一年了，至于毕业分配是否能在一起只是一个问号。因此他们对未来都怀有一种担心和畏惧。也许在这种忧郁的心态中，他们更抓紧时间享受恋爱的美好时光。辅导员老师似乎已觉察到这一点，警告大家不要在毕业前谈恋爱，强调毕业分配是不会考虑谁和谁是情侣的。他还说，那些情侣们最好不要在晚上往山上的灌木林中钻，否则会遇到许多危险，不是被蛇咬，就是会碰到流氓，或者是公安。但这种恐吓似乎对那些沉醉于爱河的男女同学没有多少威慑作用，他们怀有的信念是：让我们相爱吧，管它生与死。

班上还有一群是考研究生的。中文系的学生一般做着作家梦，不屑于去搞什么理论研究，也不用功去学英语或其它语言，甚至可以说，他们讨厌系统的学习，因此都不想去读研究生。他们希望在毕业后获得生活经验，以完成其作家梦。这样准备考研究生的同学就非常少了，他们在班上也很难获得人们的敬意。这一群体一般都在图书馆里死记硬背，以期在研究生入学考试中大获全胜。

至于毕业以后干什么，我也有些考虑。我曾计划继续读硕士研究生，但我的目标很明确，就是要报考中国社会科学院研究生院哲学系的美学专业，做李泽厚的研究生。在对于当代哲学家的关注过程中，我当时感到李泽厚所构建的人类学本体论具有极大的吸引力。我反复认真研读了他所发表的论著，并写了一本评述其思想的论稿。写完之后，我认为在一些哲学的基本问题上，还有许多问题值得探讨，因此需要李泽厚的亲自指导。但当时我得知，李泽厚正在美国威斯康星大学从事访问研究，他在短期不可能招收研究生。于是我想等一两年，等李泽厚回来之后，再报考他的研究生。有些人以为我就不想读研究生了，对我进行批评，认为这样一条哲学之路将遇到许多困难，过于冒险。同时校内和校外的一些教授主动托人给我带来消息，希望我报考他们的研究生，对此我只好婉言谢绝，显然他们不知道我的真实想法。当然我如果暂时不考研究生，那么也要考虑毕业后的工作单位问题。但我似乎对此没有任何忧虑，自己坚信有一个好的出路。

我依然走我自己的道路，专心于我的哲学，每天坚持读书和写作。我给自己规定了定量的任务，每周必须读多少页书，写多少字的文章。只有当这些任务完成之后，我才做点其他的事情。我对于知识没有任何餍足的感觉，相反觉得自己游弋于知识的大海，永远没有穷尽的可能。我要抓紧毕业前的时间，让自己的学习更进一步。

到了大学的最后一个学期，这时已没有各种专业课程，大家只是要从事毕业论文写作和答辩。班里更是人心涣散，几乎没有人读书。一个非常引人注目的现象出现了：人们都不知从哪弄来了煤油炉，每个寝室都有人用它做菜。整个楼道里由此充满了厨房的气息。

1983 年于东湖，作者与大学同学在一起。

　　这倒没什么问题。但辅导员害怕大家吃饱了没事做，弄出问题来。于是他提议班里开展一些集体活动，让剩余的精力好发泄出来。大家考虑了半天，发现也没有多少有意义的集体活动，但也许可以面对社会上的文学青年开一个文学讲习班。这是一个好主意。同学一方面可以锻炼自己的能力，为走向社会做准备，另一方面也可以通过收学费赚一笔小钱，可供班上联欢和个人使用。不久大家行动起来，分成几组：有人专管贴海报，有人负责讲课，有人配合辅导。海报贴出之后，我们很快就招到了近百名学员。按照规定时间，讲习班有条不紊地开始了。我第一个主讲，内容是文学与美学。其他同学的课程分别以文学体裁的分类冠名，如，小说、诗歌、散文、戏剧、电影，还有文学批评等。学员们都是一些文学爱好者，想上大学中文系而未上，但现在仍做着文学梦。他们试图通过文学创作而一举成名，借此来改变自己的不幸命运。面对我们这些天之骄子，学员们自然充满了艳羡之情。很快我们发现了学员们中的一些特性，一是他们最喜欢诗歌和散文，因为这两种文学体裁比较短小，易于掌握。二是他们中的女学员爱好拿自己的作品找我们的男生辅导，以此建立私人关系。讲习班结束后，大家都觉得办得不错。

除了参加这种班上的集体活动之外，我还在班级和学校学生会的支持下，举办了个人演讲。我所演讲的主题是我所关注的问题，如人的哲学问题、美学的基本问题等。也许是口头传播的原因，我在系内外的同学中已有了一些知名度。因此在我所演讲的大教室里，往往挤满了人群。有些没有座位的同学就坐在讲台边、围在窗户外。当我在教室外看到这些黑压压的听众时，心里虽然暗暗感到骄傲和自豪，但也有些紧张和心虚。心脏开始怦怦地跳动，手心也感到了汗水渗透出来的湿润。有时我要猛吸几口香烟，来稳定自己的情绪。当我走到了讲台，环顾台下的听众，心绪慢慢就平静了。我的演讲有其特色：第一，我嗓音洪亮，声如洪钟。它本身就具有某种召唤力和感染力。第二，我从不使用讲稿照本宣科，顶多写一个一张纸的大纲放在桌上，这样我始终面对听众，与他们进行视觉交流。第三，我注重演讲的表达一定要简单明了，条理清楚。第四，有意与听众对话，给他们提问题、让他们回答，也让他们提问题、我回答。因此我的演讲一般都获得了热烈的掌声。

武汉大学学生会

　　当然，最后一学期里最根本的任务还是毕业论文的写作和答辩。这对于有些同学是件非常困难的事情，但对我来说却轻而易举。我很快完成了我的论文，也顺利地通过了答辩，获得优秀成绩。

　　答辩之后，就等待分配的消息了。我希望留校或者是分配到一个学术研究单位，并向辅导员表达了自己的这一愿望。这时有的同学的家长纷纷来到了学校，给负责分配的老师送礼，以期给自己的孩子找到一个理想的位子。我对此感到吃惊和恶心。我自己和家人不会去做，也没有钱去送礼。同时我坚信凭借自己的实力可以如愿，故不去操心。

　　同学们都期盼分配的结果早日公示出来，因此班里都躁动不安。辅导员为了避免发生意外，一直将分配方案保密。这刚好使大家的躁动不安更为剧烈。有些同学成绩不大理想，家里又没有什么关系，十分担心分到省城以下的单位里去。其中个别同学为此喝醉了，痛哭流涕，成为班上的新闻。在这种集体的不安情

1983 年，作者于武汉大学校园留影。

绪中，我也无法安心读书和写作了。我只好和班上的一位同学在吃晚饭后去校内的小酒馆喝酒聊天。我们一般要半斤明显掺了水的散装白酒，然后要一些油炸臭干子拌辣椒酱，再加点便宜的小菜，一共大概两块钱左右。在这些小酒馆坐着人特别愉快。在闷热的夏日的晚上，不时会吹来一丝凉风。那白酒一入口，就会将身上的汗刺激出来。那闻起来臭吃起来香的臭干子在口内简直是让人回味无穷。

分配方案终于公布了。我终于如愿留校工作，但不是到中文系，而是到哲学系。大家反应激烈，高兴的和忧愁的都有。那天中午我们班聚餐。一些老师也来了与我们一起共进这最后的午餐。由于事先打过招呼，个别对于分配不满的同学也很平静，没有闹事。我们总算有一个完满的结局。这个午餐对于我个人没有特别的意义，因为这个终结不过是另外一个开始。

2.13 转变

分配到外地和武汉的同学都走了。只有我和另外几位留校工作的同学还住在学生宿舍里。寝室和楼道由平时喧哗变得安静了，但到处丢满了同学们留下来的生活用品，如棉絮、脸盆和开水瓶之类，有时还可以看到惊慌跑过的老鼠。宿舍仿佛成为了一个垃圾场。我一个人在时，倒是会产生一种无限的安宁之感。在安宁之中，人也不免追忆起同学的音容笑貌起来，想起那发生的事情，想起那些痛苦和快乐的时光，于是惆怅和伤感之情油然而生。

我很快到学校的行政大楼办好了报到的各种手续，一切仿佛是轻车熟路，毫无障碍。当我拿到武汉大学红色的工作证的时候，我知道我从此完成了角色的转变，告别了大学生时代，成为了一名年轻的大学教师。那时我还不满二十岁。作为大学教师，我的生活马上就会发生一些根本性的变化，我会第一次领到工资，而且每月五十元左右。这样我可以赡养我的老母亲，她就不用挪动她被裹过的小脚在田里辛勤劳动了。我将住到相对宽敞的青年教师的集体宿舍，将到教师的专门食堂吃到可口的饭菜，也许每天都可以吃到美味的鲜鱼。另外最重要的是，我将每周站在讲台上，给那些渴望知识的大学生们上课。对新的生活的憧憬给我带

武汉大学行政楼

来了无限的喜悦。但也有使我犯难的地方，如每月领工资的时候，要当着人们的面数钱，这将使人脸红。钱当然非常非常的重要，但一个大学教师在另一个大学教师面前数钱，似乎会有辱斯文。尽管这样，我将不得不去领工资，去做一些以前尚未做过的事情。我想我要克服一些心理障碍。

办完各种手续之后，我就开始搬家，从桂园将迁入湖边六舍四一二房间。我借了一个人力三轮车，把从学校领来的简单的家具搬到了房内，然后又把我的行李和书籍从桂园拉到湖边。从桂园到湖边正好经过樱园，但从桂园到樱园是上坡，从樱园到湖边是下坡，而樱园的那条路就是美丽的樱花下的一条人行道。我的三轮车装满了杂物，它们中的许多是我使用了四年的东西，像我的被子更是从高中时就开始使用了，已经六年了。我对它们充满了感情，它们就是我忠实的伴侣。我舍不得扔下它们，它们还将随我步入新生活。我居住了四年的桂园宿舍依然屹立在那里。当我踏动三轮车时，心中在说，再见了，我的桂园，我会常来看你的。车子在樱花路上行驶，路上无人，两边的树静立着。我曾经多次在它上面走过，它的沉默埋葬了我过去所有的情感历程。三轮车很快来到了湖边宿舍前，我把东西搬到了新的房子内。等把一切安置好了，我嘘了一口气。这就是我的新家。

　　居住在湖边与居住在桂园完全是两种不同的感觉。湖边与桂园相较，前者不过是一个村庄，而后者才是一座都市。桂园学生宿舍密集，仿佛是钢筋水泥所构成的蜂箱，而湖边的房子散落在山水之间，几乎被茂密的树木遮住了面容。桂园容纳了数千名学生，而湖边的房子大概只有几百人。因此不同于桂园的喧哗，湖边是出奇的安静。每当吃饭的时候，桂园的学生都会倾巢而出，人声鼎沸，宿舍和食堂的路上如同蚂蚁的队伍或者是游行的长龙，而湖边永远的宁静可以使人听到路上轻微的脚步声。在刚搬进的日子里，我不习惯这种死样的寂静，而希望回到原来的躁动。在这种自然的静谧之中，我内心的激动不安显示出来了。青春的热血在沸腾，我在问自己，我的选择是对的吗？我的道路走对了吗？我能做一个寂寞的思想家吗？但经过了一个暑假之后，我的心灵也开始平静下来，如同湖边的无声的山水和森林一样。

1983 年夏，作者在武汉大学老图书馆前留影。

　　到了开学，我就到系里去报到，成为了美学教研室一名新成员。当时的美学教研室刚刚组建，主要有著名的美学家刘纲纪和刚研究生毕业的青年教师邓晓芒。哲学系的青年才俊还有郭齐勇等人。一些人觉得奇怪，当年中文系没有留应届毕业生，哲学系也没有留应届毕业生，而一个中文系的毕业生怎么分到哲学系来了。他们不知道，我也许比一个哲学系的毕业生更爱哲学，更勤奋地钻研哲学。当然这只是一个内在的原因，它还需要外在的原因。后来我慢慢地才了解到我留校的内幕。按照当时的惯例，每个系都会留下一到数位优秀毕业生作为青年教师，以充实早已青黄不接的师资队伍。我当然是优秀学生，当时的大学校长刘道玉甚至在学校的毕业典礼上表扬了我的事迹。中文系有些老师非常赏识我，建议留我下来，但更多的老师却反对。他们的理由是，从现在开始不留本科毕业生、而留硕士毕业生，遗憾的是当时还没有博士毕业生。但真实的理由是，中文系的部分老师认为我从不上课，是一个桀骜不驯的叛逆人物，如果留下来，那么将很难服从管教。同时我的兴趣在哲学和美学，而中文系的教师大多蔑视哲学，或者说不懂哲学，这样他们也觉得我这样的青年教师只会成为中文系的异类。非常幸运的是，刘纲纪这位伯乐发现了我这匹千里马。尽管中文系的个别老师在他面前例数我叛逆的罪状，以阻止他举荐我留校，也尽管中文系和哲学系当时没有留应届毕业生，但刘纲纪还是在与校长谈话时，要求留我下来作为他的助手。正是校长的干预，我才能够留校，而且不是在中文系，而是在哲学系。这对于我们（我，中文系，哲学系）都是一个皆大欢喜完满的结局。我虽然喜欢所谓的文学及其理论研究，但我更喜欢的是哲学研究。于是不留中文系而留哲学系是我的最佳选择。同时中文系也觉得很好，他们排斥了一个叛逆。而哲学系也觉得很好，他们留下了一个人才。

　　作为大学教师和作为大学生当然在生活和感觉方面发生了很大的变化，但我在学习方面似乎没有什么太大的差别。我基本上没有什么教学任务，因为当时的美学在哲学系的课程设置中不是必修课，而是选修课，不需要每学期开课，而且即使开课也轮不上我。由于没课，我仍专心于我个人的学习计划。我的所有重心全部转向了哲学，亦即中西哲学史的原著的阅读，并在此基础上，从事哲学论文的写作。我最初的青年教师的生活似乎恢复到了我在大学期间暑假的生活。首先是孤独。由于我的同屋住在他另外寻找的房子里，寝室里就剩我一个人。而同宿舍的青年教师也几乎没有搞哲学的，这样我和他们很少有思想上的交流。我每天只是面对我的书本和我的思想。其次是单一。我除了吃饭睡觉之外，就是读书写作。到那时为止，我还没有表现出在学习之外的任何爱好。在一些能歌善舞和会琴棋书画的人面前，我依然感到自惭形秽。这样我又只好回到我的象牙塔，更埋头于自己的哲学。在湖边黑夜的宁静之中，也许只有我的房间的灯火最晚仍在闪光，也许只有我的心灵还在激动，仿佛东湖的水在夜风下荡漾。

2.14 梦想北京

我在湖边生活一年了。湖边看起来是寂静的，但它实际上是动荡不安的。不过这不意味着暴风雨中的东湖水的波浪汹涌，也不是珞珈山森林的松涛起伏，而

武汉大学凌波门附近平静的东湖

是人们生活的变动不居。湖边似乎是一个教师人生的中转站。一批批青年教师从本校或外校带着行李和书籍单身来到了湖边，但当人们结婚生子了，就会移居到珞珈山南教师宿舍中更大的房子。还有的会因为工作变动而离开湖边，也有的会由于到外地或者到外国读书深造而远走他乡。

每当看到他人离开湖边时，我都会在内心里有一股深深的触动。他们离开了武大，去了一个我只知道名字却尚未去过的地方。我一直只待在武汉大学，而她只是世界的一角。五年来我已经走遍了她的每一个角落，对她也失去了往日的新奇。而外面的世界是多么丰富和精彩啊！我对它们的了解不过是通过书刊、报纸、广播和电影，它们对于我只是一个想象的存在，是一个名字，是声音、图像。我从未用自己的身体去经历，去体验过。我甚至还没有乘过在原野上飞驰的列车，在江河和大海中行驶的轮船，更不用说在云层上飞行的飞机了。因此我非常渴望走出去到外面的世界，去漫游。

去外面的世界成为了我的梦想，但是否真正走出珞珈山对于我还是一个问题。这样在我的内心，是留在武大还是离开武大，似乎是在面临两条道路的选择。留在武大，当然有许多优点。我已经习惯了这里的环境，不畏惧它夏天火炉般的炎热和冬天冰雪的寒冷。我也熟悉了周围的人们，其中许多是我的同学老师和朋友。另外我生活的地方和我的家乡也非常地近，便于我去看望我的家人。但留在武大也有许多缺点。最主要的是武汉地区缺少一种浓厚的文化气息，学校里蔓延着保守和落后以及夜郎自大的歪风。特别不能令一个独行特立的年轻人忍受的是，在本地的学界存在着一种由地头蛇和土皇帝所编制的网络。在经过了反复的比较之后，我还是决定离开武汉和武汉大学。

但离开武大到哪里去呢，这个世界太大了，它几乎让人无法作出合理的选择。但我自己有很明确的目标，去北京或者去美国。不过这又存在一个问题，是通过考研究生去北京还是通过考托福去美国？在相当长一段时间里，我和当时许多青年人一样，做着美国梦。周边人连续不断地去美国的消息，更是激发着我要早日实现美国梦。我也买了托福资料，借来了英语录音带，了解一下到美国去英语入学考试的困难度。但我从朋友那得知，去美国是需要许多钱的，而且是美元。首先考托福需要很多钱，然后申请学校也要一些钱。如果有幸被某个大学录取并获得奖学金的话，那么还需要许多路费。这些钱对于我来说几乎就是天文数字。毫无疑问，我靠自己的工资，也许永远都无法支付这些费用。但我也无法找人借钱，因为我只有亲戚和穷朋友。在农村的家人不仅不能帮助我，反而还需要我的支持呢。我实在无法解决我考托福和出国的相关费用，因此我只好放弃了我的美国梦。这种放弃对我来说是一种无奈和痛苦。

尽管我不再做美国梦，但是我还在做北京梦。现在唯一的出路就是考研究生，而且是考中国社会科学院研究生院的研究生。我从一些渠道知道，李泽厚已经结束了在美国的访问研究，回到了北京。而中国社会科学院研究生院的招生广告也标明，他将在1985年招收美学专业的硕士研究生。我也不时地听到，有许多人都想报考他的研究生，特别是一些在全国已经崭露头角的青年学者，希望能够得到他的亲自指导。我明白，报考李泽厚的研究生将是一场全国性的竞争，对每个人来说都是一次公开的冒险，失败的几率是很高的，而成功的几率是很低的。我参加这场竞争也意味着步入了冒险者的行列。如果成功的话，那么当然很好，如果失败的话，那么就糟糕了。我在周围人的眼中是一个佼佼者，失败将无情地抹去我头上的灵光圈。同时从上大学以来，我在学习上一直非常顺利，没有经历什么挫折，失败将折磨我骄傲的心灵。但我认为，我要寻找一位最优秀的老师，这是比什么都重要的事情。关键问题是，我要借此对自己进行考核，自己的学习离李泽厚所要求的入学标准究竟有多远。至于是否能考上，谁也说不准。但我对自己始终怀有信心。我想凭借自己的实力，应该是没有太大问题的。这样我就不顾一切地到学校报名处，填写了报名表。然后我就准备复习，但感到没有什么好复习的。

到了考试那一天的早上，我按时来到了设在桂园教学楼的研究生入学考场。走进桂园，我就有一种家园之感，仿佛回到了自己的家里。同时看到考场前熙熙攘攘的人群，我又想起了参加两次高考的经历。在考场前，我还遇到了一些熟人，有的是我的同学，有的是我的老师。我们都是试图通过考试，改变自己的命运。一进考场，发现同考李泽厚的还有两个同学。我们作了考前的简单交谈，我感到他们远远不是我的对手。这使我对于自己的成功更充满了信心。我们一门接一门地参加考试，如同过了一道鬼门关又过一道鬼门关一样。每门课考完之后，另外两个同学都垂头丧气，说这下完了。我的感觉却非常轻松，因为对每一道的答题都得心应手。在所有的科目考完之后，我如同卸掉了一个包袱，回到了湖边宿舍，享受起那宁静的时光。

几个月之后，在中国社会科学院研究生院读书的朋友给我传来了好消息。全国报考李泽厚的考生近 50 名，学校计划录取 5 名。我的专业考分第一名，一般都 80 分以上，有的则高达 90 多分。这样我自然列入了初录名单。在这强手如林的竞争中，我获得如此好的成绩，当然使我感到自豪。不久，中国社会科学院哲学所就派人到武汉大学对我进行考察。他们先找了哲学系的领导座谈，了解我的政治、道德和工作等方面的情况，同时他们还索取了一份对于我的书面鉴定，上面盖有哲学系的红印。鉴定写得非常好，说我无论哪方面都是优秀的。后来考察人员又来到了我的寝室，与我面谈，看看我究竟是一个什么样的人。走时他们说，要作好到北京长期生活的准备，因为哲学所培养的研究生一般是为了补充自己的研究队伍。他们回到北京后，就给我发出了去京面试的通知。

复试的时间非常紧，北京的朋友跟我打听情况，并连发两封电报，要求我尽快去北京。为了保证时间，我赶快去火车站买票，当天的坐票都售完，只剩下了站票。但晚上我还是乘上了去北京的列车。我当时心情有些紧张，不知道在北京面试会到遇到什么问题。火车上人很多，座位都坐满了，连走道都塞满了乘客。车厢间的接合处也早已被人占领，几乎没有插足的地方。我在人群的缝隙中往前挤，终于在一个车厢的接合处找到可以站立的地方。车厢内声音嘈杂，火车的轰鸣声与人的说话声交织在一起，人的耳鼓膜虽没有震破，但听觉变得迟钝。车厢内的空气也非常污浊，人体的气味，尤其是烟雾弥漫的烟味使呼吸变得更难受。但我无法考虑这些，心里只是想着面试可能出现的种种情形。站了一夜时间之后，双腿有些酸疼，人已经支持不住了，我不得已蹲了下来，靠着车壁打盹。好不容易黑夜过去，天亮了，火车到达了北京站。

我匆匆地走向建国门内大街中国社会科学院大楼。当我来到九楼的哲学研究所办公室找到管研究生的干部之后，他们告诉我要直接找李泽厚去面试，并说明了他的家庭住址。我又急切地乘车找到了李泽厚家所住的地坛北门附近。在敲他家门时，我的心情极为紧张，我就要见到我一直所景仰的老师。我既感到激动，也似乎有些害怕。李泽厚教授很快把门打开让我进去，作了简单的交谈。他给了我一本英文书，并指明了其中的章节，要求我明天译出来，后天交到哲学所办公室。这就是我面试的任务。

我到了北京的朋友所住的中国社会科学院研究生院的学生宿舍，在那里开始我的翻译工作。我看了一下李泽厚给我布置的任务，所要译的章节关涉西方现代哲学与美学，有十多页，译成汉字达一万多字。这是一个艰巨的任务。他要考我什么东西呢？我想他无非是想知道我专业（哲学）英语的阅读与翻译的水平如何，尤其是在速度方面。我可以说是夜以继日地从事这一章节的翻译工作。我首先认真地通读了一篇，并借助英汉词典将其中的生字查了出来，心里已有了把握，正确地翻译这一章节问题不大。问题只是在于时间是否来得及。我只好除了吃饭以外，全力投入翻译过程中。经过紧张的工作之后，我终于完成了任务，将译稿按时交给了哲学所办公室。然后我在北京的大街上闲逛了一下，乘上了回武汉的列车。我想我一定会再来北京的，而且是在今年的开学之日。

过了几个月，中国社会科学院研究生院终于给我发来了入学通知书。他们将通知书寄到哲学系办公室转交给了我。系里的干部说，我现在走了，以后还是回来吧。我将我去北京读书的消息也告诉了刘纲纪教授，他说我去北京读书非常好，可以扩大眼界，提高境界，但读完了还是回来工作，不要"黄鹤一去不复返了"。我说，如果他继续在武汉大学任教，那么我会考虑回来的。

2.15 东西漫游

我从读大学开始，就一直怀有一种愿望，一方面学习，一方面漫游，如古人所说的"读千卷书，行万里路"。但这种愿望长期对我来说也只是一个实现了一半的美梦。读千卷书易，因为它只需要时间而无需要金钱，但行万里路难，它既需要时间，也需要金钱。我一直囊中羞涩，因此只能近走，而不能远游。我一直在寻找远游的机会。

幸运的时刻到来了。1984年秋，我收到了去无锡参加全国青年美学会议的通知。系里同意我去参加，并将为我支付来去的所有费用。于是我就可以借此游山玩水，欣赏江南美景。

我先乘船从武汉到南京，然后转车到无锡。在武汉港，我挤上了去南京的客轮。当客轮在汽笛声中离港时，我兴奋地站在船尾的甲板上。轮船在缓慢中由西向东开去，船尾激起的浪花冲击着一片又一片的水上垃圾。轮船行驶了好久，飞龙般的武汉长江大桥的巨型身影才消失于我的视野之中。逐渐地，武汉市的建筑群也被遥远的地平线所淹没了。这样我开始了两天两夜的长江之旅。在原野中穿

1984年秋于南京公园

过的长江安静地流淌着，只是轮船所激起的浪花的破碎声冲击了它的寂静。在白天两岸会不时展露出美丽的风景，特别是南岸的山峰以及远山给长途水上漂流的我带来了惊喜和想象：那在远山之外的远山是什么地方？在黑夜，江面一片朦胧。但天上的星月、江上的航标灯和渔火，仿佛是夜间那不眠者的眼睛，注视着在江面上行驶的江轮及其乘客。当太阳在东方升起和在西方落下时，它如同是一个婴儿的新生和老者的死亡，宽广而绵长的长江被染上了血一样的颜色，在这一瞬间给天地留下了惊人的美。途中我孤身一人，寂寞的心绪时常袭击着我，但长江上天地间的独特美景却使我陶醉了。它恢宏的气势和壮丽的景观是其它地方难以想象的。在这种大而且近乎无限的境界中，人自然感到自己的渺小，的确是如同天地一沙鸥。这样的感觉使人不能不忘掉人世间的成败得失。那些可怜的利害之争与这伟大的自然相比算得了什么？一切都将消失，只有这万里长江在日夜奔流。当然我们有一颗奇妙的心灵，它比这长江更为伟大，因为它是非时空性的。如果它不囿于时空的话，那么它就会超出时空。心灵是自由的精灵。

　　到南京下船之后，我游览了它的风景区。我首先来到了长江大桥。这是一座在我少年心中就已经存在的桥梁，它似乎就是奇迹和骄傲的符号。我漫步在长江大桥上，感到自己与它融为一体。接着我来到了中山陵。紫金山的确具有帝王气象，它在这里埋葬了一位"中华民国"的国父的身体，使自身的帝王气象由自然性转换成了历史性。我在中山陵的林荫道上漫步，惊奇中国现代历史的重重矛盾。一方面，孙中山先生的三民主义试图建立一个现代民主的中国，另一方面，他死后的所葬之处使人回想到一个古老的令人窒息的中国。最后我来到了秦淮河畔。这条曾被无数诗人才子所赞美过的河流成为了一个臭水沟，它往日的风情只能成为人们的记忆。

　　在南京逗留了数日，我乘车来到了无锡的会议所在地，一座在山水之间的宾馆。安顿好之后，我便如饥似渴地游览当地的风景名胜。其中天下第二泉曾因瞎子阿炳的如歌如泣如怨如诉琴声《二泉映月》而享誉天下。我来到那里时，正是细雨蒙蒙，二泉的水在雨水中显得并不独特，而月亮露脸还不是它的时机。但我可以想象到那天上的月亮、水中的月亮和心中的月亮交织所形成的世界，那是一幅悲凉、哀婉、充满痛苦的人生图形。在无锡的几天里，我常常独自一人来到二泉那里，凭吊这位双盲的乐者。后来我又和人们一起游览了太湖。它水面开阔，波光浩渺。周围群山逶迤，使之秀美而不显平淡。那湖光山色带着生命的气息，也带着死亡的诱惑。它似乎在暗示：这里是摇篮，但也是坟墓。在山水之间，特别是在美丽的山水之间，人几乎愿意化成一块石头、一滴水，与它们融在一起。从无锡回到武汉之后，我心中仍然隐现着江南美景。

　　1985 年春夏，正是我考完研究生但还没有去北京读书的一段时间。当时心情特别愉快，我马上要结束在武汉的生活，而要展开在北京的生活。在新旧生活之间，我想暂时中断学习，能够出去远游。

　　不久我又有幸到庐山去参加刘纲纪先生所主持的教育部的美学教材的审定。我们驱车到达了庐山和鄱阳湖之间的秀峰。秀峰之美在于它的水之灵气。瀑布从香炉峰上飘然而来，使寂静的山体具有动态之感。近处的鄱阳湖一望无际，用它的波涛向秀峰问候。后来我们沿着盘山路上了牯岭，游览了锦绣谷、三叠泉和含鄱口等著名景点。它们景象不同，风格各异。但庐山给人的总体印象是：它仿佛是一位南方的处子，其秀丽的景色在云雾的聚散中时隐时显。生活在这样一位处子的怀抱里，人不得不对它产生恋情，去亲近它。

庐山回来之后不久，在暑假我又踏上了去敦煌的路程。我们一行人先乘列车到达郑州，在那转车后一直西去。经过西安、兰州和河西走廊之后，四处只是千里无人烟的茫茫戈壁。我们在离敦煌最近的一个火车站下车。那时已是深夜十一点钟了。我们住进了一个简陋的客栈，没有水洗脚便上了床。第二天，我们乘上了去敦煌的客车。车子在戈壁滩上行驶，途中我们看到了两次海市蜃楼。远远地望去，它是个巨大的湖泊以及周边的树木和建筑物，但当汽车不断地朝它行驶的时候，它却让人失望地消失了。海市蜃楼真是一个美丽的幻象，它给在戈壁滩上干渴和痛苦的人们以奇妙的景象。它是一个希望，是一个允诺，但它只存在于遥远的距离之中，而破灭于走进的路途。此后展现在人们面前的依然是那无穷的戈壁，那毁灭生命并不复有生命的荒漠。经过长途跋涉，我们终于看到了清泉和在金色沙漠边缘上的绿洲。那是高大的白杨树、玉米林以及瓜果地所构成的绿色的风景。在这片风景中站立着敦煌县城。

我们在县城的招待所安置好了，就前往莫高窟，去朝拜心中的圣殿。我们随着讲解员参观了当时开放的各种洞窟，惊叹其绚丽的壁画和栩栩如生的雕像。一般人只是把莫高窟理解为中国佛教艺术的典范，并探讨它在不同朝代的开端、发展与衰亡。但人们忽略了，莫高窟不过只是佛教的艺术，因此是佛教的工具。其实莫高窟的每一个洞穴都是一个佛教的世界，是人沉思、冥想、静观的场所，从而也是人觉悟以及达到佛性的地方。敦煌其本意所说的光明并不意味着在这沙漠的边缘之地曾闪烁过佛性的光辉，而是意味着人的心灵在此发生了动人心魄的一瞬，即心灵被闪电所照射，由此见到了光明。

在敦煌我们停留了十几天。然后我们乘车返回武汉。途中我们又几度下车去了好几个地方。青海的塔尔寺聚集了藏民的纯朴与虔诚，他们对佛祖的崇拜完全达到了身心合一。其身体和灵魂也如同这高原的土地与天空是厚实的和纯净的。而后我们来到了甘肃的麦积山，去亲眼观赏魏晋风度的秀骨清相。讲解员带领我们观摩了一些开放的洞穴中的雕像，但看到我们一行似乎是行家，又热情地把我们领到一些不对一般游客开放的洞窟前，说里面珍藏了极为珍贵的雕像。但这些洞窟门都被铁锁锁着，讲解员试了手中所有的钥匙都未打开，然后就请我们参观者轮流试着开锁，看手中的运气如何。可惜的是，他们灵巧的双手都不能打开那把铁锁。轮到我时，我将钥匙插入锁孔，小心地试探着，但锁无任何动静。我想锁肯定打不开了，一定要想其它办法。当我把整个锁用劲往后拉时它却奇迹般的自动打开了。这样我被同行者认为最有运气的人，也给他们带来好运。

途中下车的最后一站是西安。这汉唐时代的首都，凝聚了中国最辉煌的历史。作为历史的遗存，它们部分保留在地表，但部分长存于地下。有的是人为所致，有的是自然所成。到了今天人们又将这些地下的东西挖掘出来，大白于天下，而吸引人们的目光。西安及其周边最引人注目的是几朝天子的陵墓。天子是天之骄子，是代天立言和替天行道的人。在天地之间他就是最伟大最高贵的人。因此在他生前世界上最高的尊严最贵的财宝最美的女色都为他所有。在他死后，他也依然如此。那些坟墓对他们而言，一方面是世上生命的终结之处，另一方面又是世下生命的开端之处。这样的一个地下不是地狱而是天堂。死亡者的灵魂是活着的，死亡者的身体也是不朽的，于是也是不死的。但当我来到这些皇陵前的时候却深深地感到一种坟墓文化的沉重，一种死亡幽灵的蠕动。尽管那些天子们生前营造了他们生后的住所，但他们死后却是真正地死了。

江南和西部之行给我敞开了一个极为丰富的世界。

2.16　说自己的故事

在 1985 年的《中国青年》杂志上所发表的一篇关于我大学学习的报道，使我一时成为了周边人注意和谈论的中心。

从大学一年级以来，我的勤奋学习以及独特的性格逐渐引起了人们的注意，也慢慢在同学中形成了名气。通过口头传播，我的名字也传到了学校的管理人员以及校长那里。一般的舆论认为，我是一个有才能且非常勤奋的大学生，但也是一个独行特立甚至狂妄自大的年轻人。因此有些人对我推崇备至，但另外一些人却对我恨之入骨，形成了两种针锋相对的舆论。

在我刚留校时，与我一起留校的同学汪华正从事大学生的管理工作。他写了一篇有关武汉大学近几年的优秀毕业生的报告，其中一部分就是我的事迹。经学校同意后他寄给了《中国青年》杂志社，后来杂志社的一位女记者专门来到武汉大学，对这些毕业生的事迹进行更加深入细致的调查。她找到了其中的一些当事人以及相关的人物，看看他们自己是如何述说自己的，以及人们的眼睛是如何看待他们的。大概是 1983 年的秋天，一位带着地道北京口音的女记者敲开了我在湖边寝室的门。我当时并不知详情，吃惊于这样一位杂志社女记者的来访。她说明了来意，便坐在我简陋的书桌前对我开始采访。开始我有些紧张，因为我认为我的所作所为一切自然而然，并没有多少可以值得吹嘘的东西；同时我认为一位《中国青年》的记者一定见多识广，不知采访过多少杰出的中国青年。我作为一个大学生是优秀的，但作为一个青年也许是微不足道的。因此在开始的谈话中，我心中的障碍还没有清除，我都不愿意多谈和深谈。但那位女记者猜测到我的心理，并非常注重谈话技巧，与我谈论一些并不关涉到我的问题，而是对社会以及学术界文艺界的一些现象进行讨论。我是一个不善于掩饰自己真实观点的人，于是便滔滔不绝地发表了自己独特的言论。由此女记者的提问逐渐转向我个人的生活学习以及内在心里的想法。

记者认为我的独特之处在于我属于当时所说的创造性人才，而不属于六十分万岁的鼓吹者和死记硬背的书呆子。作为一个大学生，我所走的几乎是自己独行的道路，而且可以说学有所成。记者所感兴趣的，形成这样一个创造性人才的原因是什么？

有人曾认为这也许与我的家庭相关，我可能出身于书香世家，父母是高级知识分子，他们给予我良好的教育。但我只是农民的儿子，父母都是文盲。不过也许我家的无文化和贫穷，特别是我幼时丧父，使我个人没有了依赖感而具有了独立性。如果从家庭的因素来说，这种不幸又使我获得了幸运。

当然一个创造性人才的形成也与学校的环境相关。当时的武汉大学正努力在全国高校中带头改革，施行了学分制和选修课制。尽管在学校中有许多人仍然恪守一些保守落后的观念和体制，但毕竟也给予一些创造性人才自由选择的可能性，如我在大学的学习基本逃课，主要得益于自学。这在其它高校是难以想象的。

但我个人认为，一个所谓的创造性人才最根本在于他的思想以及由它所铸造的性格、气质和个性。大学生的学习就是追求真理，而不是为了考试，不是为了文凭。因此当一个人为真理所规定的时候，他就不会遵守一般的规则，也不会尊重虚构的权威。一个真理的爱好者，是直接表达自己观点的人，也是一个敢于按照真理所指引的道路而行走的人。他独行特立的真正根据就在于此。这与那些狭隘的个人主义者和英雄主义者风马牛不相及。

那位女记者和我谈了几乎半天，然后我陪她在离我宿舍不远的东湖畔散步。

在告别的时候，她说她对我形成了非常美好而深刻的印象。但她还要采访学校的相关人物，听听他们对我意见，最后她将写作一篇关于我的报道。我感到很光荣，向她表示了感谢，但我强调，她的文字一定要真实和准确，不要渲染和夸张。

送走记者后，我也不再考虑《中国青年》关于我的采访的事情。随着时间的推移，我对她几乎都忘记了。但到了1985年1月，我周围的人都用一种异样的眼光看我，而一些熟人则用兴奋的语言说我上《中国青年》了，真是了不起。一个青年教师能被《中国青年》报道，这在学校的师生中激起了层层的浪花。一些不知道我的人看了报道之后，说从来没有想到湖边竟然隐藏着这样的精英人才。而一些知道我的人虽然觉得我也不错，但没有想到我的思想境界达到如此的高度。

在《中国青年》发表关于我的报道不久，记者告诉我，编辑部收到全国各地读者写给我的信件。但他们怕影响我的生活和学习，没有将这些信件转寄给我，而是扔到字纸篓转到垃圾站去了。我也收到了如同雪片般不断飞来的读者来信。信封各种各样，有的除了地址之外还有文字图画。更使人感到意外的是，有人在信封上贴了三根鸡毛，成了一封鸡毛信。信的内容也千奇百怪。有诉苦衷的，讲自己的各种痛苦和不幸，请求我能想出一条办法。有来交朋友的，他们非常佩服我的性格，希望和我建立友谊。还有大量的少女寄来的求爱信，她们说读了关于我的报道之后，夜不能寐，辗转反侧，认为我就是她们日夜所思的白马王子。除了文字之外，她们还寄来了楚楚动人的个人照片。有一封求爱信非常特别，在书信和照片的同时，还夹有一首长长的情诗。它使用的也是当时流行的语言，但其中有一行却使人难以忘怀：你是马克思，我就是燕妮。这样的来信大约持续了一年之久。

我开始接到这类信件时，都认真回复。对那些诉苦衷的人，我尽量用自己能够想象的语言来安慰他们，鼓励他们，愿自己的文字成为他们人生进步的力量之一。对那些寻求友谊的人，我也告诉他们愿我们在将来漫长的人生道路上相互帮助共同前进。对那些求爱的少女们，我一律回绝，寄还照片，撕毁信件。在最初的几个月里，为此我花费了大量的精力，看来《中国青年》不转来给我的信件是一明智的决定。后来我也就厌烦这类读者来信，特别是厌恶那种不断纠缠者的文字，唯一的办法是不予理睬。

2.17　告别之夜

1985 年的暑假以后，我就要离开武汉大学到中国社会科学院研究生院去读书了。我办理了各种离校手续，归还了自己从学校所借的家具。一切准备就绪，就等乘车北上。

在离校以前，我去拜访了平时交往密切的老师、同学和其他朋友。他们对我寄予了厚望，愿我在北京读书的三年时间更成熟，更稳重，在学习研究上更上一层楼。当然他们也认为我最好还是回武汉大学工作，这样会推动学校的建设与发展。

我已经买好去北京的车票，并将行李和书籍运到武昌站去托运。当学校有关部门知道有关我的确切时间之后，便要求我在去北京的前一天晚上给同学们做告别演讲。特别是在《中国青年》关于我的报道发表之后，我成为了大学生心中的英雄，他们很想看看我长的是什么样子，并想听听我对他们说些什么。

那天晚上的讲座是在桂园教学楼的阶梯教室里。当我来到教学楼前时，教室里已灯火通明，里面座无虚席，门口还聚集着大量的学生。主持人在远处迎接我，并要门前的听众让路，拉着我一起挤进了讲台。在挤的过程中，我就听到一些同学的议论。他们说我好像就是不一般，身材高大，眼小且凹，唇厚且阔，有人还说我长了反骨。主持人宣布演讲开始，同学们发出了雷鸣般的掌声。我演讲的主题是"哲学与人生"，即人如何生存在这个世界，如何面对各种人生的难题，且如何去克服它，达到一个更高的人生境界。我的演讲长达两个小时。之后同学们又提出了很多问题，我一一都做了回答。这种对话持续了差不多一个小时，但口头的和书面的提问仍然不断。气氛越来越活跃，我的汗也流得越来越多，最后我的嗓子已经嘶哑。主持人见状只好宣布演讲结束，让我得到了解脱。但仍有一些同学围绕着我，一个问题接一个问题。到了很晚我才回到了我那空荡荡的宿舍倒头睡在找别人借来的床铺上。虽然我极度的疲倦，但我又极度的兴奋。回想演讲的情景，回想同学们的提问和我的回答，我感到中国的思想者负有十分艰巨的使命。我正走向这样一个思想世界的途中，我要贡献些什么呢？我能贡献些什么呢？作为一个真正的思想者，真是任重而道远。

第二天晚，我离开了湖边，离开了珞珈山，乘上了北去的列车。列车驶出了武汉，但我心中仍想念着武汉大学的风景，想念那里的人们。在珞珈山，我生活了六年。这六年是我青春最美好的时光。珞珈山包容了我无数的快乐、痛苦、惆怅、爱情、思念。它是埋藏我青春黄金岁月的坟墓。我想我还会回来的，到珞珈山的山水之间来祭祀我消逝的青春。

说 3

思 想 者 与 写 作 者

3.1 从南到北

火车到达北京站了，我提着随身行李跟随熙熙攘攘的人群穿过地下通道出了车站。天空是明朗的，似乎比武汉显得更为纯粹，但空气却比武汉凉且干燥。我走在站前的广场，心里有一种非常踏实的感觉。以前我来到北京不过是匆匆过客，现在不同了，我将成为一名骄傲的北京人。我是属于北京的，北京也是属于我的。

在火车站广场的边上，竖着一个牌子，上面写着中国社会科学院研究生院新生接待处。旁边还停有一辆大客车。我朝那走去，向接待人员作了自我介绍。然后我到行李托运领取处，将行李和书籍等领取出来并搬到了车上。在我之后又陆陆续续来了一些新生，他们都操着不同的口音。最后我们一起乘车去位于东郊的中国社会科学院研究生院宿舍。

汽车在街道上行驶，从东二环经过东三环到东四环。北京的街道真是宽阔干净，到处都是树木草坪和花坛，建筑物也非常高大整齐。天空中还不时飞来一群鸽子，留下一串清脆的鸽哨声。我在车上一边留意观察这北京的景色，一边也在筹划自己的未来。我似乎仍雄心勃勃，但也有些茫然，因为北京是一个看不见的大海，我目前还没有走进它的岸边呢。我想最重要的是要通过学习了解北京学术界文艺界以及其它相关学界的动向，并借此了解欧美等国的思想状态，然后才能看看自己能做点什么。

大概经过一个小时，我们向东来到了首都机场路南侧的丽都饭店边，与它相对的路北的建筑物就是中国社会科学院研究生院的校区。我仔细一看，这不过是一个尚未完工的建筑工地，从首都机场路到校园的大门的通道还只是泥土，没有铺好水泥，而院区内映入眼帘的却是脚手架和旁边深挖的大坑，据说那里要盖图书馆。在这尚未问世的图书馆北部，已建好了几座房子。南北西三栋是宿舍，东边一栋是食堂，它们联在一起形成了一个大的四合院。其周边除了长了一些看起来非常凶恶的带刺的植物外，人们看不到树木，也看不到草坪，而只有裸露的黄土。它的颜色极其刺眼，使人感到仿佛来到了荒漠之上。见到这幅情形，我不禁深感失望。这哪里像一个研究生院，而且是中国最高的文科研究生院？它根本就不能与武汉大学相比。一个是灰色水泥所盖的简陋的巢穴，一个是充满想象与浪漫的中西合璧的建筑群；一个是黄土高原，一个是青山绿水。

　　我住进了南边宿舍楼的六层的两个人合住的一个寝室。大学毕业后，我虽然住在集体宿舍里，但基本上拥有单间。我不能忍受长期与他人合住一间房子的生活。我认为这是非人性的，因为每一个人都有自己的个性，有自己的生活习惯，还有自己的隐私。但这种日日夜夜的公共生活却剥夺和压抑了人的个性。与我同住的同学是一个夜猫子，每夜都弄到凌晨两三点。而我在十一点就要睡觉，他轻微的咳嗽声、喝功夫茶的水声以及翻书页的声响都会传入我的耳朵，干扰了我的睡眠。这样住了几天之后，我便想调换寝室。好在许多同学已经结婚家住北京，一些房子都是空着或是一个人住。我很快找到与一位北京同学同住，于是我就基本上可以一人拥有整个房间了。

　　住房的问题解决了，但吃饭始终是一个麻烦。食堂里很少提供米饭以及南方所常见的蔬菜，而主要是面食。我是吃大米长大的，本来就厌恶由小麦所制成的一切食品。但没有办法，我只能强迫自己适应这北方人的饮食习惯。与我们南方人相比，甚至与我们南方的贫穷人相比，北方人是不知道如何吃饭的。幸亏我在北京有十几个大学同学，他们生活条件较好，我有机会便去他们那里美餐一顿。

　　我在北京最初有所不适的还有语言问题。我长期不讲家乡话，也不讲武汉话，努力讲普通话。在武汉这样一个充斥着各种难懂的南方方言的地方，我的普通话已经算是不错了。但生活在北京这个北方方言的空气中，我的许多发音和语调就显示出了南方普通话的许多方言特性。有些北方同学经常善意地帮我纠正发音，但到商店遇到售货员和到公共汽车上遇到乘务员，我就不那么幸运了。他们经常用极浓的鼻音以及儿化音斥责我，说我怎么连话都说不清楚。说句实在话，我很佩服那些普通话讲得相当标准的人。但我以为北京土话并不好听，有种油腔滑调的味道。更不好听或者说更使人难受的是那些南方人模仿北京土话，所有的气都从鼻腔喷出，所有的词尾音都要用舌头卷一下。因此我自己一直保持我的半调子普通话。

　　大约过了一周，我们办好了各种入学事宜，准备正式开学。学校就在我们每天进餐的食堂里，举办了新生入学典礼，在开始之前，食堂里一片噪声，音响播放着一些名曲，人们在高声谈话，时时爆发出大笑声，但还可以听到噼噼啪啪吃瓜子时从牙齿中发出的声音。我有机会观看我的新同学们，他们大部分来自北方，我感到男同学普遍比北方的同学高，和我一样一米八的不少，还有一些居然比我还高还壮。他们的脸上虽然充满了男子汉气慨，但缺少南方男子特有的机灵和狡猾。我也和周围的同学做了简单的交谈，彼此介绍了自己是从哪里来的，又是学什么专业的。音乐声结束了，但人们的谈话声和吃瓜子的声音却突然显得强烈了。学校负责人都坐在对着进口的墙边的主席台上。一阵清理嗓子的咳嗽声后，学校负责人以洪亮的声音宣布开学典礼开始，紧接着是雷鸣般的掌声。主席台上的人都依次讲话，但台下的同学们也在纷纷说话。有时主持人不得不中断发言人的讲话，提醒同学们安静下来。整个典礼持续两个多小时后结束了，我似乎什么也没有听进去，只知道我们的历任院长都是一些政治上和学术上的大人物。他们的名字早已如雷贯耳，不过有些如同从天边传来的遥远雷声。但这次不一样了，我坐在食堂里亲自听到了院里的负责人通过麦克风说出了他们的名字。他们先后是郭沫若、周扬和胡绳。当时胡绳是否坐在主席台上，我的印象已经不深了。总之开学典礼让我在这极为平常的地方见了世面。我想如果郭沫若和周扬还活着的话，那么我会有幸一睹他们的风采。另外我还通过与同学们的交谈，发现这些聚集在此的来自全国各地的精英们充满了强烈的政治热情。这是我在武汉六年从未感受到的。同学们说，某位导师和某几位高年级的同学就是某个智囊团的成员。不要小看了六公坟这个地方，这里培养的人才将来也许能改变中国。

开学典礼之后，我们哲学系的近三十位同学准备办一个入校晚会。那天晚上我们吃过了晚饭，来到了食堂东边一个破旧的平房。教室里稍微布置了一下，中间空了出来，桌椅围了一圈，四周的墙壁上还有用彩色纸条所做的装饰。录音机里放着欧美金曲，它们大多是在"美国之音"音乐排行榜上的。但录音带比收音机的效果不知要强多少倍。在桌上还放有糖果和其它食物。我们随意坐定之后，哲学所的负责人来了，发表了热情洋溢的讲话。接着各位同学轮流自我介绍，其中有些已经三十五岁以上，我深深佩服他们的求学精神。轮到我时，我介绍了自己的情况。由于我是唯一的湖北人，我特地引用了人们熟知的话：天上九头鸟，地下湖北佬。从此以后有些同学又称我为九头鸟，或简称我为老九。紧接着自我介绍是节目表演，它也是轮流进行。看到我前面的同学一个个都能歌善舞时，我感到特别紧张，因为我不知道表演什么节目才好。我不会唱歌，从来不能完整地唱一支人人都会唱的歌曲，即使吼一两句也是左右跑调。同时我也不会跳舞，三步四步和迪斯科没有一个能会。我对自己的身体随意的和有节奏的摆动似乎有些害羞。另外我也不是一个善于幽默和调侃的人，即使让一个人笑得合不拢嘴或者笑死的笑话，经我干巴的口讲出之后，也会变得索然无味。但不幸还是轮到我了。

我只好现丑，唱了一首湖北民歌的第一句，便终止了。好在有一位同学爱唱这支歌，把它完整地唱了下去，替我解了大围。晚会的最后是舞会。男女同学们纷纷上场跳了起来。有一个男同学带来了他的妻子，对跳迪斯科，花样翻新，眼花缭乱，获得了同学的喝彩。还有一位剃光头的同学一人在那里自得其乐，把所有的舞曲都跳成迪斯科，他手持绿色军帽，随着节奏不断地戴在头上又不断地取下来，其动作极为娴熟，但又非常滑稽，惹得大家哈哈大笑。我近坐在旁边，看着同学们翩翩起舞，心中充满了无限的羡慕之情，同时也有些难受，感到自己好像是一个被抛弃的人。一位女同学走过来问我怎么不去跳舞，是不是有什么不高兴的事情。我说没有，我只是不会跳舞。她不禁大声笑道说我简直是浪费了自己的身材。她还神秘地对我说很多人从《中国青年》的报道都已经知道了我，有些女生开始注意我了，经常在晚上谈论我。我说这都是瞎编的哄我的。她说都是真的。她劝我应该主动地邀请女生跳舞。在她热情的鼓励下，我终于鼓起勇气，红着脸和她一起走入了狂舞的人群。幸好灯光很暗，人们不知道我的内心和身体的难堪。我开始总是踩不上音乐节奏，手脚的动作都不到位，没有感到跳舞有什么乐趣。但在群魔乱舞中混了一段时间后，我慢慢找到了一点感觉，这时心灵和身体变得自由轻盈了。晚会结束时我意犹未尽。

到了第二天，我们哲学系的新生又乘车来到建国门内大街的中国社会科学院哲学所，和我们的导师与系主任见面。这也是一个令人激动的时刻，因为这些导师们大都是名震海内的专家，他们的名字经常见诸专业刊物，其中一些人的著作我也曾拜读过。见面仪式的时间极为简短，系主任和研究生管理人员分别讲了话，他们无非是说要大家珍惜这来之不易的机会，在三年内勤奋地学习。主持人也要求李泽厚教授讲几句，但他说他从不在这种场合讲话。见面后是各个导师单独与自己的学生谈话。我们来到了美学教研室，这时候我才发现李泽厚教授西装革履，与我们的学生的休闲衣着行成了极大的反差。他要求我们分别介绍自己在学习方面的打算，于是我们五个同学纷纷描绘了自己的宏伟蓝图。我说我想专注于现代西方的哲学与美学，对此李泽厚教授说那至少要懂两门外语。最后他说他接受大家读他的研究生，只是给了大家三年的时间。大家一定要耐住寂寞，方能有所成就。他引用了爱因斯坦的一句话，从事科学研究就是要做一个在孤岛上的灯塔的守望者，如果不能忍受孤独的话，那么人最好就不要当哲学家。他所说的话并不多，但他所引用的爱因斯坦的比喻一直铭刻在我的心中。我想李泽厚教授之所以能够取得如此成就，成为海内外著名的哲学家与美学家，是因为除了他的天才之外还有这种生活在孤岛中的精神。正是在日日夜夜的守护中，思想才会缓慢地生长，才能开出绚丽的花朵，结出丰硕的果实。作为李泽厚教授的学生，如果要成为他那样的学者的话，那么我也必须让自己生活在孤岛之中，哪怕在滚滚红尘中有无数的欲望和无数的诱惑。

3.2　山水与建筑

虽然我在读研究生前也来过北京，但来也匆匆去也匆匆，没有一种漫游者的心态，来观赏北京的山水和建筑。现在情况不同了。除了学习、亦即读书，上课、写文章之外，也没有太多令人心跳的事情可做。同时人平常囚禁在六公坟这个现代水泥所构筑的四合院内，也常常觉得憋气。因此就自然产生一种强烈的愿望，出去走走，乘上进城的公共汽车，再转乘地铁，去转一转，看一看，去领略一下京城的风光。这样可以改变一下心境，使人再去学习的时候充满了活力。

北京作为京城，其实就是帝王之城。一个帝王生活的地方，也应该具有帝王之气。当然情况也许是互补的，帝王生活的地盘使帝王更具帝王气象，帝王也使他生活的地盘获得帝王之气。那么北京呢？当初的帝王选它作为帝王之都，可能的确是因为它的非凡。它的西边和北边是燕山山脉，南部和东部都是开阔的华北平原，再往东去就是无限的大海。从山水的角度来说，山的雄伟高大和地的宽阔厚实似乎就具有帝王的德性。自元朝始，经历了明清两代，这几百年来，北京作为帝王之都一直是中国的中心。这不仅赋予北京的老百姓有了皇城根的感觉，也使它的每块石头、每块泥土都吸纳了帝王的味道。在夏日的黄昏，我总喜欢爬上我们宿舍的屋顶向西北望去。太阳在燕山山脉徐徐落下，残阳似血，远处堆集的乌云的颜色更加沉重。由远而近是无数的建筑群，它们就像没有生命的灰色的生灵，但在黄昏的余晖中增添了朦胧之感。到了最近处就是楼前黄土和野草了，然后是楼上孤零零的我。我向往这样一个帝王之都，但不是为了见某位帝王，更不是为了狂想当一位帝王。我只是相信它是一个大海，聚集了天下精英。我来到它的岸边，可以开拓我的视野，提高我的境界。黑夜来临，天上的星星和地上的灯

火交相辉映，此时我才回到了我的斗室。关起门来一想，这个帝王之都与我有何
关联？

当然京城的帝王意义已经消失了。其原因很简单，一代又一代的帝王早已在
改朝换代中死去了，而且不再有复活的可能。另外新的帝王的诞生也不具备任何
希望。除了帝王死了，似乎也风水不再。也许当时决定在此建都的人不过是一位
风水先生，他充满智慧的眼光看到了在这山脉与平原的交界处的帝王气象。但现
在已经变了。北京的风不再是清风，而是黄风，是黑风。只要有一点点风，房里
都会布满黄沙。至于春夏之交的风沙天气几乎是一场恐怖的噩梦。狂风漫卷，沙
土飞扬，它们好像是一群没有生命的害虫，要吞没北京市民的生命。风不清，水
也不绿。据说北京在历史上曾有许多泉水，但现在连干涸的泉眼也找不着了。市
内的几条小河都成为死水。在北京的日子里，我不得不怀念我家乡的水土，思念
母校的珞珈山和东湖水以及山水之间的一阵阵清风。

北京的风水虽然变了，但它的历史建筑却没有变，而被保留下来了。在西方，

1986年春，作者（左一）与研究生同学去北京远郊怀柔踏青

建筑是石头写成的历史；在中国，建筑就是砖头写成的历史。这个历史是人们居住的历史，是人们生活的历史。当然北京所保留的主要的历史建筑并不是一般老百姓而是帝王所居住的地方。在那里帝王与天地沟通，与群臣谋事，与山水嬉戏。除了他们生活的空间外，那里还有他们死后的空间。这一切都构成一个完整的世界。

在北京的中心屹立着故宫，它是昔日的皇宫。南北东西的天坛、地坛、日坛、月坛构筑了好一幅天人合一的图形。我曾多次去过故宫，除了领略它的建筑风格之外，还欣赏各种珍宝、字画和瓷器。故宫的红色宫墙和黄色宫顶当然是帝王的专用颜色，它本身给人以庄严肃穆之感，这提醒人们它不是平常人家而是天子之所，由此马上唤醒人们的敬畏之情。故宫院内的空地都铺满了石头，没有一根草木。这也试图营造一种肃杀之气，它似乎要扼杀一切情欲、幻想和激情，而只能保持一种崇敬的心态。总之，故宫的建筑是要显示出，帝王不是凡人而是天子；同时人对帝王所怀有的情怀不是如同对待人而是对待神那样。我急匆匆地从故宫的一个房间迈到另一个房间，站在它中间空地的石板上，我有一种异常的沉重之感。我认为故宫的建筑是为半人半神设计的，它既不是为人也不是为神。后来我去了欧洲的一些帝王宫殿，感到了人性的气息，而去了罗马的圣彼得大教堂，又看到了神性的光辉。但这两者在故宫都见不着。

也许帝王卸掉其神的面具还原成人的时候只是在颐和园这个地方。这里的山水不再具备天地神明的意味，而是春风夏雨日出日落。他们在此也不是天子而是山水的游戏者，甚至只是山水之间的一个凡人而已，如同山水之间的一切生物一样。遗憾的是我去这些地方时，由于参观者众多，我不像是一个真正的旅游者，而是成为了一个游行者。我很难体会到他们在不同的时令和不同的时辰的风光。

北京的历史建筑以故宫为中心的平地上的建筑逐渐移向了山上的建筑。十三陵是帝王们的安息之所。我一直不想去这样的地方，这倒不是我拒绝与死亡的事物打交道，而是我反感帝王们这种死亡的态度。他们不仅在生前成为了真正的帝王，而且在死后还做着帝王梦。这个梦也没有什么不好，但它是虚幻的。为了它，死去的帝王们谋杀了许多活着的人们的幸福和快乐。去了一趟十三陵之后，我再也不愿去了。

北京北部最远的历史建筑也许就是在群山之间修建的历史长城了。它们是帝王们用以保护自己帝国的城墙。我爬到长城上，极目远望，长城就是群山之间的一条起伏的卧龙。我惊叹其美，惊叹其建筑与自然的合一。但在人们的语言中，长城还有另外的意义，姑且就笼统地称之为非审美的意义吧。这经历了一个转变。最早的民谣申诉了人们对于长城的痛恨，如孟姜女哭长城所表达那令人伤心欲绝的痛苦和悲愤。但自现代以来，尤其是新中国成立以来，人们对长城却变成了赞美，它成为了独特的象征，它代表坚不可摧的抵御和防守的力量。人们对长城的非审美的意义或者具体地说是其政治意义进行了讨论。但这里也许需要一种审美的转换。当我登上长城时，只是把它看成一个伟大的美的艺术作品而体验其美。

除了这些历史建筑之外，北京还在解放初期新建了一些大型建筑。它们是在天安门广场东西的历史博物馆、人民大会堂以及散布在城区的高大建筑物。新中国的人们要破坏一个旧世界，建立一个新世界。它们当然抛弃了中国传统建筑的天人合一的思想，而借鉴了苏联建筑的理念。但这又是古希腊以来西方建筑理念的变形。另外这些建筑又似乎力图发扬中国传统建筑的风格，其标志性的地方就是大屋顶及其变式。我在天安门广场以及长安大街散步时常想，如果我是一名建筑师的话，那么我将如何设计这些建筑呢？构想一种新的建筑空间是一种非常艰难的事情。

至于在新时期以来北京平地竖起的高楼大厦，特别是一些居民楼就彻底地丢掉了中国传统建筑的空洞的屋顶，只是成为了由水泥钢筋所砌成的巨大的火柴盒似的房子。它们所有的外观看起来都好像是一样的。我曾在一个居民区寻找要找的人家，结果很难区分这栋楼和那栋楼。

3.3　思想的饥渴者

作为一个研究生，我又要开始当学生了。比起我大学长年逃课和毕业后两年无课的日子，研究生的学习依然是一个限制。但它比本科生的学习则轻松和自由多了。我们只是在第一学年有公共课，即政治与外语。专业课的上课时间与方式则比较灵活机动。此外还有一些讲座，于是我大部分的时间是在自学。

政治课往往是令同学们头疼的事情。一般说来从高中到大学甚至到硕士博士，政治课的内容都大同小异。它们在根本上是重复教育，浪费同学的时间。但根据规定我们必须上课不能逃课。我正是在这种被迫的心理状态下来到政治课教室的。一看老师仪表堂堂颇有学者风范，出乎我的意料之外，他所讲的内容是《资本论》与资本主义经济。听完他的课，我感到他对《资本论》有非常细致的研究。这位老师是一位学者型的人物，绝对不能等同于一般的教员。他能讲《资本论》，这本身就已经了不起了。我知道《资本论》是无产阶级的圣经，不是一般人能够看得懂的。我虽然读过两遍《资本论》，但对它精深的理论和庞大的结构理解得不够透彻。因此我对《资本论》有一种敬畏之感，如同对马克思墓前那尊他的雕像一样，它就是巨大的《资本论》上的马克思头像。现在有人讲《资本论》，这正好能引导我进入马克思主义基本学说的神圣殿堂。这样我几乎不想逃课，坚持听这位老师的课程。后来得知，这位老师是全国著名的《资本论》研究专家。他曾长期身陷囹圄。在那身心苦难的狱中的日子里，正是几卷《资本论》伴随了他的日日夜夜，拯救了他的身体和灵魂。在牢狱期间，他写了大量的关于《资本论》的研究的手稿。在出狱之后，他陆续发表了这些手稿，成为了《资本论》的研究权威。

　　我们的英语课成为了解英美以及西方世界的窗口。英语老师是一位北方大汉，曾多次去过美国。他在第一次上课时就开始讲述自己在美国的生活，他非常得意，似乎在述说一个所经历的美丽的梦境。他说他曾和中国同行用两百美元买了一辆小汽车，用它去买菜，去工作，去远游。由于他后来经常重复自己在美国的短暂经历，他的故事连我们都可以背诵出来。在老师介绍完之后，每个同学也要轮流用英语介绍自己。带着各种地方口音的英语介绍者自己满脸通红，也使其他同学笑掉了大牙。轮到我时，我介绍了自己的情况，并用英语翻译了"天上九头鸟，地下湖北佬"这句话。等大家介绍完之后，老师就开始上课了。我们使用的是《新概念英语》，它比我们大学时代所用的教材地道多了。在开设这种正规的英语课程的同时，学校还开办了英语口语班，每人都可以自由参加。口语班的老师是一位金发碧眼的美国姑娘。她的教学方式多种多样。她一般先放一支美国摇滚歌曲，大家记住这些歌词，最后讨论它的内容大意，并借此正确地了解美国的工作、生活及其它方面。有一次我们举行舞会，放了一支交谊舞曲，一些男同学争先恐后邀请这位美女跳舞，但她说从来没有跳过。我们不禁大吃一惊，一个年轻美丽的美国女人都还不会跳舞，这怎么可能呢？她解释道美国的大学生和年轻人不跳交谊舞，只跳迪斯科，只有在正规的场合，那些绅士淑女们穿着晚礼服在舞池中成双成对地翩翩起舞。原来如此。我们这才恍然大悟，看来我们对美国和西方有许多误解。这样我们便放起了迪斯科音乐，大家开始群魔乱舞起来。通过这种方式来体会西方人的生活、学习其日常语言，我们感到将一种死的语言学习变成了活的语言学习，因此也获得了很大的进步。后来我们哲学系还专门开设了专业英语，请一位加拿大的教师来讲授现代英美哲学，并要求大家用英语进行课堂讨论。我最初对于老师的讲授简直是不知所云，但经过一段时间也能略知一二。

政治课与英语课就在六公坟的研究生院内，但专业课却在建国门内的中国社会科学院哲学所内。李泽厚一年给我们开设了两门课。一门课是美学史，大家自学，主要是阅读《英国美学杂志》和美国的《美学与艺术批评》杂志，并要写文章摘要，最后提交一篇论文。另一门课则是他主持的哲学与美学讨论班，他从来没有单独地讲过课，而是邀请北京地区一些中青年学者来讲授他们各自的研究领域，包括尼采、胡塞尔和海德格尔等人的哲学思想。这在当时中国学术界还相对封闭

1996 年笔者在荷兰与老师李泽厚先生合影

的状况下给我们描述了一些哲学景观，或者说给我们绘出了西方现代哲学的导游图。每一次讲课，李泽厚教授都会给他们提问题，来引起大家的讨论。比起那种照本宣科而言，这种教学方式更具有创意。后来我才知道这是一种西方大学教育，尤其是研究生教育所普遍采用的讨论班。这种方式改变了我们大学教育中普遍的老师讲学生听的填鸭式教学，让教师和学生围绕问题进行对答式的教学。在这样的教学中可以达到教学相长，使人们沿着思想自身的道路不断前行。

除了这些学校和系里所安排的教学外，学校还经常邀请一些国内的专家来校举办讲座。他们基本上是各个领域中的权威人物，他们的名字和照片频繁地出现在国内的主要媒体上，

其观点往往成为了学界讨论的焦点。因此他们在青年中尤其是在大学生中有相当
多的崇拜者和追随者。我在读大学时也曾阅读过他们自己写作的文章或别人介绍
他们的文章，当时非常兴奋但也深感遗憾，因为不能一睹其真容。到了六公坟读
书之后，我得知他们很多人就是研究生院的教授，与他们的距离变近了，有机会
见到他们了，在全校的系列讲座时就能够聆听其教诲了。我几乎每次是抱着朝拜
的心理来到研究生院的大教室，并总是坐在前面几排，这样可以更接近他们。他
们的讲座毫无例外地叙述自己的非凡经历，特别是在历次政治运动中的起起伏伏，
这让我们这些涉世不深的青年学生顿时生起了敬佩之情。然后他们介绍自己的学
术观点，尤其是在与别人论战时如何批驳别人的谎言而陈述自己的真理。当然最
能激起同学强烈反响的是，他们对于当时国内的许多社会现象进行了无情的批判。
这往往能引得大家的热烈的掌声。但讲完之后似乎一切都随着讲座的结束而消失
了。也许是对于这些学界领袖期望太高，我在听完之后总是感到非常失望，好像
没有听到什么创造性的观点。相反我只是感到他们依然沉浸于往日的岁月，为过
去的光荣和羞耻而激动，而缺少一种深刻分析现实和引导未来的思想能力。

　　应该说，中国社会科学院研究生院的学习条件是相当不错的，它给学生们提
供了许多可能性，去了解理论与现实的各种问题。当然作为一个研究生，我最主
要的学习途径是自学。在哲学的道路上漫游了一段时间之后，我的注意力主要集
中于德国哲学与美学，特别是不同于德意志唯心主义哲学的现代德国哲学，如马
克思、尼采和海德格尔等人。一个人的自学其实也受两种基本因素的影响。一个
是人，即周边有一些关注同一问题的人；另一个是书，即有丰富的最新的研究资
料。在北京，特别是在中国社会科学院就具备这两种因素。关于德国哲学，有一
批著名的老学者，他们是康德和黑格尔著作的翻译者和研究者。同时还有一批知
名的青年学者，他们更关注最新的当代西方哲学家的研究动态。另外哲学系的同
学中也有一些立志于从事现代西方哲学研究的人，其中有些是学习英文和德文出
身的，因此他们从事现代西方哲学研究具有很好的基础，口语中经常会冒出几个
英语词和德语词来。除了这些人之外，哲学所还有非常丰富的图书。据我对国内
一些大学图书馆哲学资料的了解，中国社会科学院哲学所也许是拥有哲学资料最
为全面的图书馆。其中德国现代哲学方面，它不仅有德文版原著，而且有许多英
文译本和研究资料，并有大量的德英文哲学期刊。我尽了最大的可能利用这两种
因素。只要德国哲学方面的专家有任何活动，我都会去参加，了解最新的动态。

同时我每月都会从哲学所的资料室里背回沉甸甸的精装本的英文著作。我的阅读习惯比较独特，我从不作笔记，也从不作卡片。我只是将一些经典性的著作复印下来自己保存，反复阅读。在阅读过程中，我会把一些重要的段落用笔圈下来。一本书经我阅读过几遍之后，就布满了我所画的条条杠杠。

通过在研究生院一两年的学习，我感到自己的知识变得更加丰富，思想也变得更加深刻。但我也觉得自己进入了一个汪洋大海，它永远没有边际。

3.4 文化界的众生相

我在京学习期间，一方面读书，另一方面参加哲学界、文学界和艺术界的各种学术讨论活动。

北京的文化界始终存在一种首都情结，即北京是中国的中心，其它不过是外省而已。因此北京的文化界是中国文化的领袖。谁要是在北京成了名人，那在中国也就成为了名人。谁在中国成为了名人，当然也就在世界上成为了名人，至少在国际汉学界成为了名人。这样，在北京的人就怀有一种老大心态，并要永远维护其霸主地位。那些在外省的精英们，不服自己二等学界公民的地位，想尽办法（如通过考研究生等），抛弃其优越的生活与工作条件，挤进北京的队伍，希望有朝一日扬眉吐气。还有一些学人待在北京近郊的一些知名度甚低的学校，住在没有卫生间的简陋小屋里，也不愿到待遇更好的南方去，而要死守北京的地盘。他们知道自己虽然不能成为领袖人物，但在心理上觉得第三流的北京学人也强过了第一流的外省学人。

在上世纪八十年代，北京与全国一样，学界的老一辈基本隐退，而中青年正在崛起，他们都怀有做思想领袖的宏大心愿，甚至大言不惭地将自己的想法公开表达出来。如在北京我就见到了许多自以为老子天下第一的人物。当然这些第一的人物，绝对是相互瞧不起且互不买账的，至于对那些连自己都不认为是老子天下第一的人物，更是不放在眼里。有一次一位自封为领袖的人物喝的差不多了，说要做北京学界的皇帝。我和其他朋友开玩笑地说，他现在还不是皇帝，是否需要我们帮点小忙，为他共打天下。他不屑一顾地说，不用你们了，他一个人就够了。我们听了以后，不禁哈哈大笑起来。

　　既然北京在中国人的心中是学界的中心，那么它也成为了战场，是兵家必争之地，是群雄激战之所。但什么人能参与战争呢？当然是那些武装强大的人才能耀武扬威，即有才能、有学识和有思想的人。然而一个三十至四十岁的年轻学者成为学界的霸主，按常规来说是很难实现的。这样他就必须寻找一种突破的机制，仿佛一颗耀眼的新星从天空突然升起。为此很多青年在寻找捷径。

　　当时的中国学界，如同五四以来中国思想史的主流一样，是传统话语的消亡，西方话语尤其是近代以来的话语的垄断。八十年代的学界更突出了现代和当代西方思想的翻译、介绍和研究。这样，谁要在北京的学界获得发言权，谁就必须是某位西方乃至世界著名思想家的翻译者和研究者。如此这般他就成为了这位死去的或者活着的西方思想家在中国的代言人。如果他在说话，那么他就在代表那位思想家在说话，他就是那位思想家的当前化，如同天主教的神父就是主基督耶稣的当前化一样。于是他自然就具有了灵光圈，获得了光荣，而引起人们的敬畏和崇拜。当时流行的西方人物无非就是尼采、雅斯贝斯、胡塞尔、海德格尔、萨特，还有伽达默尔等人。因此在学界流行的口头禅是：我是搞某某某的。这就是说，我是研究某某某的，这还意味着更深的东西：我如同某某某一样具有说话的权利。但当两个人都是搞一个人的时候，彼此都会在心中说：你也配搞某某某吗？某某某在中国只允许有一位代言人、一位独生子，其他人没有说某某某的权力，而只有义务去听某某某的话，也就是有义务听我的话。这当然隐藏了争夺话语霸权的险恶用心。因此通过搞某某某，尤其是搞一位著名的某某某，人自然就会戴着某某某的面具在北京的大舞台上跳舞了，由此他就成为了一颗耀眼的明星，而引起观众的喝彩。

　　搞某某某是一个获得话语霸权的策略，同时骂某某某也是一个非常不错的途径。在一种平淡无奇的转述他人观点的学界里，跳出一个骂者当然会引人注目。骂就是批判、否定。但骂除了说理之外，还需要修辞等一系列技巧，使骂声更富有刺激性，更能挑动看客和听众的情绪。骂本身作为言语行为当然打破了学界秩序，但所骂的对象更是人们关注的问题。骂一个无名之辈是没有任何意义的，有时还会给人带来嫌疑，这是在欺侮小字辈。因此最好是骂一位大人物，骂一位红得发紫的人。由此骂者就会被认为具有英雄气概，具有冒险和挑战的精神。在一阵单骂和双骂之中，这位挑战者很快就会像一位黑马那样横空出世，获得与那位被骂者同等地位，甚至能够取而代之，超出其地位。

除了搞某某某和骂某某某之外，获得话语霸权的另外一个主要方式是就是"我创造了一个体系"。一个学界领袖人物如果只有一些思想的火花，一些东拼西凑的玩意，那么他不仅会被一些明眼人看出花招，指明其皇帝的新衣，而且会让自己的良心痛苦，觉得一事无成。这样学界领袖必须靠其思想体系来证明其权威性。但这是一件非常不易的事情。姑且不谈一些反体系的现代思想，关键问题在于，在哲学图书馆里，那些死去的和活着的人们已经创造了不少体系，真是可谓太阳底下没有新东西。人们如何才能创造一个体系呢？那只好寻找一个开端，如同走路时要走第一步一样。但东南西北方向的路都被别人走过了，现在剩下的唯一的可能性就是上天入地。唯有如此，人们才能标新立异，保证能领风骚一百年。当时哲学界的新人构造了各种各样的体系，但除了其开端的基石颜色有点不同之外，其整个建筑结构都大同小异。这样一种拼凑的怪物连他们自己最后也不得不抛弃了。

那些或长或短获得话语霸权地位的人很快和他们的追随者形成了一个圈子。他们往往以某某丛书的编委会正式公布于众。但要在一两年出一系列著作，这是非常困难的。于是这些丛书往往不是以著作为主，而是以译著为主，或者是以编译的著作为主。编委们除了自己动手以外，还要在北京和其他地方招纳大量的编译队伍帮忙，使丛书的书名能排列一大串，而显示自己的成就。因此人们发现，许多所谓的学界领袖就是丛书主编，所谓的著名学者就成为了著名的编者。

由这些学界领袖所组成的圈子是封闭的。我周围的很多朋友和同学就是这些圈内人。他们会得到出版社的经费赞助，定期地讨论编辑出版事宜。这些消息就会通过圈内人传到圈外人中去，由此他们在民间获得了很高的声誉，引发那些想挤进圈内人的圈外人的崇拜。我本人在学术思想研究上是一个绝对的个人主义者，因此从来不与任何人结盟，不参加任何一个固定的圈子。在我看来，思想研究只是个体的事情，是孤独者的事业。人只有孤独地面对自己的思想，他才能真正地生活在思想的世界里，走在思想的道路上。在这样的基础上，思想者之间对话与交流才是可能的。如果相反，把学术思想研究变成一种集体劳动的话，那么这种思想不过是一种无个性的混合物，它是违背思想的本性的。

不过我倒是很热衷于那种非小圈子的活动。它往往是由一些刊物组织的座谈会。那里各种各样的人会边抽烟边喝茶边发表自己的高论，最后还有一顿招待宴席,大家可以美餐一顿,还能喝些啤酒。随着酒兴上来,大家也会继续讨论问题,将座谈时尚未完结的话题延续下去。在学术、文学与艺术界的座谈会中,我最爱北京几家电影厂和相关单位所举办的座谈。在这样的场合里,我们不仅可以看到一批尚未公映的国产电影,而且可以看到在欧美电影节上获得大奖的电影,它们是在研究生院和一般电影院看不着的。看一场这样的电影,在当时的北京往往是一种特权的标志。有些刊物还会将我们的发言整理刊发出来,寄给我们一笔可观的稿费。这为我改善自己的生活提供了难得的资金来源。

3.5 在字符的世界里

在北京读书期间,我仍坚持写作。尤其是在第一年级之后,我们基本没有了公共课和专业课。我的日常时间就是读书和写作,还有自由地参与座谈会和讨论会。这其实和一个自由职业者的生活没有太大差异。只不过有些自由职业者独居一处,不像我们几十个人集体住在一起。在自由时间里,我最大的欲望冲动就是写作。在写作中,人的思想得到了释放和表达,由此人可以变得更加宁静和愉悦。

在研究生阶段,我基本上不再从事文学写作,这却成为了使我常常深感遗憾的事情。显然只有诗歌和其他文学体裁的文字能够表达生命的过程,能显现为如尼采所说的用鲜血写成的文字。但另一方面,我认为一般小说的感性叙事又具有它的局限性,它很难说明人生的真相和事情的道理。即使它可以做到这一点,它也需要借助于哲学的思索。在这样一种哲学与诗的冲突中,我还是坚持了哲学,放弃了诗。我希望自己的语言能够成为箴言,成为格言,它具有闪电般的力量,撕毁黑夜的幕帐。

但对于哲学,我又抱有一种十分审慎的态度,仿佛总要询问:这是一个什么样的哲学。哲学从事相关理性的事业,它的语言就是概念,它的工具就是判断和推理。当时国内的哲学刊物和著作就充满了这种死气沉沉的文字。有些人所构筑的哲学体系仿佛是一个建筑物,他自己没有居住其间,更不可能让别人居住其间。它们不过是一个空洞的物体而已。我在想,如何建立起一个语言空间,它既是自己的安身立命之所,同时也能为他人的居住提供一定的启示。我对自己意识得很清楚，我不满足于学术界所说的语言，但自己也没有找到一种新的语言。我不过是处在追求这种语言的途中。

针对当时的美学与文艺理论界所讨论的热点，我写了一系列文章。我试图把美学与艺术的现象不再置于一种概念的和逻辑的讨论领域中，而是建基于人的生命，变成人的生命的现象。同时我也不再使用一般流行的语言和大量引证名人名言为自己壮胆，而是努力将问题本身揭示出来。这些文章在一些刊物发表之后，引起了人们的注目，并引发了一些争论。这样我的名字也慢慢越过六公坟的范围，被北京和外地的一些同行所知道。他们通过我的文章，了解到我对当代西方哲学和美学有些研究，同时还有一些自己独到的看法。这些民间舆论传到一些敏感的编辑那里之后，他们就开始向我约稿，要我写一些书和译一些书。我早就不满足于那种东一榔头西一棒子的搞法，想能集中注意力写作和翻译。将自己的想法系统地表达成一本书，这是我研究生学习阶段的一大宏愿。对于翻译，我认为一方面可以提高自己的英语阅读水平，另一方面能够更直接地了解西方思想，避免他人的误读和误译。

1987年春，我开始动手写作第一部试图阐述自己观点的书。在那一段时间里，我的脑子几乎什么都不想，除了思考自己所要写的那本书以外。当我在考虑要写一本表达自己哲学观点的书时，心情不免激动起来，仿佛是一个年轻的母亲盼望着生产。但究竟写什么呢？我想还是写一本美学书为好，它是我长期思考的领地，这样我可以得心应手潇洒自如。但我不想如当时的各种美学书那样，变成各种中外美学理论的资料堆积，或者是用一些美学观点来分析艺术作品，成为艺术的审美欣赏。我的基本出发点是，将美学置于哲学的基础，写一本哲学化的美学著作出来。因此这样一本书的核心问题将不讨论一般美学理论中的美、美感和艺术，也不是所谓的审美心理学和艺术社会学的综合。与此相反，它将审美现象导入生存领域，即把美看成人的生存的自由实现。同时它也把生存现象导入审美领域，让人的生存在审美中获得自身最高的意义。由此我将这样一本书叫做《生命之诗》，为了更清楚地说明它，我还使用了一个副标题"人类学美学或自由美学"。

《生命之诗》的导论部分主要强调了哲学就是人类学，而它必须包括美学。美学的核心问题是人的审美化。由此出发，我阐述了七个方面的问题。第一，一般生存的意义。它明确了人的生存就是人的自我创造世界的过程，其本性就是自由。第二，一般审美的意义。它强调了不是美和美感，也不是艺术，而是审美活动才是美学的关键之所在。审美活动其实就是生存的自由活动的另一表达。第三，生存与审美的悖论。它分析了真善美与假恶丑作为人的生存的悖论的必然性，并且具体地解析了人与社会、人与自然以及人与精神三个层面中的二律背反现象。第四，生存的荒诞与审美的毁灭。它描述了在一个异化的情况下，自我不是自我，世界不是世界。第五，生存的超越与审美的超越。它指明了人对自身超越的几种可能性，而根本性的超越只有审美。第六，生存的审美化与审美的生存化。它从历史的角度解释了生存与审美的分离以及它们相互生成的可能性。第七，审美化的人格和审美化的心灵。这回到了导论所强调的美学的核心：人的审美化。

我在那段写作《生命之诗》的日子里，始终处于一种兴奋状态，几乎每天要写上几千字。我用的是一种纸质非常粗糙的笔记本。当坐在写字桌前打开它，我几乎是文思泉涌，思想的运动超过了笔尖滑行的速度。于是我的汉字龙飞凤舞，已经完全线条化了。有时写完之后连我自己都不认识那潦草的笔迹，只好结合上下文的语义，来确定它究竟是什么意思。写完初稿，我又工工整整地誊写一遍，然后像抱着自己刚生下来的孩子送到编辑手上。

《生命之诗》作为我二十四岁时的作品，带着一种明显的新生者的气息。后来我重新审视当时写作它时是如何思考的，发现了其中隐秘的动机，即我要使我的文字成为我生命的表达。也许这一欲望一直支配了我，使我冲动、痛苦、快乐等等。当然它明显地受到了尼采写作的格言式风格的影响。它没有论证，没有推理，既不引经据典，也不列举例子，讲述历史，甚至也没有引文。但它仍然保留了体系化和结构化的痕迹。可以看出，它试图营造出一个有开端、中间和结尾的整体。

把我的著作交给出版社之后，我就考虑要译些什么东西。并不是随便一本什么东西都是可译的，它必须与自己思考的东西一致。我当时在哲学上思考的一个根本问题就是，如何建立一种关于人的哲学，也就是所谓的哲学人类学。其实我在大学毕业时就已经复印了德国哲学家蓝德曼的一本著作《哲学人类学》。它从人类学的角度阐述了西方哲学史上的一些基本问题。我在毕业后的时间里，将其部分内容译了出来，但未曾考虑出版。现在既然有了出版的机会那么我将它整理一遍就行了。于是我花了两个月的时间认真修改了一遍，并写了一篇短序。它表达了我当时对于哲学人类学的思索：

哲学本身就是人生命的天性。人的生存总是包含着哲学解释这一事实，人为此探询和解答人自身存在的意义。所以哲学作为形而上学的活动永远是源于人类家园并必然返回人类家园的活动。哲学真正的主题就是人本身。这就是从根本上规定了哲学的内容。哲学即人类学，是人类生存的思考。

尽管哲学也和人本身一样会处于迷误之中，尽管哲学的历史曾呈现出本真和非本真的形象，但哲学的历史向人所昭示的却仍是源于人类家园和返回人类家园活动这一根本线索。

让我们简明地追寻这一线索。

苏格拉底是西方哲学史开端具有关键意义的人物之一。当人们把哲学变成自然哲学、宇宙哲学以及种种非人类学哲学形式的时候，苏格拉底将哲学的中心指向人自身的存在。他向人告诫："认识你自己。"因而苏格拉底实际上将哲学从天国带到尘世。康德所构成的哲学转向是多重的。人们称他在认识论上完成了哥白尼式的革命，称他在伦理学上完成卢梭式的革命，但康德真正的革命则是在人类学上普罗米修斯式的革命。康德曾自述其哲学的三大问题：①我能认识什么；②我应做什么；③我希望什么。但他指出还有一个问题则是人的问题。马克思的历史唯物论正是马克思的人类学。它构成了马克思的政治经济学、科学社会主义的基础。此人类学的核心是在人的现实分析之上对人的异化的批判和对自由的向往。可以说，哲学从天国转回尘世，哲学的普罗米修斯革命，唯有马克思才真正使之成为现实。

二十世纪初，随着传统形而上学根基的动摇，人们纷纷去建立新的哲学地平线。如欧洲大陆的现象学和解释学，英美的科学哲学和分析哲学。尽管我们可以从各种不同的角度描述二十世纪的哲学史，但是有一点是不容置疑的，即泛人类学倾向，这导致人们称二十世纪的哲学时代为人类学时代。作为特定哲学流派的哲学人类学便是这种人类学时代的产物。

蓝德曼的《哲学人类学》则是我们了解西方哲学人类学的向导。它的主要内容可以概括为三个方面：

1）介绍当代哲学的人类学倾向；

2）描述哲学人类学各派别的主要观点；

3）阐释自己的文化人类学的理论。

蓝德曼在当代哲学的人类学倾向的介绍中，主要比较了人类学和存在主义，人类学和马克思主义。蓝德曼指出，人类学从外看人，存在主义从内看人；人类学注意人的整体，存在主义注意人的个体。马克思主义曾批评人类学把人从历史进程中分离出来和把人从社会现实中分离出来。但人类学却申辩自己依然注重历史进程和社会现实。

蓝德曼花了大量篇幅描述当代人类学各派别的基本内容。如宗教人类学探讨人与上帝的关系。与中国天地人三者合一不一样，西方是天地人神的四维同一。神是西方人生活中极为重要的因素。理性人类学探讨人作为理性的存在。理性的肯定和否定，理性的赞美和废黜，不光是一个空洞的学院问题，而更是一个现实的生命问题。生物人类学探讨人与动物的关系。人的邻近动物和远离动物，人的生物性和人的超生物性，通过这种比较，确立人的形象。

蓝德曼在上述基础上阐释了自己的文化人类学观点。他认为文化人类学乃是未来的人类学，所有以前的人类学不过是它的序曲。文化人类学第一次把握了真正完整的人。蓝德曼指出，人生活在他创造的文化之中。他进而揭示人作为文化存在的二重结构：一方面，人是文化的创造者，另一方面，人是文化的创造物。所谓文化不过是人自身生命的创造，它是一个不断建构和解构的过程。人在此过程中不断完善自身。

什么是真正的人类学？什么是真正的文化人类学？蓝德曼自己提出并作出了解答。当然，他的一些观点也许我们也难以苟同，有的观点甚至应以批评的态度去对待。我们在思想的途中有必要自己提出问题并作出解答，因为我们每时每刻都在创造这种可能。（见《哲学人类学》译序）

在将《哲学人类学》的译稿交付工人出版社以后的一段时间，我又应约开始翻译海德格尔讨论诗与艺术的英文版文集《诗·语言·思》。比起阅读康德和黑格尔等理性哲学家的著作，阅读海德格尔的文章完全给我一种奇异的感觉。在大学时代，我曾在数种关于存在主义哲学的文集中读到过海德格尔论述存在的文字。我当时只是觉得，他是一个晦涩的哲学家，他说的话试图让别人听不懂，并且以此来折磨别人的思想，而获得自身恶意的快乐。但现在静心地阅读这些文章时，我完全改变了对于海德格尔的印象。我认为其文字具有魔法般的神奇力量。海德格尔已完全抛弃了理性哲学的概念语言，而是倾听在日常语言当中所包含的诗意的声音，然后将它说了出来。当然海德格尔语言的伟大之处更在于，它把诗意和思想作了完全的结合，使诗意中有思想，思想中有诗意。我想如果我能学习到海德格尔这种独特的语言的话，那么我就选择了一条正确的思想道路。出于这种渴望的激情，我两个月几乎什么也没有做，就坐在我的斗室里日夜不停地将《诗·

语言·思》译了出来。译稿先转到了湖南一家出版社。责任编辑看了以后大发雷霆，说这是一部没人看的懂的天书，鬼才会去买它呢。不过他倒是用红笔大肆窜改我的译文，连书名都改成了《诗歌·语言·思想》，也许他是想借此让读者能看懂这本书吧。当译稿退到我手里之后，我看了这位先生的手迹，不禁啼笑皆非。他根本不懂我使用《诗·语言·思》的深意。姑且不谈海德格尔所说的诗不是指诗歌而是指诗意，我用"诗"不用"诗歌"，用"思"不用"思想"，就是试图激活汉语自身所具有的生命力，让它说出它尚未说出的话来。后来这部译稿幸运地在北京的文化艺术出版社刊行了。

对《诗·语言·思》我写了一篇序言，它看起来像散文诗一样。我主要解释了什么是存在、真理和诗意。在序言的最后，我谈到了诗人的使命：

诗人何为？海德格尔说："诗人是短暂者。他热情地歌颂酒神，领悟远逝诸神的行踪，留意于诸神的轨迹，于是为其同源的短暂者追寻走向转变的道路。"

诗人最深切意识到了时代的贫困。人们并没有领会自己的存在，诗人却领会了自己的存在。人们并没有发现诸神的远逝，诗人却发现了诸神的远逝。因而当人们还不是深情地寻览神的踪迹时，诗人却如此深情地寻觅着神的踪迹。

诗人在时代的贫困中讴歌时代的神性。因而世界之夜乃是神性之夜。哪里有贫乏，哪里有诗性。

诗人似乎处于在于人、神圣者与短暂者之间。他与在最亲近、与神圣者最亲近。他犹如在的信使、神圣者的信使。他给我们带来了在的到来和神圣者到来的消息，也就是我们走向存在和神圣者的消息。我们由此诗意地居住。

所以海德格尔说："我们这些人必须学会倾听诗人的言说。"倾听诗人的言说，正是倾听在的言说，神圣者的言说。

诗人何为？诗人使人达到诗意的存在。（见《诗·语言·思》译序）

我所译的《诗·语言·思》是海德格尔后期著作的第一个中文译本。它使很多人的兴趣由海德格尔的早期转向了后期。这一译本曾在十年间多次刊行，发生了很大的影响。

3.6　肝病嫌疑者

在北京读书的日子里，我的身体状态一般。如果说因为我身材高大而判定我身强体壮的话，那么人们恐怕是被假象所迷惑。但如果说我是一个弱不禁风的书生的话，那么这也不切实际。我其实是大病不患，小病不断。

所谓的小病最主要是顽固的失眠所引起的。它始终是我的一个问题，如同我在大学时代所发生的那样。好在我独居一室，没有同学的鼾声或者是其它的噪音干扰我。但门前不远的首都机场路上那风驰电掣的汽车声，有时使人觉得它疯狂的车轮仿佛像野马在自己的心头跑过。在这种恐怖的声音中，人自然很难入眠，同时也极易被震醒。由于夜间睡眠不足，人在白天总是感到很困倦。这就形成了一个怪圈，夜间睡不着，白天却想睡。为此，我不知到学校的医务室领过多少有助安眠的药。我知道失眠这个病不好治，但也不是什么了不起的病，因此对它的态度也是无可奈何。

在北京我得上了一种在武汉未曾有过的病：鼻炎。也许是北京气候比湿润的武汉干燥的原因，我的鼻子总是发痒，一段时间后会突然爆发出喷嚏声，接着自然是流出了分泌物。这是一个令人讨厌的病，它既使人厌恶自己的身体，也使人丧失了平和的心态，因为它随时可能爆发的声音会破坏人的注意力，把人从忘我的境界中拉出来而关注并照顾自己的鼻子。为了使自己的鼻子问题在整个身体中不是太突出，我在医务室向医生诉说我失眠的痛苦之后，又继续抱怨鼻子如何使人难受。医生只好给我开了两种药，然后叮嘱说，要多喝水，不断地喝水。最后他还强调，这个病关键是身体素质不好，免疫力低，因此要多运动多锻炼。医生的话我没有全听，但也没有不听，如多喝水就慢慢地成为了我的习惯。

除了失眠和鼻炎的问题有时强烈地刺激我，使我意识到自己身体的存在之外，我对自己的健康状态并无太大的担忧。

但在 1988 年春天，即研究生学习的最后一个阶段，这种无忧的感觉却被彻底地破坏了。那是在春节之后，我和同学们陆续返回学校。当时人们到处都在谈论上海爆发的甲型肝炎的事情。上海人爱吃一种海里的贝壳类食物，由于它携带甲肝病毒，结果使食用它的人普遍感染了甲肝。上海的医院一时人满为患，有些没有及时治疗的病人都纷纷死亡。人们谈论这件事的时候，抱着非常复杂的心理。

　　首先当然是好奇。日常生活的日复一日总是单调乏味，突然爆发了这样一个事件，而且是与生命的死亡相关的事件，给日常生活的贫乏注入了一个兴奋剂。那些谈论者自己感到无比兴奋，往往是唾沫横飞，滔滔不绝。特别是那些了解内情和机密的人，在人堆之中仿佛是在发表一个重要的新闻消息，对于自己话语的优先权有一种无比的优越感和自豪感。不过人们谈论甲肝流行的时候也有一种恐惧，这是因为这种疾病是非常危险的，容易导致死亡。同时它也极易传染，人说不定在什么时间、什么地方与什么人打交道不知不觉地感染上了。但人们最后也会暗暗庆幸，幸亏今年没有去过上海也没有贪嘴吃了那令人倒霉的鬼东西。我们身在北京，甲肝与我们远着呢。其实这也是我当时的心理。我想甲肝与我没有任何关系。

　　事实上我对自己的身体感觉很好。由于在春节期间放松，人已聚集了一些能量，准备在学期中认真地学习，写好毕业论文。另外从南方回到北京，从一个与室外差不多寒冷的屋子住到一个有暖气设备而温暖如春的宿舍，人觉得舒服多了，身体也自由多了。在刚回到北京的日子里，我经常和同学们一块聚餐饮酒作乐，品尝各人从自己家乡带来的美味。由于酒精麻醉的影响，我晚上的睡眠也特别的香。

　　但等到正式开学之后，学校的空气突然紧张了。人们传言北京也有流行甲型肝炎的可能。这是因为京沪线上的南来北往的旅客，已经将上海和北京紧密地联系在一起，也将上海的病毒和北京的身体紧密地接触在一起。更糟糕的是，我们研究生院也有回家探亲的上海同学，或在上海度过了春节的外地同学，他们回到学校之后也许将那带有死亡阴影的病毒带到了六公坟。这也就是说，在我们的小小校园里，人们已经埋藏了一颗定时炸弹，它随时可能爆炸。当人们意识到这一点的时候，心理上都感到不安，甚至畏惧和恐慌。人们都在怀疑，也许周边就有人是甲肝的携带者。同时也在担心，也许自己已经感染了病毒，也许正在感染，也许将来而且是不远的将来也会感染上。

　　针对这种情况，学校采取了紧急行动，强行要求所有的师生员工进行身体检查。一大早我和同学们成群结队穿过首都机场路的人行横道，去一所学校定点的大医院去检查。在路上，大家不免要谈论甲肝的问题。虽然我们都急切地想知道自己和周边的人是否被传染上了甲肝病毒，但还是害怕这次检查。在检查之前，我们是未确定的，有可能感染上了，也有可能没有。但一旦检查确定自己被感染上了，那将是一件极其糟糕的事情。尤其是我们听说过，没有经过严格消毒的抽血或者输血也是感染病毒的一个重要途径。我怀着惴惴不安的心情来到医院。当护士用橡皮带将我的左臂捆扎、好找出暴突的血管抽血的时候，我的心脏怦怦地开始跳动，人似乎有些眩晕。就在此时，护士快速地将针管插入我的血管内，我感到了瞬间的针刺的疼痛。看着红色的血液被吸入针管，我希望它里面没有那该死的病毒。护士很快就抽出了针管，用药棉止住了伤口，并要我自己用手按住。我总算舒了一口气，只是要等待那决定命运的结果了。

过了两天学校贴出了通知。这次检查已查出了十几名转氨酶偏高者，他们尚不确定是否就是甲肝病毒携带者，但是甲肝嫌疑犯。一看名单，我有些恐慌，我就属于其中之一，我真的得了甲型肝炎。但对此我又有些疑惑。我没有吃过那见鬼的贝壳类食物，也没有和任何一个上海人有亲密的接触。另外我的周围好像也没发现什么人就是甲肝患者。但事实就是事实。医生经过严格的化验检查，确定我就是转氨酶偏高者。不过我还是要弄清楚，转氨酶偏高者究竟意味着什么，它是否就等于甲肝患者。我找了一位医生咨询，他说转氨酶偏高不一定是因为得了肝炎，也有可能是因为其它方面的问题，例如，经常饮酒。这一下我明白了而且轻松了很多。我的转氨酶偏高可能就与那甲型肝炎病毒无关，而是我在春节前后过度饮酒造成的。这酒，我怎么对你说呢？你居然使我如此难堪！那我只好在相当一段时间与你告别了。

自从身体检查后，学校的心理氛围发生了变化。那些血液检查没有甲肝嫌疑的人，自然是兴高采烈。而那些嫌疑者当然是忧心忡忡。这样学校实际上划分成了两个阵营，一个是健康者，一个是病患者。前者对后者怀有一种畏惧、憎恶和躲避的态度，而后者由前者感受到了歧视和压抑，因而心怀不满。我当然不与那些嫌疑者往来，因为我是健康人，但那些健康人却拒绝与我亲近，因为在他们的眼里我还是一个病患者。平时我们同学之间都相互串门，现在他们却不欢迎我，更不用说他们会来找我了。在食堂里，健康人与病患者的界线标明得更加清楚。食堂的窗口分成了两类，一种是对一般同学，另一种是专对肝病同学。一进食堂，我已经看到了同学们对我投来的异样的眼光，没有同情，没有爱。虽然他们面带笑容，但显现出一种友好地拒绝瘟疫的那种神情。我坚信自己不是肝病患者，因此还是坚持到一般同学的窗口排队。但食堂马上派人过来，强行将我赶到肝病患者那边的窗口去。我感到委屈、愤怒，并反复强调说我没有甲肝，但食堂的管理人员就是不听。这样我就只好毫不情愿地与那十几位"嫌疑犯"在一个窗口里打了饭菜，并和他们围在一起吃饭。我们同病相怜，对学校的分离政策大骂起来。

过了几天，学校采取了更严厉的措施。他们甚至不允许我们住在校园，而要把我们送进医院隔离治疗。那天，我正关在我的陋室里读书，忘掉了这肝病嫌疑者的称号给我带来的耻辱。但突然听到了窗外响起了汽车的马达声和它戛然停止的声音。不久就听到了人们急匆匆地从楼下跑到楼上的脚步声，接着就是砰砰的敲门声。我打开门一看，原来是校医务室的护士和我们那的辅导员（一个没有文化的退休老军人）。他们大声对我说要我快点收拾好脸盆、毛巾和衣服住到城里的医院去，而且可能要住一到三个月。我说我不去，并声明：第一我没有什么甲肝；第二我要开始写毕业论文；第三我还要找工作，很多同学都已经活动了。但那位满脸横肉的老军人和充满微笑的小护士争先恐后地说，这是对我好，我们是国家的栋梁之材，学校要保护好我们的身体健康。说完那小护士就毫不客气地抓起我的脸盆，把毛巾、牙膏、牙刷通通塞了进去。抱起来就走。在他们强大的攻势下，我不得不投降，收拾了一些东西和他们一块下楼，钻进了一辆面包车。我想到医院看一看，然后找机会逃出来就是了。

汽车起动了，把我们带离了学校。虽然平时我对这个没有绿色的校园无甚好感，但这一次却居然对它产生了些眷恋之情。我多么想留下来，在我的陋室里进入我思想的世界。我不知道要去一个什么样的地方，但可以肯定的是那里不可能有哲学。汽车朝城里驶去，拐了几道弯，终于来到了一个部队医院。这是一个院落，我们进去之后，看到了几个小平房。它是传染病区，也就是我们要住的地方。

这里的医生和护士来了，说要我们安心治病。我们随后住进了其中几间病房。每间不大，四张铺着洗得发旧的白色床单的病床，占据了其主要空间。我们把行李放好之后，马上就接受了一系列的身体检查。这次检查的规模是我从与医院打交道以来前所未有的。他们动用了一些最先进的仪器设备，对我们全身内外进行仔细的搜索，看是否能发现甲肝病毒以及其它方面的病症。我记得光验血一项，护士就采集了我们身体好几个部位的血，除了手臂之外还有手指和耳轮。这倒使我们对这个医院不能等闲视之了。在检查之初，我还是有些恐惧，生怕自己被发现除转氨酶偏高之外，还有一些什么潜在的可怕病症。当人们不知道自己得了某种病的时候，不会觉得自己已经病了。一旦人们知道自己患了某种疾病的时候，这些疾病的病症就会突然地爆发出来。在检查完之后，我的心里倒踏实了一些。我想这样也好。如果我有病，那么就及时地去治吧，不能讳疾忌医。我和病友们只是焦急地等待这次系统检查的结果。医院分管我们的负责人说是有问题，但不说明究竟有什么问题，甚至也没有明确地说肝脏是否有问题。我们这些肝病嫌疑者成为了一个抽象的有问题的人。

经过了最初的检查，我们就开始服用一些药片。内行的同学说，这些药片只是助消化、易睡眠和保肝之类的玩意，压根就不是治疗什么甲型肝炎的。除了定期的检查和每天早中晚吞掉床头柜上护士放好的药丸之外，我们就是吃饭睡觉。

吃饭是我们期待的美妙时刻，但每次的期待都化成了失望和痛苦，这是因为医院的饭菜极其糟糕，比研究生院的数量和质量不知差多少倍，病友们戏称为猪狗食。我们抗议也没用，他们说病人的伙食本身就是如此。我们真想用那硬邦邦的可以砸死人的馒头，把那些师傅们也砸得头破血流，让他们躺到病床上，去尝尝当病人的滋味。

每天的熄灯睡觉往往是一个难受的时刻，无聊仿佛黑夜的沉重颜色袭击了我们。我们必须很早上床，值班护士在走廊上踱步监督我们。但我们这些年轻学生实在很难入眠，只好躺在病床上东扯西拉，讲讲自己的经历和听到的奇闻逸事。时间一长这种故事也没有了，即使有也没有太多的刺激性。于是我们的话题又回到了现实，对于它我们只有诅咒。在这里我们如同生活在监狱里一样。我们对医院的痛恶转换成了对于医生和护士的漫骂，并不禁指名道姓地骂了起来。正骂的时候，值班护士推门而入，说大家太不像话，居然还敢骂她。我们也不服输，把她轰了出去，怀着胜利的快感大笑起来。

除了吃饭和睡觉，我们无事可做。大门紧锁，我们无法外逃，只好在院内东游西荡。但院内又没有什么可看的，我们只好回到病房内。那里没有电视，也没有报纸，有的病友只好到值班室把报纸偷了过来。这样我们就可以如饥似渴地阅读那些早已过时的新闻。幸好我自己当时带了几本哲学书，可以躺在床上慢慢阅读。但在这种恶劣的心态下，那些黑色的字符仿佛长了翅膀，它们像苍蝇一样从自己的视野中飞了出去。

住了一段时间后我们觉得自己就是病人，因为我们已经过了一段病人的生活方式，于是疾病和死亡等问题都隐隐地压在我们的心头。有一天，几位病友发现我们旁边的几间病房搬空了。后来他们在食堂里听到议论，说那里原住了几个晚期肝癌患者，这些病人已经死了，他们的尸体已运到太平间去了。护士们正在对那些病房进行清理消毒。听到这一消息后我受到了极大的震撼，原来自己是在与死亡为邻。但愿死亡的幽灵不要飘到我们的病房里，更不要飘移到我的床上。我的同室的病友们都为这可怕的消息而感到畏惧。谁都可能被这厄运袭击，只是遭受的时间、地点和方式不同而已。这样我们更希望了解自己患病的真实情况，更想知道这一段时间治疗的效果如何。但医生和护士没有给予我们明确的答复。我们仍然是一些抽象的有问题的人。

由于医院一直不告诉我们是否是真正的甲肝患者，我们与他们的关系变得更加紧张起来。有一天一位同室病友起床时准备服药，但发现由护士分发的白色药片上居然爬着两个黑色的大蚂蚁。本来病人肝火正旺，这无异于点燃了导火线。那位病友马上就大喊大叫起来，拿着爬着蚂蚁的药丸走到值班室。我们也非常愤怒，跟着他一起要弄个明白。那位值班护士说她分发药丸的时候并没有发现蚂蚁。它也许是后来爬上去的。但我们坚持认为，不管蚂蚁是什么时候爬到药丸上去的，护士都有不可推卸的责任。医院的负责人闻讯也来了，批评了护士，并劝我们要心平气和，回房间休息。那位值班护士后来板着一副死脸，给那位倒霉的病友更换了药片。

住院快一个月了，我们既没有觉得身体有什么病变的感觉，也没有什么恢复健康的感觉。我急切地想回学校。这时我想起了那水泥盖起来的四合院，我的斗室，我的温暖的床，还有我书桌上的台灯，以及那打开的书本和那铺开的稿子。至少我也想出去呼吸一下没有药味的空气，看看那蓝色的天空和白云。过了一个多月，医生说我们治疗好了，学校要派车接我们回去。我们赶快收拾东西准备回家。这时那位受到领导批评的护士来到我们病房，说我们全是一些傻瓜，被卖了还以为到外婆家去了。然后她喋喋不休地说，其实我们根本就没有感染什么甲型肝炎病毒。学校害怕意外，就将我们送了过来。医院只是为了赚钱，因此就将我们关了一个多月。到了这最后时刻我们才恍然大悟，怪不得医院从来不告诉我们的检查结果，也怪不得我们平时总是吃一样的药，帮助消化和睡眠。到走时，我们不禁对那位护士充满了好感，尽管也会把她和两只黑色的大蚂蚁连在一起。

我们回到了学校。这时上海和全国的甲肝流行风波已经终止。人们对我们这些消失了一个多月的甲肝嫌疑者又投来了温暖的目光。有的还明知故问说不知道我们这段时间到哪里去了，气得我恨不得揍他一拳。我恢复了往日的生活。同学们和我又在宿舍里相互串门，在吃饭的时候也混在一起排队。但是我的心里仍然留有阴影，不能抹去，甚至刻骨铭心。我曾作为肝病嫌疑者遭到人们的歧视和敌视，同时我作为一个住院者过了一个多月监狱般的生活。这都使人思考，我们应该在何种程度上尊重一个人，尤其是尊重一个病人？

3.7　何去何从

那住院的一个多月的确不是时候，因为它是我们毕业班的关键时期，即毕业论文的写作和毕业分配的确定。回到学校后，我知道许多同学已经写完论文和找好了工作。只有部分同学还在为论文和工作忙碌，但也已经有了一些眉目。因此宿舍里缺少以往的那种学习的气氛，完全是一场历时三年的宴席即将结束时的情形。只有我在论文写作与工作分配方面仍需付出精力。

关于毕业论文我倒没有什么担忧。当时李泽厚在新加坡从事一年的访问研究。在他出去之前我曾和他仔细地讨论了我的毕业论文大纲。我最初的计划是一个人类学哲学和美学的纲要。其结构过于庞大被他彻底否定了。后来我在他的指导下，确定写作德国哲学美学在历史中的结构转化过程，即"康德、席勒和马克思的审美哲学"。我将论题做了一个详细的方案。李泽厚审查后，觉得非常好。我准备在开学时就按照这个计划开始写作。但它不幸被住院打断了，浪费并拖延了一个多月的时间。出院后，我只好抓紧时间收集资料，分析文献，并夜以继日地写作论文。过了一个月，论文总算完稿了。我的基本观点是，德意志唯心主义的思想主题是自由。但康德是理性自由，席勒是人性自由，而马克思才是现实自由，并为人性自由和理性自由提供了一个坚实的基础。这条路线实际上是将德意志唯心主义的理性传统转入现代的感性思索，同时避免将马克思历史唯物主义教条化，这使它更多地关注人的全面发展问题。我以这篇论文顺利地通过了毕业考核与答辩，获得了哲学硕士学位。

在我回校时，我一方面在从事论文写作，另一方面也在选择毕业分配的去向。当时我几乎有一种优越感，因为几个单位非正式地表示了要求我去工作。当然我只是考虑到两种可能：一是回武汉大学哲学系，二是留中国社会科学院哲学研究所。

武汉大学的校长刘道玉曾多次要求我回武汉大学工作。他不仅通过他人向我传达了这一消息，而且他本人也对我这么说过。他许诺，如果我回武汉大学的话，那么我就会破格提升为副教授。同时他还说武汉远离北京政治中心，在武汉大学可以安心从事学术思想工作。当时刘纲纪教授也是反复叮嘱我回武汉大学工作，去充实他所组建的美学教研室，并作为他之后的学术骨干。我一直在考虑回武汉大学的可能性以及它对我的一些有利因素。我想湖北是我的家乡，有许多亲友，这样生活与办事无疑会方便许多。同时武汉的学术环境也还不错，它不如北京那么喧闹，而是安静平和。另外一个重要的因素是，珞珈山与东湖水的美丽风光曾经是我美好青春时代不可分离的风景。在北京三年，我曾多次梦见它山水之间的绿色的飞檐。当然也有同学劝我不要回武汉，说我在那里只不过能当一个地头蛇而已。个别友好的同学甚至愿意为我在北京解决住房以及其它生活方面的困难。

我留在中国社会科学院哲学研究所也具有极大的可能性。当时在新加坡的李泽厚教授在给哲学所负责人的信中明确表明，如果他的学生有留所工作的可能的话，那么我则是首当其冲。李泽厚在我们毕业前回国时，又反复地强调了他在信中所表明的这一态度。同时我在哲学系毕业班中无论在哪一方面都属佼佼者。当哲学所的负责人在哲学系的班委会征求意见时，班长认为我是一个优秀的毕业生，可以作为留所科研人员考虑。关于哲学所，我认为它有其它单位不可比拟的优势。它有许多著名的专家，丰富的图书，还有广泛的国内国际交流。这使它始终可以在全国哲学研究机构中保持领先的地位。另外北京是中国最大的舞台，谁要想让全中国人民看到自己表演，那么他就必须在北京的舞台上起舞。当然北京的缺点也是很明显的，生活上不习惯，不方便，学术上心态浮躁，追赶时髦，如此等等。

是留北京还是回武汉，我在心理一直面临着抉择。同时我也要考虑任何一种选择都不能伤害那没有被我选择的地方的师长们的美意。

正当我为武汉和北京之间作出选择的时候，传来了不好的消息。武汉大学校长刘道玉已经下台了。他曾是我国最年轻的大学校长，是第一位中国自己培养出来的校长，也是第一位在大学锐意改革的教育家。但现在他被比他年长的一位对手取而代之了。这一变动也许会关系到我的选择。显然刘道玉不可能用校长的职权来召唤我回武汉大学，并实现其允诺。当我与武汉大学哲学系通信的时候，其负责人说系里今年的方案已经在去年年底确定了。因为我没有按规定程序及时提出回武汉大学工作的申请，所以他们并没有考虑给我留下一个指标。如果我现在要回武汉大学的话，那么这必须要校方特批。我想既然如此麻烦，我就不作回武汉大学的准备了。即使我回武汉大学的话，前景说不定并不那么乐观。

　　这样我就回头考虑留在中国社会科学院哲学研究所。但我从一些人那里打听到了消息，就在我住院时，所里已经确立了留所名单。我们班大概有一半以上的人都将留所工作，他们已经得到了正式通知。所里没有任何人找我谈过话，这意味着我已经排斥在外了。当我找有关负责人询问情况时，他们说谁留所谁不留所有许多复杂的原因。我说李泽厚教授强调我是他最希望留所的学生，对此他们大声说，他并没有决定权。

　　我回到我的陋室里，在考虑何去何从。原来好像是几个单位都争着要我，现在结果是一个单位都不再要了，这真是老天爷在捉弄我。我想这都怪那场肝炎风波，是它害得我与世隔绝，失去了时机。当然我也不能怨天尤人，最要紧的是要考虑自己该怎么办。我认为去武汉大学不是不可以想办法，而留在中国社会科学院哲学所也是可以争取的。于是我给武汉大学校方、哲学系以及刘纲纪教授，还有其他熟人都发出了信件，希望各方能够对我回武汉大学工作有所帮助。同时我也继续找到了哲学所负责人以及李泽厚教授，试探留哲学所的可能性。

　　有些朋友知道了我的这一困境，就说不要拘泥于这两个地方，还可以问问其他单位如文学所。我给当时的文学所所长刘再复教授打了电话，说明了我的情况并问我是否有到文学所工作的可能性。他说虽然文学所的留所和进人指标已经确定，但他知道我是一个非常有才华的青年学人，因此他会用他的权力将我破格招进。为此我非常感动，并到刘再复教授家里与他会面，进行了交谈。他再一次表明了他留我的态度。不久研究生院人事处通知我，说刘再复已经给他们打了电话，要求将我分配到文学所，并要我去拿派遣证到文学所报到。听到这一消息，我欣喜若狂。我也深深地感到，一个有学问有思想的人同时又是一个有权力的人是多么好啊。

　　我高兴地拿着派遣证到建国门内的中国社会科学院人事局报到。他们看了我的派遣证后说我只需到文学所人事处去直接报到就行了。我又跑到了文学所人事处，向他们说明来意并出示了派遣证。但一个操着京腔的男子叫了起来，说文学所的分配名单上没有我的名字，因此我无法办理报到手续。我又只好回到研究生院问人事处和刘再复教授究竟是怎么回事。原来刘再复教授的这一特批指令还需要完成一定的程序，于是他们要求我耐心地等待，等一系列程序完成之后我再去报到不迟。

　　就在我一日三秋等待时，武汉大学方面传来了消息，说学校和哲学系决定接受我前去工作，要求我尽快回校报到。这一下可使我犯难了，是回武汉呢还是留北京。对此我实在有些苦恼。但在那天晚上，我连续几次都梦见了珞珈山。在我的梦中，珞珈山似乎是仙境，处于虚无缥缈之中。当我醒来时，心中充满了无限的思念。于是我终于做出了决定：回我的母校。

　　我把这一决定很快告诉了周围的人。他们却觉得这一决定是不明智的，它会限止我在哲学界和文化界的发展，将来也许我只能成为珞珈山下的一名隐士。但我归去之意已定，不可动摇。这样我去中国社会科学院研究生院，要他们给我办理去武汉大学的派遣证。但一位女负责人极不高兴，不愿改派。我只好找到当时的常务副院长，他曾是中央某位极其重要人物的秘书。我请他干预人事处改派我回武汉，他愉快地答应了。当我又去找人事处那位女负责人时，她居然破口大骂，说天下竟然有人敢告她这位老娘的刁状。因为她没有指名人和事，所以我压根就没有想到她是在骂我。可能见我脸上没有任何反应，她一会就消了气并平和地对我说，她第一次见到有人丢掉北京的户口要外地的户口，许多人都是找关系进北京，我以后想进北京恐怕都进不来，看来我是愚蠢之极。我笑着说是的，并向她表示感谢。我归还了留北京的派遣证，拿了一份去武汉的派遣证。

说 4

光　　　明　　　与　　　黑　　　暗

4.1　独居梅园

在 1988 年的 7 月，我乘上了从北京回武汉的列车。我心里在说，再见了，北京！对它我有一种极为复杂的心态。一方面，它的确是一个大舞台，也许我能够成为其中的一个表演者；另一方面，它又有许多令我这个南方人不能满意的地方。特别是我作为肝病嫌疑者的那段时间，我感觉那些相关的机构和人物相当荒诞。我现在离开北京了，没有一点后悔的意味。走就走了，还有什么好说的呢？如果将来还想来北京的话，那么我还可以考它的某大学的博士研究生或者采用其它方式。也许我还会到国外去生活和学习。对我而言，武汉和北京或者其它地方并不是我生命的最终归宿，它们只不过是我人生漫长旅途中的一个驿站而已。

我又到了武汉，在车站取回了我的书和行李。行李没有变，基本上还是那么些东西。但书有些变化，我扔掉了一些，又买来了一些。至于我本人，依然故我。在校园里遇到了一些熟人，他们说我长得更壮了，也更成熟了，而且口音中似乎有些京味。哲学系和刘纲纪教授知道我回校后都很高兴，因为我将成为哲学系的新鲜血液。但也有些人不解地问我，北京不是很好吗？为什么回来？有的话甚至包含了弦外之音，他们好像是说，我是在北京混不下去了才回到武汉的。

办完了报到手续，我领到了湖边青年教师宿舍的钥匙和简单的家具。湖边六舍曾是我居住了两年的地方，但现在几乎面目全非。在它旁边已盖起了数幢庞大的灰色建筑，它们超过了周边的树冠，显得特别刺眼。另外，湖边也住进了大量的学生，他们的脚步声和喧哗声甚至盖过了湖边的浪声。看到这幅情景，我顿时涌起了失落之感。那曾经作为我的家园，那给我带来了美好回忆的地方，已经在现实中消失了。

我新分配的房间在二楼。听说现在还是三个人挤在一间房子里，想到此我心中就有些害怕。如果这样的话，那么我将失去自己私人的生活空间，同时也不知道是否能够和那些同居一室的人处好关系。我敲开房门，里面的情形出乎意料之外。这哪里是三个人集体合住的宿舍呢，它已经成为了装饰一新的爱巢：一张大床，一个高大的衣柜，还有冰箱电视之类。一对新婚夫妻已居住其间。我只好回到房管科汇报我所见到的住房情况，他们说这对夫妻属于非法占有房间，包括占有了我的床位。学校的宿舍已经没有其它的空位了。如果我不将他们赶走的话，那么我只能自己解决问题。

我既不想和房管科争论，也不愿和那对新婚夫妇吵架，自己找出路好了。本来我就不愿意住在那三人一间的小房子里，我要找一个可以让我保持我个人独特的作息习惯的空间。我很快听到，美学教研室在梅园的办公楼有几间房子空着，我可以暂居其间。于是我打开了其中的一间小房子，它只有六七平米，到处布满了灰尘。清扫之后我便将家具和行李搬入其内。一张床和一张书桌，占据了基本空间，余下的只容许一个人在里面转身了。但我觉得这样一个空间很好，它使我的身体与周围的物体的距离十分亲近。也许这样它能帮我克服一个人独居时的空虚和孤独之感。

我所住的办公楼群位于行政大楼与珞珈山之间，我的小房子就在这个楼群的西南角，上班时间有些人在楼内楼外走动，下班之后则几乎没有任何人，特别是在晚上和周末更是寂静无声。在这个假期里，我独居梅园一个角，每天仍然是在从事自己简单的工作：读书与写作。当然我也在这小房子里思考我的生活，我在问自己：我走的是一个什么样的道路？原来我试图走出珞珈山，但现在又回到了珞珈山。原来感到珞珈山之外才是我的前途、希望和幻想，但现在珞珈山内就能包含我的将来吗？我真的不知道，心里有些茫然。在这样零乱的思绪之后，我只好进入书本的世界，来到一个与我个人生活无关的思想领域。

毫无疑问，独居的生活是一种孤独的生活。我不是住在东湖边的集体宿舍，无法与同代人往来；我也不是住在珞珈山南的职工宿舍，不能与师长们经常见面。一个人的生活所涌现的寂寞之情如同珞珈山和东湖水吹来丝丝凉风，我也愿随这凉风飘去，到他人那里获得安慰。但我不知道与谁往来，因此只好如同大学时代一样，去山水之间散步。我经常来到最近的珞珈山盘山道，在那里走来走去。一个人漫无边际地走着。但在途中经常会冒出一些思想火花出来。

我是一个孤独的人。但在珞珈山水之间也漫游着无数的孤独者。他们行路匆匆，谁也不知道他们内心的寂寞之情。谁又肯真实地袒露自己而勇敢的走向他人。有一天晚上，窗外细雨蒙蒙，我坐在书桌前伏案工作。忽然我听到了敲门声，当打开门时我看到一位瘦弱的小伙子。我问他找谁，他说找我。我说我们并不认识，他说是。但他马上解释到，他是学习文学的大学生，每天都要路过我窗口下的一条路。他说每当夜晚，尤其是雨夜，看到夜色中我窗口那透过窗帘射出的橘黄色的灯光，他就会获得一种温暖和慰藉。他说他有时深夜也能看到这灯光，那时他就会想，这位灯下的人是谁呢？他在干什么呢？他为什么一个人住在这里呢？他认为这个离群索居的人是一个非同寻常的人，因此很想结识这个人。但他不敢贸然敲门。今晚他鼓足了勇气才来到我的门前。现在他知道这个小房子里的人，但他没有留下姓名和地址，就消失在雨夜中。后来我一直没有碰到他，不知道他到哪里去了。但他的来访深深地打动了我。我几次在深夜里打开灯光，自己在窗外的路上徘徊，体会一

武汉大学梅园小操场旁的路

个路行者对那在一片黑色中橘黄色的灯火的感受。我突然感到那小房子里的灯火多么美妙。

4.2　一颗未升起的新星

　　暑假之后，我迎来了 1988 年的秋季学期。因为教学活动早作了安排，所以我没有授课任务。除了例行的在周四下午在系里参加全系大会之外，其它时间均由我自己支配。我仍专心于我的工作，也就是读书与写作，如同一个貌似散漫但实是勤奋的文人。

　　哲学系的教师流动得厉害。有些青年教师到外地或者出国读研究生去了，但也有一批青年教师进来了，他们要么是系里留下的，要么是外地分过来的。但总体而言，青年教师以系里的一些老教授传带的弟子为主。那时青年教师形成一个庞大的队伍，大约有三四十人。在这样一个人员的图景中，我出生的身份有些特别。我是武汉大学的人，而且以本科所读学校为标准的话，我可以说是老武汉大

学的人。但我不是哲学系的人。因此我与哲学系同事的关系既不像一些人那样密切，属于一个派系，也不像一些人那样疏远，仿佛自己是一个外来户和异乡人。但我很喜爱这种不亲不疏不远不近的关系。它实际上吻合了我为人为学的一个基本态度。我不热衷于搞什么学术帮派，而将注意力集中于个人的思考上面。也许这种对于人际关系的淡然使我比那些注重人际关系的青年教师能够在学术思想研究上更有所作为。事实上也是这样。我当时发表的论文和著作让我在学术界小有名气，成为了哲学系的青年教师中引人注目的一员。当年我就被评为全校优秀的青年教师。

当然我有时也会想起前校长对我的允诺，给我提升为副教授。但现在他已经下台了，那允诺再也无法实现了。我想这没有什么，关键是自己在学术思想上有所建树。如果我的确富有成就的话，那么就没有什么可畏惧的。即使武汉大学不承认我，我也可以远走高飞到一个能够表演的地方。我仍在积蓄力量，等待时机。

让一个新星在珞珈山升起的时机似乎经常就有。学校和系里的一些负责人的弟子总是会出人意料之外地破格成为教授或副教授。这往往让那些白发苍苍的老讲师汗颜，无地自容。至于那些没有当权者做后盾的青年人会有这样的良机吗？我常常对此怀疑。但不久学校发布了红头文件，说鉴于师资队伍年龄结构极其不合理的令人心忧的状态，学校准备破格提升一批青年教授和副教授。晋升的条件很简单，只要有真才实学就行。这看起来似乎众生平等和机会均等。它仿佛是一个诱惑，激起了我竞争的欲望。不过我冷静地考虑了一下，我才25岁，是刚毕业的硕士研究生，我有可能幸运地成为武汉大学年轻的副教授吗？我有可能破天荒地成为中国最年轻的哲学副教授吗？也许这不过是一场表演罢了。每个人都有机会在舞台上走一遍，但胜者和败者早就由那些游戏规则的制造者在幕后定好了。我和那些没有后台的人只是陪同那些预定的胜者一起表演，顶多算是一个伴舞者吧。它无非是给人证明，这不是演戏，这是真的。大家一起都来参与表演吧。

虽然许多人和我一样半信半疑，但系里的宣传却非常认真，系主任动员所有的青年教师主动申请。一旦哲学系能升起一颗乃至数颗新星的话，那也是他系主任莫大的功劳，他何乐而不为呢？至于是谁的弟子上，谁的弟子不上，这并不是一件重要的事情。尽管系里反复强调了学校的破格提拔青年教师的政策，但我并没有下定决心一定参与，因为我还没有必胜的把握。

不过事情发展与我的想象有些相反，虽然我不主动走向幸运，但幸运似乎主动在走向我。在 1988 年和 1989 年之交的夜晚，哲学系的教工在学校教工俱乐部联欢。许多教师登台表演，或者在舞池中跳舞，我则在一旁与人聊天。突然系主任走到我的身旁，单独同我谈话。他说据他的了解，我在青年教师中的科研成果是最突出的，由此我非常有可能被学校提升为副教授。如果我 25 岁当上副教授的话，那么这不仅对我个人有利，而且对学校的建设与宣传是有利的。他要求我回家后把我所发表的著作和论文准备好，并列好一个论著目录给他。我非常感谢他的关心，并表示会参与这次申报副教授的活动。在晚会之后回去的路上，我的心情特别愉快。我一个人想跳起舞来或者放声歌唱。

按照学校的规定，我到系办公室填写了申请表，还附上了相关的申报材料，它包括了我写的一本书、译的两本书，还有几篇刊有我长篇论文的刊物，另外还有一个著译的详细目录。这一起包成了一个大包。从外观看来，它沉甸甸的。也许它能够慑服那些评委们苛刻的目光，震撼他们冷漠的心灵，把他们手中的票投向这包文字的主人。

把申报材料及表格交给系办公室的同时，我按照要求还要将我的有代表性的两篇论文请系里的两位教授分别鉴定。我复印了我在《文艺研究》（北京）和《美学》（上海）上的两篇论文之后，把它们交给了刘纲纪教授和另外一位老教授，请他们审阅后写出学术鉴定书。他们很高兴作为我的鉴定人，并很快给系学术委员会提交了他们所写的鉴定书。系办公室将所有的鉴定信的复印件在布告栏里公开张贴。刘纲纪教授与另外一位老教授的鉴定信也位于其中。因为他们的钢笔字如同他们的毛笔字一样具有书法艺术的意味，所以他们的鉴定信特别引人注目。我也和人们一起浏览了鉴定信，并特别关注关于我的鉴定信。两位教授对我的代表性论文作了很高的评价，建议系学术委员会将我破格提升为副教授。这两位教授在学界都是著名的权威，在海内外享有盛誉，更不用说在武汉大学了。他们的鉴定已经为我的晋升加重了砝码。

这些鉴定信公示之后，系里激起了反响。个别鉴定信有些溢美之词和不实之处，这被明眼人一眼就看穿了。至于那些实事求是对被鉴定人进行鉴定的意见，则得到了大家的认同。系里也形成了一种舆论，判定谁能上，谁不能上。舆论普遍认为，我也许是最有希望的。

过了一段时间，系学术委员会组织了一场答辩会。每位申请人陈述自己的成果，然后评委们向申请人提出问题，要求申请人回答。申请人都很看重这次答辩，因为不可能所有的评委能评阅我们申报的代表性论文。他们一般只能通过这种面对面的答辩方式来了解我们学术思想的研究水平，由此做出判断、选择和决定。因此，很多人在会上都极力展现自己的独特之处，甚至有人恬不知耻地吹嘘自己在理论上有伟大的创新。有一位申请人居然说自己已经创造了十几种学说。这简直令人难以置信，连恩格斯在马克思的墓前讲话也只认为马克思一辈子有两大发现：一个是历史唯物论，另一个是剩余价值学说。看来这位马克思的中国孙子已经超过他的祖父无数倍了。这位申请人吹嘘的时候，在场的评委似乎没有任何表情，但可以看出他们内心的反感。轮到我自述的时候，我如实地叙述了自己学术思想研究的过程，所发表论著的基本内容以及报刊上针对它们所发表的评论。我的发言条理清晰，简明扼要，给大家一个非常好的印象。答辩会结束后，有的评委告诉我，我的陈述是其中最好的之一。

自述后不久，我们这些申请者又参加了学校举行的晋升高级职称的外语考试。人们很难判断学术成果，因为仁者见仁智者见智。同时它也往往会形成外行评内行，这在于隔行如隔山。但外语的考试是另外一回事。它是一个硬指标，是可度量的，人们凭考分可以排高低顺序。在学术思想研究和外语能力方面，大学教师往往会出现不均衡的情况。有些人发表了很多论文，但外语极差；有些人外语极好，甚至可以通过托福考试，但就是做不出一篇论文。这是大学校园中的跛腿奇观。既能从事学术思想研究又有很好外语能力的大学老师并不多见。因此那些来到外语考场中的人都只是抱一种侥幸的心理。他们平时写作论文只是根据国内的一些资料，根本不去阅读英文和其他专业文献。这样当他们要面对 ABC 等字母时，都只能头疼了。我也许属于那种少数两条腿走路的人，我一方面从事学术思想研究，另一方面加强英语和德语的学习，并且将两者紧密地结合在一起。于是我的英语水平一直很高。当拿到试卷时，我认为它太简单了。在规定时间里，我非常轻松地答完题交完卷。分数很快就公布了。大多数人的成绩都不好，那位吹嘘自己创造十几种理论的人的外语压根就不及格，只有三十多分。我是所有申请者之中的高分获得者之一。外语考试的成功已经为我副教授的获得又向前推进了一步。

当这些程序完结以后，哲学系学术委员会举行了一次非公开的会议，对每一个申请者的情况进行了审核和讨论，并投了票。其结果是：在副教授的申请人当中，我获得了全票，排名第一。在我后面还有几位申请者。会议之后，作为评委的刘纲纪教授向我表示祝贺，认为我这次申报副教授十拿九稳。按照惯例，系学术委员会的投票是决定性的，校学术委员会的讨论只是对这一结果予以认定，一般不会改变其决定。这样，我和那些关心我的人就期盼着学校的最后的评定了。

但过了一段时间，校学术委员会传来了令人意想不到的消息。我作为哲学系副教授申请人第一名没有通过，而第二名倒是通过了。这一消息传来，不仅使我觉得莫明其妙，也使系里的教师感到不可思议。显然对于一个哲学申请者专业水平的鉴定，哲学系的学术委员会最具有发言权，而校学术委员会倒不一定有。这是因为它们由不同专业的评委组成的，其中除了哲学系的个别评委外，其它学科的评委对哲学系申请者的专业水平几乎无法评议。因此人们都在议论校学术委员会，认为这属于非正常现象。有的老教授对我说，哲学系评出的第一名不上，而第二名上，这在哲学系的历史上从未出现过。他们还建议我直接找校长陈情，也许他了解情况之后，会重新考虑给我评定为副教授。

我不知道我是否要找这个新校长。我感到其中存在一种机遇，但也存在一种危险。如果他只是就我本人的学术研究思想成果来考虑的话，那么他也许会提升我；但如果他考虑到我与其他人包括与他的对手前任校长的关系的话，那么他必然会打压我。经过长期考虑之后，我还是不计后果地去找了校长。好不容易与他电话约好之后，我来到了他的办公室，将自己的一些论著送给了他，请他审阅。他对我表示了非常大的兴趣。他的谈话超出了他的专业领域，有些偏好人文社会科学，似乎是一个哲学与文学爱好者。他还和我谈论了如"哲学人类学"的英语名称与德语名称的同与异。谈话近一个小时，他最后说他会要求校学术委员会重新评定我的职称，他相信是没有问题的。此外他还建议我去找一找当时分管文科的副校长。不久，我就敲开了那位副校长的家门。他说校长已经和他商量了我的事情，他会认真地考虑我的问题。我待了片刻便千恩万谢地走了出来。我想，既然校长和副校长都答应重新评定我的副教授职称，那么我这次算是躲过了危险而找到了机遇。他们的允诺不会像一阵飘逝的风吧？

时间在忍耐与期待中流逝得很慢，以至要使人窒息。我盼望着学校重新审定的结果，但是我从任何渠道都没有得到好的和坏的消息。有一天，学校一位与我关系甚好的负责人正好在我所住的办公楼里办事，他遇到我之后便来到我的小房子，关上了门坐在我的床边上，小声和我说话。他说校长在一次校级会议上点了我的名，强调说不能重用我这样的人，不能给我提职称、升工资，还要开除我的党籍。听了之后我摸不着头脑，我没有犯任何错误。而且校长的说话太荒唐了，我压根就不是党员，怎么就要开除我的党籍呢？这位负责人说，他了解我，我没有错，但与我有关的人是校长的仇人，因此他也恨我。这位负责人劝我尽快离开武汉大学，越早走越好，越远走越好。他说他自己也待不下去了，也要走。

我还是不明白这位校长大人为何对我的态度发生了根本性的变化。后来我才逐渐了解到，我之所以受到打压主要是因为校长和其他人仇恨两个人，一个是前校长刘道玉，另一个是我的老师李泽厚。他们既然仇恨这两个人，当然也仇恨我这个相关的小人物。其实《中国青年》虽然引用了刘道玉对我的赞赏之词，但他与我个人并无太密切的交往。在他的当政时期，我本人不过是一个大学生和一个青年教师，他还没有给我破格什么。当他许诺破格我之后，他已经失去了权力。至于李泽厚不可否认的是我的老师，他的哲学思想在一些教条主义者看来似乎是洪水猛兽。但这与我个人有什么关系呢？我并不是他在武汉大学的代言人，相反我自己始终试图走一条属于自己的道路。想到因为刘道玉和李泽厚而受到了校长大人的打压，我感到真是冤枉。

校长大人的话果然管用。学校首先取消了我的优秀青年教师的称号，由此原来答应的每年两百元的奖金也变成了泡影。同时学校明确表示我根本不能晋升副教授，甚至也不能晋升讲师，当时系里的工作人员不好意思地要我填一份助教表。原来我是要晋升副教授，现在变成了要晋升助教了。见到这份表格，我当时恨不得把它撕了。我告诉他们，我在 1983 年留校一年后就填过这个表格，现在怎么又要重填呢？我拒绝填这种令人感到耻辱的表。

我是珞珈山天空上没有升起的新星，甚至是一颗坠毁的新星。在这场风波以后，我的心情变得非常压抑，常常在小房子里独自饮酒，以驱赶心中的愤懑之情。这时，我对大学这一神圣的学术殿堂发生了怀疑，它不是超人间的纯洁之所，不是思想知识和精神的圣地，相反，它是权力场和名利场。许多人不过是把学术当作工具而实现自己对于利益的追求而已。

4.3　年轻的引路者

1989 年的春季学期，我开始给学生讲授美学。虽然我在 1985 年至 1988 年之间曾在哲学系任教，但没有教学任务，因此未曾参与过教学活动。当然我也曾上过讲台，举办过多次演讲，但还没有任何系统授课的经验。在严格意义上，这次开设美学课是我作为教师职业生涯的真正开始。一个大学教师必须进行学术思想研究，使自己产生出属于自己的创造性的观点。作为一个哲学教师应该是一个学问家和一个思想家。但大学教师也必须进行讲授，把自己的学术思想传述给他人。于是他不仅要与书打交道，也要与人打交道。唯有如此，一个大学教师自身才是完美的。

在讲授之前，我进行了认真的备课。当时的美学热已经消失，怎样把美学课讲好不是一件轻松的事情。我想，一个好的课堂讲授既要介绍这门学科在国内国际的发展状况，也要阐述教师自己的思想。鉴于这种想法，我试图打破当时各种美学概论的结构以及以它为基础的流行讲法。而是讲授自己长期思考的人类学美学，并分析中国和西方美学史与它相关的问题。这样可以促使学生既能知道中西美学史上的思想家是如何思考的，也能了解我是如何分析他们的观点的，最后能让学生自己逐步形成自己的观点。

第一次开课时，我骑车从梅园住处来到桂园南部的教学楼。一进教室我感到有些吃惊，一百多学生正在高声谈论。我仔细一看，其中居然还有一些比我年龄大的学生，也许他们是插班生吧。我来到讲台上，放好了讲课提纲，作了自我介绍。随后同学们交来了选课表，从表中可以看出班上除了哲学系的学生外，还有许多文理科的学生。我讲完了一些学习应该注意的事情之后，便开始讲授课程。那草拟的大纲只是作为我的基本思路，因此我在根本上摆脱了那种照本宣科的方式。在讲课的同时，我还给同学提问题，了解他们是否听懂了，并详细讲解他们觉得尚有困难的地方。另外我也鼓励他们发表自己的观点。这

1989 年春，在武汉大学梅园小房子留影

样学生在课堂上就不是被动地接受，而是主动地和我一起思考。因为我讲课时非常集中注意力，所以讲完之后除了口干舌燥之外，还觉得精疲力竭。但我似乎又有一种轻松之感，仿佛完成了一项伟大的任务。在这样一种复杂的感觉中，我回到了我的小房子。

过了一个月，我明显地感觉到同学们已经进入到我所讲授的思路上去了。我布置了一次课堂作业，要求大家写出自己的体会和收获以及觉得欠缺和不足的地方。两个小时之后同学们纷纷交来了文章，其中有的洋洋洒洒写了数千字。我将这些作业带回家进行认真的阅读。它们可以说是千奇百怪。大部分都认为我的课堂教学使他们开阔了眼界，学到了知识和智慧。但也有一些人指出很多问题还是模糊的、朦胧的，还需要进一步解释。此外每一个人都谈了自己的美学观点和审美体验，包括对当时流行的言情小说和武侠小说的看法。通过这些文章，我了解到了同学们的学习状态，并在下次的课堂上针对他们所提出的问题一一给出了解答。

课堂教学一直进行得很顺利，同学们的反响也很好。那些自愿选修的同学不迟到，不早退，从不中断，继续听课。同时一些爱好美学的同学也在课后主动找我讨论，试图与我建立比较密切的关系。还有一些同学甚至主动来到我的小房子，与我商讨一些学习上甚至生活上的问题。我似乎成了他们的偶像。在他们对我兴奋与向往的目光中，我获得了一种飘飘然的感觉，我看到了我成功的教学。这意味着我可以成为一个优秀的教师，成为同学们学习的引路人。不过也有一些同学对我充满了敌意，特别是那些年龄比我大的同学在背后散布一些奇谈怪论。他们一方面说我是少年天才，但另一方面鼓吹神童弱智，小之了了，大未必佳。我听了之后啼笑皆非。我不神，也不是儿童，智力也好像没有衰弱的迹象。我不过是一个一般的青年教师。我想他们只是想找到一种心理安慰和平衡而已。一个年龄大的学生和一个年龄小的老师在一起自然会使一些人感到尴尬。我对这些言论一笑了之，继续认真地给大家讲课，并取得了很好的效果，又吸引了一批学生来旁听。

但在五月下旬，课堂发生了很大的变化。由于学生参加集会和游行，旷课现象特别严重。我发现了这种情况后，对大家说，学生任务主要是学习。我们对社会的贡献必须以获得知识为前提。但很多同学听不进这句话，逐渐地脱离了教室。五月底我来到教室，那里除了一对恋人卿卿我我之外，其它的座位都是空空如也。那对恋人也无心听课，我只好失望地且忧心忡忡地回家了。后来学生都离开了学校，我所开设的美学课也就停止了。

尽管当时在社会上和学校里到处都是骚动不安，我却仍然始终处于一种平静和安宁的世界之中。这原因是多方面的。我住在梅园的一个角落里，一方面远离学生，另一方面也远离教室，因此不了解师生的动态。同时我对这种集会和游行的热情一直持冷静的态度。我原来在中国社会科学院研究生院的时候，曾经历过院内的同学为食堂伙食不好而罢餐以及几起人们在天安门广场游行的事件。那时我就觉得，一个知识分子应该以思想建设的方式，而不是以其它的方式参与到现代化建设中去。同时集会游行作为一种强烈情绪的表达行为，在民主与法制观念及其规则没有充分建立的情况下，很可能越过自身的界线而事与愿违。因此我在八九年的学潮中对它虽然关注但不参与。

当我在空荡荡的校园里散步时心情非常沉重。这本是学生读书的黄金时间，但他们却如鸟兽散，回到了自己的家中。在这几个月里，他们不再可能上课了。也许他们可以自学，但他们无法把图书馆搬回家里。中断了教学任务之后，我仍按照自己的工作计划阅读和写作。我对自己的要求是，研究中西思想史上那些思想家们是如何展开自己思想道路的，同时也希望走出一条自己独特的道路。在这样的思想中，我似乎又回到了一个独立自主的世界。但当我看到空荡荡的校园时，我是多么急切地盼望学校恢复它往日的情景。

9 月同学们都如期回来了。按照学校的统一安排，我又继续开课了，讲完上学期尚未讲完的内容，同时也举办考试。同学们重新来到了我的课堂，但他们显然冷静多了，同时也惋惜浪费了的宝贵光阴。这时他们才明白了我当时的劝告：一个学生的唯一使命就是学习，舍此无它。我按时讲完了课程并举办了考试，由此也与班上的同学们分别了。

4.4 受压抑的人

1989 年下半年以后，学校与系里的状况发生了很大的变化。学校某些部门的负责人更换了位置，而哲学系的系主任在住院期间也莫名其妙地被免职，被另一个在学术上毫无建树的副教授取代了。哲学系开始在许多方面调整方向，但可以明显地看出，有些人借时局的变化占据了制高点，实行一种非正义的帮派策略。凡是他一派的就拼命地抬举，凡不是他一派的就全部打压。在这种情况下，有些青年教师对哲学系非常失望，不辞而别。另一些暂时没走的人也在考虑是否调离哲学系。至于那些因为种种原因而不能离开的失意者，只能见面发发牢骚。

　　我也属于那种想走而走不了而只能发牢骚的人。我之所以想走，是因为我在武汉大学哲学系实在待不下去了。我感到自己已陷入到由一些地头蛇所编织的魔网之中不能动弹。我过去在比较武汉与北京时，就非常喜欢北京的海阔天空，那里任何人只要凭借自己的能力就可以突现出来。如果人在某个地盘被打压的话，那么他就可以逃离到另一个地盘上去东山再起，但武汉却不行。就哲学而言，只有武汉大学有一个哲学系，其它地方都没有专门的哲学研究机构。虽然有的单位也有一些哲学研究人员，但他们无论如何也不能阻挡武汉大学的强大力量。因此在武汉大学被某一帮派欺压之后，人们简直没有出头之日，甚至没有诉苦的地方。

1989 年夏，在武汉东湖。

当时我是多么怀念北京啊。我自己有些后悔。如果我现在还在北京的话，那么我正在享受我的自由，我也许就是北京学术思想界天空的一颗不容人忽视的新星了。但我如今陷入了武汉大学哲学系，被那些在道德上和学术上都十分低劣的人压得喘不过气来。真是见了一个大头鬼。

1989 年初评定职称的结果经过一段时间的中断之后，终于在年底正式宣布了。从得到晋升的名单中可以明显地看出，那些校系负责人的弟子们都得到了提升。而我仍然不过是一个小小的助教。这一职称与我在当时国内的知名度和影响力极不相称。1990 年我去浙江金华参加全国青年美学会议。到会的有些人已经是教授和副教授，大部分也是讲师了。这些职称都极其醒目地印在他们的名片上。我不仅看到他们向我伸出的热情的双手，而且也看到了他们满面春风的笑容。我告诉他们自己还只是一个助教，且只好在大笑中掩饰自己的羞愧与愤怒。他们都不相信，以为我在骗他们。当他们相信我说的是真的时候，都目瞪口呆，认为这太荒唐了。他们说我即使当一个教授也是不过分的。但这种同情甚至是恭维没有任何意义。按照学校的规定，助教与讲师，副教授与教授的出差开会的乘车、住房、饮食和补贴都是分等级的。在会议期间，主办人也因此行事。教授和副教授们坐进了小面包，而讲师助教和工作人员同坐国产大轿车。我知趣地坐进了国产大轿车里，嘲笑这种等级制污辱了学术思想的尊严。正当开车时，主办单位的一位负责人却把我拽下车，把我塞到小面包里去。另外我的住房也变更了一次。开始我入住的是不带卫生间的三人合住的房间，后来那位负责人也是连赔不是，把我换到了一个带卫生间的两人间。总的说来，我讨厌那种非正义的等级制。虽然会议主持人强行将我由低等级升为高等级的措施似乎给了我一种心理补偿，但我对武汉大学给了我一个助教的位置依然愤愤不平。

我在职称上所受的打压不过是我在武汉大学受到打压的一个方面，但它是一个非常重要的方面。这个道理很简单。人们最惯常的理性都可以推断，你是助教别人是讲师或者是教授，这就意味着你的学术思想和研究水平比别人差。如果你比别人差，那么在一些所谓的公平竞争中失去了资本，你必然失败，别人也必然胜利。这一效应是可怕的，它使低者更低，高者更高。因此在申报副教授失败之后，我在武汉大学经历了一系列的打击。1990 年左右，学校又出台了一个政策，设置了一笔青年教师的科研基金，用以鼓励他们早出成果、多出成果和优出成果。系里的负责人也是极力鼓励青年教师申报，我想我虽然不是副教授甚至也不是讲师，但是我发表的著作与论文在同行中不亚于任何人。也许我在全国范围内竞争没有必胜的把握，但在武汉大学内的竞争是没有任何问题的。我高兴地填完了表格，并制定了一个详细的学术研究计划。我的申请不仅经系而且经学校社会科学研究处的审议都通过了。但在学校分管文科的副校长最后定夺的时候，我的申请却被无情地枪毙了。有关办事人员告诉我，他们当时极力推荐我本人和我的申请项目，但那位副校长就是不同意，说学校经费有限，不能随便资助。最后获得科研经费的正是他的得意弟子。办事人员对我说他们也毫无办法。

后来系里进行了一次科研成果评奖。我虽然觉得自己获奖没有太大的希望，但还是参评了。我把自己的著作以及关于它的书评交给了系办公室。但在系主任的主导下，我的书在系里根本就没有通过。相反他所在的那个派别的人却纷纷获奖。虽然有几个权威教授为我说话，替我鸣冤，但毫无用处。

看来我在哲学系所有的道路都堵死了，甚至连上课都成为了问题。由于美学不是本科生的必修课而是选修课，这样它不需每学期开设。同时美学教研室已经发展壮大，如果每人轮流开课的话，那么得两三年才有一次机会。虽然研究生的课程比较多，但必须是讲师以上的教师才有资格授课。这样我这个助教实际上被剥夺了授课权。

虽然我在晋升职称、获得基金、得奖甚至授课等方面没有优先权，但那些看起来冠冕堂皇而实质上是惩罚型的事情则非我莫属。在1990年春季学期初，学校就开始贯彻一个行动，35岁以下的青年教师必须在农村锻炼一段时间。虽然当时全国都有青年知识分子到农村锻炼一说，但各个具体部门都有不同的解释，并有不同的实施方案。当时的武汉大学对青年教师到农村锻炼一事作了极为夸张的诠释。他们开了一次动员大会，说青年教师不了解农村，因此必须下乡。所谓的农村往往是最偏远最穷困的山区。同时青年教师必须下去至少一年，且根据表现确定是否还要延长锻炼时间。

这样一个下乡的政策，谁都知道是对青年教师的教学和学术研究的非正常性的中断。一个大学教师的根本使命是教学与科研，而不是其它什么事情。但这一政策具有普遍性，任何人也不敢反抗。然而没有一个青年教师愿意主动下乡锻炼。其中道理很简单。这是一个惩罚性的措施，人们如果到乡下去，那么就必须放弃他们的研究，尤其是一些从事纯粹理论研究和进行实验观察的青年教师更是如此。同时在边远和落后山区的生活将是一种艰难的体验，那里没有公路，没有自来水和电。因此很多人借生病和不可推卸的科研任务而暂时不去农村。人们也抱有一个侥幸的心理，这样一个青年教师去农村锻炼的政策可能持续不了几年。自己能推一天是一天，也许轮到该自己下乡时，下乡的政策早就中止了。

当时哲学系35岁以下的青年教师有近二十名，按照指标系里只需派下一人。无论从哪个角度上来讲，这都轮不到我。但系里的决定却仿佛导弹那样准确地打中了我，彻底地打碎了我的幻想。他们正式通知我，我就是1990年度哲学系唯一必须下乡的青年教师。系里已经将此上报到学校那里去了，因此这个决定是不可改变的。如果我坚拒不去的话，那么这意味着我不服从系和学校的决定，甚至是反抗当时全国性的政策。

我认为这样一个针对我个人的决定是荒唐的。首先，我本人就是来源于一个贫穷而落后的农村，而我的家庭在当地就是贫中之贫。我在农村生活了十六年，同时我每年都要回家探亲一到两次，对于农村的情况不仅有深刻的认识，而且有切身的体验。因此我没有必须再去农村一年。即使不谈这一理由，我在哲学系的十几位青年教师中也不是首位人选。系里有刚分来的悠闲自在的大学生，有长期不上课的无所事事的人，也有几年没见发表一篇论文的人，不要这些人到农村去锻炼，而要一个勤奋工作的人放弃自己的学术研究，去与泥土打交道，这完全是是非不分黑白颠倒。

因此我明确地向系里表态，我不会服从安排到农村去。并且我还指出，这样一种安排是不公正的，具有明显的派系偏见。但系里说这是教研室推荐的人选，要我找教研室主任说情。我找到教研室主任，他说这不是教研室，而是系里决定的。这样系与教研室就相互踢皮球。踢来踢去，没有任何人承担责任。但决定本身却没有任何改变的迹象。这样校长也知道了我违反了他的命令，更对我生起仇恨之心。一般的教师也惧怕校方和系方，与我保持距离。在这种情况下我是哲学系里一个不受欢迎的人。

珞珈山的天空对别人也许是明朗的，对我却是黑暗的。那一段时间我的心情非常压抑，仿佛一块石头压在心上，喘不过气来。我在遭受一场厄运，我在做一场噩梦，而且我感到它们似乎要一直持续下去。我问自己，我为什么如此倒霉？我在反省自己，是不是自己犯了什么错误？我日夜思索，发现我在政治上、道德上、学术思想研究上没有任何值得指责的地方。问题只是在于，我在哲学系是一个无根的人，我在学校有几个仇恨我的人。他们之所以仇恨我，并不是因为我自身有什么值得仇恨的东西，而是因为他们所仇恨的人之中有些与我有点关联。事实上我不过是派系斗争中一个无辜的受害者和牺牲品。我在想，这样令我窒息的时间还有多长呢？我盼望它的终结，但看来它遥遥无期。

在这样的日子里我真不知道如何打发自己的光阴。如果它持续十年二十年的话，那么我的哲学家之梦就彻底完结了。如果这个梦不会成为我的现实的话，那么我的生命又有什么意义呢？我不过是一个行尸走肉而已。为了排除自己的苦恼，我必须寻找解脱自己的办法。我虽然有一段抽烟的历史，但从来没有上过瘾，它对我不过是玩玩而已。但现在我开始大量吸烟了，有时一根接一根地吸。我似乎由于烟味在口腔和鼻腔中的刺激能忘掉其它感觉，并在腾腾烟雾中看到某种希望。我有时一天抽烟达两包之多。过了一段时间挟烟的手指熏黄了，而自身的身体和衣服也都充满了一股浓烈的烟味。除了抽烟外我就是喝酒。每天晚上枯坐在自己小房里，我的手就会开始伸向酒杯。在寂寞的独饮之中，我开始品味自己这几年的生活。它似乎痛苦的时候多，欢乐的时光少。随着更多的酒精进入胃部，又经过血液传遍周身，人开始发热，并有些冒汗。这时人的眼睛逐渐朦朦胧胧，到了最后疲倦的身体再也支持不住了，我便和衣躺在床上。到了天亮人醒，我已经回忆不起自己是如何入睡的。我经常一个人喝闷酒，但也偶尔与朋友们到外面聚会。有一次我在一酒家喝酒过度，在回家的路上踉踉跄跄，最后坐在珞珈山边的石头上不愿走动。我记得当时是中秋节的夜晚，一轮明月挂在天上。看到这冰冷如水的月亮我不禁潸然泪下，嚎啕大哭起来。与我同行的朋友无论如何劝我，也制止不住我的悲号，甚至也使他非常感伤。我告诉他，我是如何的痛苦，如何的悲哀。过了好长一段时间他才扶我回到了我的小房间。

也许是我在武汉大学处境不妙，心情不好，再加上过度抽烟喝酒，我的身体明显地感到不适。睡眠是一个长期折磨我的问题，现在变得更加严重。我有时通宵无法入睡，只好起来坐在房子里，看着窗外天空的星星和月亮，以及夜色中珞珈山神秘的身影。或者我干脆在走廊上踱来踱去，听着脚步声在夜的静谧中所激起的回声。在极度疲倦后，我才回房进入梦乡。除了睡眠问题之外，我明显地感到肠胃有毛病。我常常没有很好的食欲，吃了一点东西之后就觉得腹胀。人的身体的其它部位也觉得不顺气。总之，我感到自己不再是一个健康的人，而是一个各方面都被病魔所折磨的人。

在这样一种心理和生理的状态中，我已经不能待在武汉大学了。我总是在关注离开这里的可能性。我曾想调到武汉或者外地的一些高校去，但很多地方也有排外的思想。当然他们表达得非常动听，说我是一个大菩萨，他们只是一个小庙。我知道，凭我的学术思想研究的实力，对许多一个地方的同龄人来说，我都是一个威胁，我会影响他们自身的地位和切身的利益。后来我干脆打算放弃学术研究，不去什么学术研究单位而去一些文化公司打工算了。这样既可以逃避这种窝囊的命运，也会改善自己的经济状况。我也曾到一家公司了解情况，但觉得跳槽风险太大，很难保证成功。另外我内心还是舍不得我一直不懈追求的哲学研究。因此我觉得最好的选择还是出国学习哲学为好，我当时联系了美国和德国认识的教授和其他熟悉的人。我想出国是我唯一的出路。我将不惜一切代价实现我的出国梦。

4.5　图章的风波

当我真正下决心离开武汉大学时，心里还是有些发虚。到一个不知道的地方去，那等待我的究竟是什么呢？会不会是离开了狼窝又进了虎穴？想到这一点，我就有些畏惧和气馁。我知道出国需要做好充分的准备。首先是外语。去美国需要好的英语，去德国需要好的德语。我的语言尤其是口语方面还需要强化训练。其次是专业。我除了进一步研究中国哲学史之外，还需要系统地把握西方哲学史。第三是经济。我要筹集一定的金钱。最后是心理。我要去克服许多难以想象的困境。当时一位女同事到美国后不久得了精神病，而且后来自杀身亡。她在死之前曾给我寄了一张明信片。当我收到她的明信片后就得知了她死亡的消息。这一噩耗强烈地震撼了我。我除了感叹人生无常之外，也增添了对国外艰难生活的恐惧心理。

尽管我对出国怀有这样的态度，但在武汉大学的处境逼迫我还是要选择这条艰难的道路。但出国首先到哪里去呢？去美国和去德国都各有优劣。去美国，我的语言占有优势，我的英语要比德语好。但美国不能学习到地道的德国哲学。去德国当然可以研究尼采、马克思和海德格尔等人的思想，但我却必须在英语之外赶紧提高德语。最后由于种种条件的限制，我还是把希望寄托在到德国去。

1990 年，我得到了德国奥斯纳布吕克大学的录取通知书之后，便开始办理出国护照。人们知道我要出国了，便有些议论。当时人们对出国有些误解，以为到欧美国家去仿佛是进天堂一样。其实我过去也有这样的想法。不可否认，许多人在国外生活和学习得很好。这特别是一些公派的出国留学人员和一些自费的但申请到奖学金的人。但对于一个自费而没有奖学金的人来说，前景则未必乐观。当然一般人不作这种区分，甚至认为在国外扫地洗盘子一天也能挣国内上班一个月的工资。他们也把我当成走向天堂历程的人。我隐隐地感觉到，那些打压我的人对此感到不快。他们愿意看到我在国内受苦，这样他们有一种快感。他们虽然不能见到我在国外如他们所想象的幸福，但不能容忍这种可能性。于是他们放出风来，说我出国不合乎学校的有关规定。据他们说，条件之一，1988 年后毕业的研究生要工作满五年。其实我既可以作为 1988 年之后毕业的研究生，也可以作为之前的就已经毕业的本科生。条件之二，35 岁以下的青年教师必须首先下乡锻炼一年。其实这两条出国的条件根本没有写入国家尤其是教育部门的规定之中，同时也没有写入武汉大学的出国要求之中。它不过是一些人用来限制我出国的理由而已。

我知道自己出国的申请手续一定非常困难，于是做好了长期斗争的准备。幸好我在学校与系里的有关部门有些好朋友。他们告诉了我有关的申办程序，并叫我在申办过程中应该注意的事情，还说他们会及时地透露学校与系里的负责人处理我的一些内幕，这样我就可以见机行事。

按照要求，我写了一个出国申请，申述了我的出国理由。其中包括了我需要继续深造，以提高自己的学术思想的研究水平。同时我还向系与学校方面做出保证，我学完一定回国，绝不滞留国外。当我把申请书交给了系的负责人时，他说这要首先征求学校的意见，同时也要征求教研室的意见。我告诉他我找过学校的有关部门，他们说没问题，至于教研室我也问过，那也是没有问题的。于是他签了同意的意见。但这样的签字仍是无效的，它还必须加上系里的红色公章。我又去找那个保管印章的人，他说没有系主任的认可，他是不能盖章的。我说系的负责人也同意了，并向他展示我那份签署了同意的申请书。但管印章的人始终不相信，他说他听到系里和校方都不同意我出国，现在怎么又同意了呢？我递了一根箭牌香烟给他，对他说，虽有个别人压我，但也有一些人是支持我的。我还对他吹嘘说，我与学校某一重要负责人有良好的私人关系，他给系里的某负责人打过招呼了。那管公章的人抽了一口烟，满面笑容，一副讨好我的样子。他终于打开抽屉，取出了印章，小心翼翼地在我的申请书上盖了一个红红的圆圈。见到它，我仿佛看到了一轮升起的太阳。

拿着这份申请书，我急匆匆地离开系办公室来到学校的行政大楼，将申请书递给了教师工作处的一位副处长。他面无表情地说先放下吧，过一段时间等消息。这一段时间真是漫长。过了一周又是一周，那位副处长就是不签意见。他还是重复那两个理由。我是1988年以后毕业的研究生必须工作五年；同时我是35岁以下的青年教师也必须到农村锻炼一年。只有满足了这两个条件，学校才能批准我出国。我努力地说服他说这两个条件都管不住我。其一，我是83年毕业的本科生；其二，国家和教育部的出国政策中并没有35岁以下的青年教师出国前要下乡这一条。他有些生气，说国有国法，家有家规，学校也有学校的政策。这是土政策，我必须服从。我感到我无法说服他，便找到了那位与我关系甚好的学校负责人。尽管他在学校已经受到了排挤，但也有些实权，这样他就可以暗中给我一些支持。我告诉了他我在教师工作处的遭遇，他说从道理上讲，学校的土政策是不能违背国家的根本政策的。但那个处长站在这个位置，人们拿他也没办法。他说这个人非常贪，专门卡那些申请出国的人。如果人们送礼满足了他的胃口，那么他就会放人一马。连小偷也知道他家聚集了不少不义之财，连续偷了好几次。听说他为此哭了三天三夜。那位负责人建议我也不妨给那位副处长送点礼。我说我出国的路费以及其它费用都要找人借，哪里有钱买礼送人呢。那位负责人说他理解我的难处，他再想办法去说服那位副处长。不久教师工作处的副处长通知我，说经过认真研究，他已同意我出国的申请。当我到他的办公室拿到盖了第二个红印的申请书时，几乎要对他感恩戴德。这意味着我朝胜利的目标更进了一步了。他这次对我很友好，并说学校的某负责人对我非常关心。我则说关键是他给我提供了帮助。

从教师工作处出来后，我拿着盖了两个红印的申请书来到学校的人事处，把它交给了一位主管的副处长。他的态度与说话的方式与教师工作处的副处长如出一辙。他们给人的印象是，既没有说行，也没有说不行。他们要等一段时间后才决定行与不行。有关系当然是行的，没关系当然是不行的。不过不行也有一线生机，这就看人们会不会通过关系和其它手段将不行转化为行。我等了很长时间，仍然没有任何消息。我便找了很多关系到人事处打听情况，他们都说还没有处理我的申请。等我自己直接找那位副处长时，他非常生气，说教师工作处盖的图章不符合学校的规定。他重复了教师工作处最初阻碍我出国的两大理由，强调说这个公章不能盖。我只好气馁地出来，又去找那位与我关系甚好的校负责人。他有些恼火，亲自打电话给那位副处长，把他个人对学校土政策的态度重复了一遍。人事处的副处长也不敢得罪他的这位上司，给我盖了章，并通知我去拿。我去人事处时，副处长和办公室的人正在分吃西瓜，没工夫和我说话。我怯生生地在门口站了半天，生怕他又有什么变故。等他吃完，我赶紧进去，满脸堆笑地且轻声地询问我的申请批了没有。他哼了一下，从抽屉里拿出我的申请书，上面已有三个公章了。但他没有直接把它给我，而是拿出开介绍信的本子出来。我注意到他笔间的一笔一画。那介绍信是写给学校保卫处的。这时我悬着的心才开始变得踏实了。

我拿着自己亲笔写的申请信，有些兴奋。它上面有的三个红印意味着我经过了三个关口。这张粗糙的信纸关涉到我的命运。我生怕把它弄丢了，于是拿在手上。但我也怕把它弄破了或者弄出更多的褶皱，因此把它没有折叠，就夹在拇指与食指间。这张薄薄的小纸对于我来说十分沉重。我感到指头开始流汗。这样我赶快换一个手拿着，并把流汗的手在衣服上擦了又擦。带着这张纸，我去了保卫处。

比起学校的其它几个处，保卫处给我的印象始终是令人畏惧的。它有武器，专门对付坏人。即使好人进入保卫处似乎也要经过反复检查，以证明他究竟是不是真正的好人。我进入保卫处大门时，心里有些发抖。我将申请书和介绍信交给了保卫处的主管。他们的态度和说话语气与教师工作处以及人事处的人似乎没有什么差异。经历了两次这样的遭遇之后，我也能想象出他们会如何对待我了。他们收了我的材料，要我交了十元钱作为手续费。尽管我认为这是一种变相的敲诈，但我还是赶快从钱包里掏出十元钱来，心甘情愿地递上，生怕怠慢了他们。我心想，如果保卫处马上给我再盖上一个公章的话，那么我愿意出一百元钱。交完了手续费，我离开了保卫处。我知道校内的关卡已过了三关。这是第四关，但是非常重要的一关。想起过去的三关，我有如释重负的心理。但看到这前面的一关，我几乎有些不寒而栗。我能幸运地通过吗？愿老天爷保佑我。

我在离开保卫处时，遇到了一位前去美国自费留学的熟人。他正准备把申请交给保卫处。他也抱怨说出国留学真是不易。学校设置了层层关卡，人几乎要脱一层皮。现在要看保卫处如何了。我们约定互通消息，如果他先在保卫处得到了同意，那么就通知我一声，反之亦然。

过了一段时间，保卫处关于我的申请的处理没有任何动静。但那位去美国的熟人告诉我，他已经拿到了学校的申请许可，准备到汉口的市公安局出入境处去办理手续。我想我肯定是碰到什么麻烦了。我急切地跑到保卫处询问我的情况，问我的申请批了没有。他们说没有。我说比我后来的人的申请都批了，我的为什么没有批呢？他们说各人情况都不一样。我说我是不是有什么问题？他们说没有。我说那我什么时候能拿到保卫处的同意意见呢？他们说不知道，说完就不理我了。

没有办法。我只好又求助于那位与我关系很好的校负责人，也找了校行政部门的一些关系，请他们找保卫处帮我了解内幕，看问题出在什么地方。这些人就通过各种渠道替我了解情况，并针对它给我提出了克服障碍的办法。

原来保卫处接到我的申请材料这后，就给各个相关部门打电话，听听各方面的意见。于是保卫处也以学校的土政策为由不同意我的出国申请。同时那位校长听说我正在办理出国手续，并且已过了几道关口，勃然大怒。他专门给保卫处打电话说不能批准我出国，其理由是我表现不好，有问题，至于哪一方面表现不好，有什么问题，他没有说。但人一旦被扣上这顶帽子，就会给他人以无穷的想象空间，也许这也有问题，那也有问题。这比人具体地在哪一方面有问题糟糕得多。人即使跳进黄河也无法洗清这一罪名。这位校长的确充满了恶毒的心机，他既不要我在校内正常发展，也不让我离校自由成长。他无非是想将我关在他的笼子里，让我窒息而死。保卫处遵循这位校长大人的旨意，再次认真调查我的所作所为，但没有发现任何问题。这使他们感到有些为难。一方面他们不敢得罪一校之长，轻松地让我过关；另一方面他们也不能违背良心捏造我的罪名。这样我的申请书在保卫处一直搁着。也许他们想经过冷处理之后再见机行事吧。

我的那份申请书在保卫处一直躺了三个月。我实在有些耐不住了，又去找那位与我关系甚好的校负责人。他找了保卫处，要他们不要惊动外界，将我的出国申请暗暗批准算了。保卫处考虑到校长大人日理万机，不至于每天都盯着我不放，同时也考虑有这么一位校级负责人替我说情，便在我的申请书上盖了红印。当然我没见着这个红印，他们不用把申请书退还给我，而是直接地呈送给学校负责出国事宜的副校长，由他最后审核签字。

学校行政部门的朋友告诉我，我的材料已经放了那位副校长的文件夹里，但他一直没有签字。为什么没签的原因还不明朗，也许是因为学校的土政策在作怪，也许是那位校长大人给他也打了招呼，也许是其他种种不利于我出国的言论的影响。总之，副校长仍忙于在其它的公文上签字，就是不肯将他的大名写在我的申请材料上面。我对这位副校长不熟，无法直接去找他。根据我以往的经验，即使找他，事情也不一定有什么好的结果。我只好把情况给予我友好的校负责人描述了一下。他比那位管出国的副校长资格要老些，他当然能够给副校长施加一点压力。那位与我友好的校负责人找管出国的副校长谈了一次，了解到有人对副校长说了一句关键性的坏话。这个人说我出了国肯定是不会回国的，因此副校长对我充满了警惕性。不管他的内心是如何真实想的，但他不能容忍员工滞留在外不回来，尤其是经他批准的人出国以后不回来。那位与我友好的校负责人说，他相信我是爱国爱校的，是一定会回来的。他还说一个学哲学的人除了在国外能读书外，还能找到工作吗？他向那位副校长表明，我即使不想回来也会回来。那位副校长也去过国外，想来这话有道理，于是他在我的材料上写下了同意，并签上了他的大名。

这位副校长的意见最后反馈到了保卫处。于是保卫处给我开具了证明，同意我到市公安局去办理护照。拿到保卫处的信件，我终于通过了武汉大学的层层难关，获得了通往国外的通行证。这封信不过是用一个普通的牛皮纸信封装着，但它的封口处盖了红色印章，以防止我在递交的过程中私自拆开。我匆匆地走出了校门，乘上了开往汉阳门的公共汽车。虽然我在武汉生活了这么长时间，但很少去汉口，即使去，也是去逛街。这次可是我第一次去汉口办事，而且是去办一件相关我命运的事。我在路上考虑，我申办护照会遇到麻烦吗？如果我有幸得到护照，那么这又需要多长时间呢？到了汉阳门我来到中华路码头，乘上了开往江汉关的过江轮渡。上船的人拥挤不堪。我急切地想早点达到汉口，我知道到市公安局我还要排队。轮船好不容易渡过了长江，我从江汉关又转车来到市公安局的出入境办事处。

那里已经排了一条长龙，我也赶快成为这条长龙的尾巴，但不久我的后面又增长了尾巴。大概过了两个多小时，才轮到我到了办事的窗口。我把早已捏在手中的申请材料递给了办事员。进行了大致的审核之后，他给我一个密封的信封，要我交给武汉大学保卫处，这样审办手续便算完结。我问什么时候可来取护照，他说一个月以后再来看看，已办好护照的名单会公布在墙上挂着的小黑板上。我仔细看了看小黑板，上面的粉笔字写得很潦草。我在默默地祈祷，愿我早日顺利地拿到护照。如果我拿不到它的话，那么我的出国梦就彻底地破灭了，我在武汉大学也将永远痛苦地生活下去。因此我非常担心自己会由于种种原因拿不到护照。我在想，我在申办的过程中是否出了什么漏洞。我仔细回忆了一下，我所有的材料是合乎规范的，是齐全的。我的表格也是按照要求填写的。但我还是有些不安。也许学校和系里那些打压我的人知道我申办护照的消息后，会打电话给市公安局，以莫须有的罪名陷害我。这种想法不是没有根据的。我当时就听说过，一位教师已经办好了护照和签证，并准备登机飞往美国，但学校有人发传真到海关要求阻止他登机。幸好传真晚了一点，他已经登上了飞机。总之在等待的那段日子里，我会想可能出现的几种不好的结果。

过了一个多月，我又大早赶到市公安局出入境办事处。一进大门，我的心就激烈地跳动，我担心在黑板上看不到自己的名字。但令我惊喜的是，我的名字也居然列入众多的名单之中。我怕自己看花了眼，出现了幻觉，定神后仔细看了半天，不错，那就是我的名字。我欣喜地走到窗口，交了一百多元的手续费，领到了自己的护照。它是我出国的通行证。

在回家的路上，我一直在看这本护照。它是褐色的封皮，上有中华人民共和国的国徽；里面有我的姓名和照片，并盖有红印和钢印。稍嫌不足的是，字是用钢笔写的，且写得歪歪扭扭，不甚美观。尽管这样，我仍然对它爱不释手。它仿佛是我的护身符，将伴随我远走异国他乡。

周边的人知道我拿到护照以后，对我发生了很大的兴趣。这个护照不是普通的证书，它意味着我与国外可能建立的某种联系，同时也意味着和那些与国外无关的百姓形成了区别。他们有时还专门找到我，要看看那神秘的护照是什么东西。特别是那些打算出国的人更是想一睹庐山真面目。一些对我友好的人总是爱问我什么时候走，还说出去以后不要忘记了他们。至于那些对我不友好的人心里也许不是滋味，但表面上却装出毫无兴趣的样子。

4.6 拒绝放逐

在拿到护照后相当长的一段时间里，我还没有去北京的德国大使馆签证。这主要是经济方面的原因。一方面我在德国还没有找到奖学金和其它的资助方式，另一方面我在国内也没有足够的资金支付我出国前后的庞大费用。拿了护照但又没有拿到签证，这是一个特殊的时刻，它有点叫人进退两难，不知该怎么办才好。如果压根就没有出国的想法和办理护照，那么我就会死心塌地地待在国内和武大，确定自己发展的短期与长远计划。如果我马上拿到了去德国和美国的签证，那么我也会一心一意地筹划在国外学习和生活的种种蓝图。但目前却是另外一种情形，我既不能不考虑在国内的境遇，也不能不考虑在国外的将来。这可以说是双重忧虑和双重苦恼。比较烦的是周围的人总是问我什么时候出国。我都害怕人们向我提出出国的问题，不管是善意的还是恶意的。

到了1991年春季学期，我去德国办理签证的事已经有了转机。我也放出了风说我要去北京办事了。但开学初学校和系里又开始了关于青年教师下乡的宣传工作。我想我很快就要办签证了，一旦签证到手，我将远走异国他乡。因此我就根本不在乎我是否又要下乡的问题。我想即使命运在冥冥之中规定了我非下乡不可，那就等我从德国回来之后再下乡吧。我当时还不到二十八岁，离三十五岁的年龄界线还有七年呢。

但学校和系里关于下乡的鼓动工作搞得轰轰烈烈。人们大力宣传青年教师下乡如何有利于自身的成长，有一些青年教师还做专场报告讲述自己的先进事迹。同时人们也批评了一些青年教师对于下乡的模糊认识观念，尤其是个别青年教师拒绝下乡的不良表现。我想这也许是在说我吧。对此我不作声，就让他们去说吧，他们高兴怎么说就怎么说。实际上下乡锻炼的青年教师远远不如校系所鼓吹的那样有利于他们的成长，相反浪费了他们从事学术思想研究的宝贵光阴。这些青年教师来到那些偏远落后的乡村，一般是在乡镇一级做一个兼职的副职干部。他们在那里不可能读书，成天就是和乡镇干部一起喝酒跳舞。尤其是青年女大学教师受到了特别的欢迎，因为很多乡村干部认为，能和她们共同举杯和起舞是人生一大幸事。集中在某一地区的青年教师形成了一个交往圈，以克服喝酒跳舞之后的寂寞之情。这样一些已有的夫妻关系破裂了，一些新的家庭建立了。但有些聪明的青年大学教师在下乡之后又想种种办法回到了学校，其方法多种多样，有的开了假的病假条，有的女青年教师干脆在下乡前就怀了孕，便挺着日渐趋大的肚皮坦然地回到了武汉的家来，对此谁也不敢说一句。有一位从乡下回来的熟人对我说，其实我1990年就应该下去，在农村待上几天，交几个酒肉朋友，然后弄个这病那病的证明便可以回学校了。我说是啊，也许可以这么一试。但我自己很难做出这种聪明的事情，它不过是弄虚作假而已。

哲学系下乡的青年教师马上就要确定了。1990年系里安排了我，但我没去，结果是一位刚分来的大学生去了。今年是谁呢？我想管他是谁，这与我无关。我马上要出国了，系里不至于还要我下乡吧。我横下一条心，即使系里要我去，我也是不会去的。这是因为一旦我下乡一年，那么我的护照说不定会被吊销，我所有申办签证的材料必然都会过期作废，那么我这两年的一切努力都将付诸东流，为此我将失去我一生一次重大转变的机遇。

我基本上把下乡一事置之度外。我希望它是一个永远消失的梦魇，不再骚扰我出国的美梦。但这不过是一个幻想而已。当我来到哲学系时，我看到了布告栏里用红纸黑墨写了一份公告。它说系里工作会议经过认真讨论，反复斟酌，一致决定两位青年教师到农村工作锻炼一年，其中第一名就是我。我一看就呆了，这真是一个驱赶不走的魔影。系里分明是想阻止我出国，将我困死在武汉大学。我压抑着自己的愤怒，到办公室了解情况。办事员说这是系里的决定，我服从得服从，不服从也得服从。我说系里有十几名青年教师，这种好事怎么老是针对着我呢？他说这是我运气好。我心里在诅咒，让这好运气见鬼去吧。他们高兴把我的名字写十遍也好，到处张贴也好，那是他们的事情。我的决心不可改变：拒绝放逐。

系里在作出安排我下乡之前，从没单独找我商谈过，了解我的情况，征求我的意见，并交换看法。如果他们事先找过我的话，那么这也算对我有点尊重。但他们就如此专断地处置一个青年教师的命运。在张榜公布了我作为下乡人员之后，他们也不曾给我任何解释和说明他们决策的合理性。其实他们把我根本没放在眼里，但也许把我看成眼中钉。我独立的性格、突出的学术思想研究能力导致了他们个别当权者对我的嫉恨。他们就是要借这次下乡的机会达到扼杀我的目的。因为我在系里没有任何后台，所以一些与我友好的人囿于学校当时的局势，也不便于公开出来为我说话。

系里将我作为下乡人员公布的同时，也将我的名字报告了有关部门，于是他们通知我做好下乡的准备。对此我依然不予理睬。系里知道我的态度后当然非常恼火，但也不想劝说我，而是准备采用行政手段逼我就范。当我再次来到系办公室从我的信箱取出信件时，发现了一张抬头为武汉大学哲学系的信纸，上面是手写的关于安排我下乡的通知。它与那份公开张榜的告示差不多，只不过是在信纸的右下角多了一个红印，借此来强调这份通知所具有的力量。我把它瞟了一眼，就顺手将它揉成一个纸团，丢到厕所里去了。我拉了一下马桶的手柄，在一阵哗啦的流水声中，那片纸被冲得无影无踪。这时我感到自己内心淤结的怒气有所舒缓。我又来到办公室，问是谁把那个通知放在我的信箱里。他们说不知道，说这是系领导的事情。

　　我回到了我的小房子，感到事情有些严重。我躲过了 1990 年的下乡。但不一定能躲过 1991 年的下乡。系里和校方一定不会善罢甘休，肯定对我是置于死地而后快。但我仍然没有改变自己的决心，决不轻易就范。如果在我办理签证出国之前，学校要我非下乡不可的话，那么我就辞职算了。凭借我自己的本事，哪里还找不到一碗饭吃。辞职以后，我可专心办理出国的事情。想到此，我的心绪就安宁了一些。

　　过了几天，我在房里抽烟，在想去北京办理签证的事情，突然有人重重地拍我的门，并喊我的名字。我打开门见是系办公室的人。他手里拿着一张纸来到了我的房间，坐下后便把它递给了我。我一看便说这玩意我见过，不过已经被我扔到厕所里去了。他装得很大度，说他很为难。他一方面很同情我的处境，另一方面也不能违背系领导的旨意。他也抽起烟来和我闲聊。他说他也参加了系里的办公会议，其实只有系主任一个人主张我下乡，但其他人都不好反对。系里把我的名单报到了学校之后，这就不再是一个系里的事情，而是学校的事情了。如果我不去的话，那么我就是违背了学校的政策。我问系里有十几名青年教师，为什么非要我去不可呢？他笑着说了一大串话，如枪打出头鸟，出头的橼子先烂，木秀于林、风必摧之，等等。他说我之所以倒霉的原因有三。其一，我的专业太突出了。如果我是一个默默无闻者，那么谁也不会理睬我。其二，我没有后台，没有一个大佬替我说话。其三，我办理出国之事引起一些人的不快。他们认为我出国到天堂去了，因此去天堂之前吃一点苦头是应该的。说白了，他们害怕我现在去了德国就不会到农村去接受一年的惩罚。如果我长期生活在国外，那么我将永远与中国的边远落后地区绝缘。如果我几年后回国，那么下乡的政策也许会终止。这是他们肚子里非常明白的事情。因此他们必须要在我办理护照尚未拿到签证时逼我下乡。这样不管我将来是否出国，我也吃了至少一年的苦头。此外这还隐藏着一种可能性：下乡一年的时间很有可能使我错过出国的机会。这位办公室的人说，虽然大家都知道系主任是这么想的，但他却从来没有公开地说过。他决定安排我下乡是合乎学校政策的，已得到了系办公室的同意，且送到了学校。这就使问题变得复杂了。这位办公室的人对我有些了解，也知道我和当时校一级的个别负责人有良好关系。于是他建议我不妨去找一找人。但我说我办护照时已经麻烦过人家了，这次也就免了。我还笑着说我出国主意已定，下乡坚决不去，大不了辞职算了。那位办公室的人笑着与我告辞，说出国后不要忘了他。

办公室的人大概将和我谈话的结果告诉了系负责人。系负责人见他手下的人不行，便决定亲自出马来打击我的威风。一天我正在房里和两位朋友聊天，他们非常同情我的困境，但同时也给我打气，说我一定能如愿以偿，会尽快到德国去的。大家都在抽烟，房内烟雾腾腾，因此我把房门打开了。正在兴头上，门口突然冒出了哲学系负责人的身影。他满脸愤怒的脸充满了杀气，仿佛是一副魔鬼之脸。他傲慢地没和任何人打招呼，便闯了进来。那两位好友见势不妙便出去了。系负责人开门见山毫不客气地质问我：我为什么两次都不下乡。我说我办好了护照正准备去北京签证，而且可能就是下个月就去。他问我为什么不能先下完乡再出国。我说一年后所有的申报材料都将作废。他说可以再做，我说不行。于是他便火了，大声地斥责我，还使用了伤害和污辱我的语言。这一下可激怒了我。我怒吼般地质问他为什么要打压我，不给我职称和其它东西，为什么不准我出国。他作了一些狡辩，但我毫不客气地将他赶走了。从此以后，无论是在路上还是在系办公室里，我都不理睬他，如同遇到一个魔鬼一样。我为武汉大学哲学系有这么一位不学无术且对人充满恶意的负责人而感到羞耻。

这位系负责人带着对我更大的仇恨走了之后，我想这件事也就如此算了。但过了不久我在房内又被急切的敲门声惊动了，原来是教师工作处的一位副处长和学校的一位专管青年教师下乡的负责人。看来我拒绝下乡的行动已形成了一个全校性的事件，惊动了学校负责人。但这两位学校的干部的态度倒是非常和蔼可亲，他们似乎不是来对我采用高压政策威胁我，而是来说服我和劝导我的。见到他们这样的神情，我敌对的情绪便舒缓多了。我们一起抽起了他们带来的高档的香烟。他们说明天学校就要开今年的下乡青年教师的大会了，我最好也能去参加。他们还说学校考虑到偏远地区经常停水停电，专门为每位下乡的青年教师买好了水桶和手电筒，我今天就可以去领。听到这里，我就打断了他们的话，说我今天不会去领什么水桶和手电筒，明天也不会去参加什么欢送大会。他们一听我的话脸便沉了下来，不过表现得还是非常有教养和策略。他们试图对我实施思想工作，其中一位讲他过去在工作上是如何不顺心，但忍一忍也就过来了，现在不是很好吗。我对这种话没有任何兴趣，而是把我不下乡的理由重复了一遍。他们说学校的政策是不可改变的，但我也强调我的决心也是不可改变的。最后我和他们的态度和语气都发生了很大的变化。他们知道说服不了我，便扔下了一句话，说校长已经知道了我的事，让我看着办吧。我说我大不了离开学校。

　　我拒绝下乡的事情传遍了学校，赞成和反对我的声音都有。我不管这些，仍然天天去系办公室，查看我的信箱里有没有重要信件。一天我碰到了另外一位系负责人。他居然毫不知趣地又要我下乡，我一听就火了，肺都要气炸了，和他拍起桌子来。我究竟见到什么鬼了，为什么这些人成天无所事事就知道逼我下乡？我嗓门很大，大声地斥责这帮打压我的人。也许因为我的声音如同雷鸣一般，所以大楼里的许多办公人员都跑了过来。大部分的人是在看热闹，但也有人解围，仿佛是仲裁者一样，还有个别拍马屁的人装出了随时为系负责人护驾的姿态。不管这些，我大声宣布我决不下乡，任何人都无法动摇我的决心。也许是我这个口头宣言发挥了效力，从此之后再也没有人胆敢和我提起下乡的事情。虽然我在哲学系没有后台，但人们通过这件事也知道了我，我是一个血性的汉子，不是那种甘愿做奴隶的人，而是一个敢于反抗自己命运的奴隶。

　　既然校方和系里不再逼我下乡，我也就不再主动提出辞职的事情。但我在系里却成为了一个异乡人，虽然他们仍没有能最终将我放逐到偏远的农村去，但还是以一种特殊的方式将我放逐到哲学系一个孤立的角落去，除了每月领工资算是和系里保持一种关系之外，我和他们没有了其它的任何关联。一年一度的晋升职称评奖申请基金都没有我的份。系的负责人也许认为这也是对我的一种惩罚性措施。我也这么认为。但我不在乎，我真的是要走了。我还计较这些东西干什么呢？

4.7　去德国的梦想

　　在 1991 年春季学期开学不久，我已经准备好了去北京申请前往德国签证的所有材料。去德国的梦想马上就可以实现了。

　　我的德国梦几乎做了十年之久。在刚上大学时，我从农村来到城市已经完成了一个乡村少年能做的最大的人生之梦了，当时根本没有梦想去国外去欧美，但入校后一段时间，我就不断地听到有人被选拔公派到美国等西方国家去。这就开始激起我出去的幻想，但我知道这个梦离我极其遥远。因此我要立足现实，学好自己的专业。但当我为德国哲学家、诗人和音乐家的伟大作品所吸引时，我就不得不憧憬这个伟大的国家，向往这个享有美誉的哲人与诗人之乡。特别是当我将自己的学习与研究重点转向德国哲学与美学之后，我的案头就放着康德、黑格尔和马克思等人的著作，而尼采和海德格尔等人的箴言般的话语常使我年轻的心激动不已。我多么想去德国深造！当时我就买了德语教科书、词典和语法书等，开始自学德语。虽然我坚持不久便放弃了，但我去德国的念头一直埋藏在心中。

我在北京读研究生时更是集中于德国古典哲学与现代哲学的研究。同时我也感到北京乃至全国的学界在关注英美和法国哲学的同时，更为重视德国哲学，但事实上，很多从事德国哲学研究的专家并不懂德语，而是借助于英语文献，有的干脆只能借助于汉语文献。这使我对国内的德国哲学研究抱一种怀疑的态度，而且对自己的学习也感到可疑。如果我不能借助德国文献研究德国哲学的话，那么我的研究究竟有多少价值呢？于是我在研究生学习阶段便选修德语作为第二外国语。经过了一年的学习，我已掌握了德语的一般基础知识。就在当时，德国明斯特的一位美学教授来到北京，想与李泽厚教授合作研究中国美学，并要求我们研究生参与。这更激起了我对德语的兴趣。遗憾的是这项计划最后并没有把我们包括进去。

我刚回武汉大学时并没有考虑一定要出国，但后来所出现的危机逼迫我一定要走这条路。当时的危机是双重的。一方面是生活上和工作上的。我在武汉大学的恶劣处境使我无法再忍受下去，在那里的继续逗留很可能浪费我生命之中最宝贵的时光，而使我一事无成。因此我必须寻找出路，而去德国这是当时可以实行的选择之一。另一方面是学术上和思想上。我虽然在武汉和北京学习研究哲学和文学已达十年之久，但我感到自己仍然游弋于真正的思想之外，还没有能力进入到尼采和海德格尔这些巨人的思想之中。一个号称思想者的人却不会思想，这无疑是一个天大的笑话。这种想法强烈地刺激我，鼓舞我不顾一切，去德国学习真正的西方思想。

经历了漫长的等待，现在我就计划去德国了。因此我每天更是关注与德国相关的事情，而重中之重就是德语的学习。一门外语的学习在根本上不仅是一种脑力劳动，而且也是一种体力劳动，它关键要动口动手。我买了许多德语方面的书，并挑出一本德国人自己编的教材而背诵其课文。同时我还备有一本简明的德语语法书，把一些基本的语法规则抄下来贴在墙上，每天温习。此外我随身都带有一本袖珍词典，有空就翻。我采用了通读词典的办法，每通读一遍时便将熟悉的词汇划上红线。这样当我再次通读时，便将重心转向那些生词。如此反复，整个词典中的大多数词汇都变得比较熟悉了。除了语言之外，我还抓紧学习德国的历史文化以及日常生活方面的知识，使自己将来居住在德国时不至于一窍不通。当然德国哲学家的汉译著作是我反复阅读的读物。

经过一段时间的学习，我觉得自己在一般的阅读方面有较大的进步，但在德语的听说方面还不行，远远不能适应将来在德国的生活与学习需要。我明白德语日常语言的交流是非常关键的，否则在德国将寸步难行。于是我想聘请一位私人教师，每周帮我进行口语训练。在朋友们的介绍下，一位德语专业的女同学成为了我的女教师。她来到我的小房子，直接商谈了每周谈话的时间以及报酬。我们约定每周四小时，每小时十元钱。之后我们又确定了一本我熟知的德语口语教材作为我们谈话的基本内容。每次的上课无非是围绕其中的一篇课文进行讨论。时间过了一个月，我感到这位女学生只是为了赚钱，而不是认真上课，我的口语进步很慢，于是辞退了她。但她还努力和我保持联系，希望我能帮她到德国去。

对自己口语能力的低下，我感到非常着急。我认为自学不是一个好的办法而找中国人陪练也不是上策，最好能找一个德国人来对话。当时有一大批外国留学生在武汉大学留学，于是我请留学生处的熟人帮忙，看是否有德国学生愿意和我相互学习语言，他教我德语，我教他汉语。熟人很快帮我找到了一位德国留学生卡罗（Carlo Humberg）。他是波恩附近人，在波恩大学学习汉学近两年，接着在武汉大学学习一年半，到1991年7月回德国去海德堡大学继续深造。我也是计划1991年7月去德国，在此之前我们就可以经常在一起学习语言了。

我们每周学习两个单元时间，每一单元都是半天。前一半时间是他教我德语，后一半时间是我教他汉语，之后就是自由谈论。每一单元的学习都轮流更换地方，在我那里，我们就一起品尝绿茶或乌龙茶。在他那儿，我们就一起喝咖啡，甚至还吃他父母从德国寄来的巧克力。于是我们的语言学习就不是那么单调乏味了。

我和卡罗在共同的语言学习中相互从对方学到了很多东西。对我而言，他所代表的德国人的说话、思想、行为与生活方式是我在书本上没法体会到的。对卡罗而言，他认为他跟我不仅学习到了汉语，而且也学习到了中国的智慧。因此他和两个女同学组成了一个小组，由我来给她们上课。其中一个女同学来自瑞士的苏黎世大学，另外一个来自德国的波恩大学。她们和卡罗一样对中国文化充满了浓厚的兴趣。经过再三的考虑，我决定给她们开设老子的《道德经》。她们都有德文和英文的《道德经》译本，我又给她们找到了《道德经》的中文版。每次上课时，他们分别朗诵中文段落，并将它翻译成德文，然后中德英三种语言并用，解释其大意。在她们讲完之后，我再一句一句地讲解，并指出她们翻译和解释中的错误。这实际上和欧美大学中实行的讨论班一样。过了几个月，我们基本上通读完了《道德经》全文。

由于语言学习，我和卡罗等人建立了密切的交往。但一个黑头发的人和一个黄头发的人在一起总会引起人们注意，当然根本的原因不是我而是他。在路上，常常有人主动跑来用英语与他打招呼，问他会不会讲英语。他倒用汉语回答他们，弄得那些人大吃一惊，也不再答话了。这么多人找他无非是想和他套上关系。人们一方面能满足心里的虚荣心，有了一个外国朋友，另一方面也许能实现出国的愿望，说不定哪一天这种关系就用上了。卡罗还说有许多中国姑娘与他见了一次面以后，就不断地打电话给他说爱上了他，让他烦不胜烦。他在德国只是一个普通的大学生，甚至只是一个穷大学生，但在中国却获得了一种特殊的地位。

我和卡罗也不时在校园周边的一些小餐馆吃饭，经常点的菜是回锅牛肉，红烧鲫鱼。另外每人要一瓶啤酒。这些菜当然比学校食堂的菜的味道强多了。晚上我们偶尔也去校大门外的小酒吧去喝咖啡和啤酒。这些酒吧是外国留学生经常光顾的地方，因此里面的招待也学了几句蹩脚的英语以便与顾客交流。我们在一个角落里坐好之后，便来了一位女服务生。她高兴地用英语招呼我们，并点燃了蜡烛，接着问需要喝点什么。我们都用汉语说话，但那位女服务生却用英语把我们所点的酒水重复了一遍，惹得我们一阵大笑。之后我们在一起聊天。卡罗他们力图用汉语说话，有困难的地方借助德语和英语，我则力图用德语说话，说不清楚的地方也夹杂一点英语和汉语。我给他们讲了我小时候听到的关于鬼的故事，他们说这很刺激，遗憾的是现在没有鬼了，也没有人讲鬼话了。

我在进行语言强化的同时也进行了经济准备。去德国的费用至少也要人民币一万元，这对于我来说几乎是一个天文数字。我当时工资很低，每月不足一百元。我要解决经济问题没有其它办法，只有靠借。我找家里借是不可能的，老母亲本来就需要我来赡养，要我给她钱。我找亲戚也不成，他们大多处于一种贫穷状态。我唯一的办法就是找同学和朋友借。如果我多找几个人，他们每人给我凑一点的话，那么我的困难就可以克服了。我分别向他们发出了求助的信息，他们马上就给我筹集了一大笔钱，解决了我的燃眉之急。我在感谢之中接到他们的钱，很多人是把自己积攒多年的钱借给了我。拿到钱之后我在考虑我怎么合理地使用它们。

出国前我要置办行装，购买车票，还要对付其它开支。出国后我也要吃和住，另外我还要给母亲一笔钱，作为她一段时间内的生活费用。

待一切准备就绪以后，我在 1991 年 5 月初便拿着相关的申请材料前往北京，去申办到德国的签证。虽说我平时放风，说随时可能去北京，用以反抗下乡的安排，但我这次真正去办理签证手续时却不敢声张了。我害怕个别小人会捣鬼，给我增添麻烦。于是我偷偷地买了去北京的车票，没给任何人打招呼便乘上了火车。我知道几乎每天都有武汉大学的人乘坐这趟车上，因此尽量不走动，以免碰到熟人而走漏了风声。我已到了最关键的时刻，我的一举一动都应该小心为妙。

我到了北京，便住在朋友给我找的一间房子里，然后开始找与德国有关的人，询问德国驻华使馆的具体地址，以及签证面谈时所应注重的问题。他们说去德国的签证很困难，因为它排外思想很严重，不仅新纳粹公开表明了这一观点，而且其他人包括一些政客也在暗中支持。我有些担心，生怕会出现难以预料的事情。但我给自己打气，千万不要心慌，一定要沉着，等弄清楚签证官提出的问题之后，经过思考再小心翼翼地回答。

第二天一大早，天还没有完全亮，我便骑着自行车奔向朝阳区的德国大使馆签证处。路灯还亮着，照着空荡荡的大街，路上几乎没有车和行人。于是我骑得飞快，很快就到达了目的地。一看我吓了一大跳，那里已经排了十几位等待签证的人。我赶快放好车，排了上去，并和他们聊了起来。他们大多数比我年轻，是刚毕业的和在读的大学生，都是前往德国自费留学的。他们说大学中正涌起出国潮，人们除了去美国之外现在又兴起了去德国。其原因在于德国免学费，且签证时语言要求不高。当然去德国也有些问题，一是进入专业学习的德语考试较难，二是没法申请到奖学金。但不管怎样，大家认为先去了德国再说。这些排队的人都抱有这样一种侥幸心理。他们还告诉我，德国签证处每天只接受有限的申请者，因此人们务必排在前头。在我前面的人有的是凌晨两点就来了。排第一名的小伙子整夜就睡在门口。但他排队不是为了自己而是为了他的姐姐。她现在还在天津，在签证处开门时会准时赶来。我在签证处院外焦急地等着。东方的天空慢慢地变白，马路上也开始活跃起来。随着太阳的升起，路灯逐渐失去了它的光辉，并在人们没有察觉的情况下熄灭了。在一声铃响之后，大院的铁门朝我们打开了。人们蜂拥而上，直奔院内签证处的窗口。在工作人员的喝斥下，人们在窗前排起了队，但原来在院外的排队的顺序已经有一些变动。人们依次将申请表格以及相关材料递给了窗口内的工作人员，然后坐在墙边的椅子上，等待签证官的点名面谈。每当一个人被叫唤时，他后面的一个人也往往会激动地跟过去。大概过了十几名终于轮到我了。见到签证官，我心里有些紧张，生怕自己表达不清楚或者说错什么话。但我还是努力控制自己，要求自己泰然自若。那个签证官只是问了有关我个人的一些非常简单的问题，便说一个月之后签证处会通知我的。我出来以后在签证处的大门外逗留了一会，与一些人聊天了解情况，其中有些人已经被当面拒签了，充满了沮丧和愤怒。看来我还算幸运的。

我悄悄回到武汉后便等待消息。过了一个月，我几乎每天都会到系办公室打开我的信箱，看是否有德国驻华使馆的来信。有一天系里的收发员手里拿着一封信，神秘地问我是不是要走了，并要我请客。我告诉他请客没问题，但是不要声张。我打开信一看，它正是签证通知书。我要带上一些外汇券，前去使馆领取获得签证的护照。

为了防止意外，我一切都在秘密中进行。我已经准备好了去德国的一个大旅行箱包，里面装满了我的衣服，但我还必须处理掉我房内剩余东西。我将书籍部分送人，部分卖了。至于衣服和生活用品，我准备带回老家。我给家里发了封电报，请我二哥来汉帮我把东西搬运回去。我们坐长途汽车回到了老家。母亲更衰老了，家里那间瓦房也更破旧了。我就要离开家人，但什么时候再回来，我自己也不清楚。想到此，我心里不禁有些感伤。我给了母亲一点钱，并告诉她我还会托我的同学以后寄生活费给她。知道我回家了，我的姨也来了，和母亲在一起说话。我的两个姐姐也赶回来看我。看望我的母亲和家人之后，我又去洪湖探望我的叔叔，他是我父亲唯一在世的弟弟。我见到他时，他已经患了老年痴呆症。他几乎认不出我来，但还能抽烟。我买了一些烟和酒送给他，并给了他一点钱作为他的医疗费。看到了我的叔叔，我就会想起他死去的哥哥、我可怜的父亲。但我也知道，我的叔叔只怕也活不了多久了，那时我不一定能参加他的葬礼。

6月底，我将我的房间清理得干干净净。里面除了一张我借来的睡觉的席子，就是那将随我远行的黑色旅行箱。很多朋友知道我要走了，都跑来与我道别，并准备轮流给我饯行。但我婉言谢绝了。这主要是怕有人知道而阻止我出国。只是在离开武汉那一天的晚上，我与几位密友在珞珈山庄聚了一下，随后他们一起把我送到了武昌火车站。在火车的轰鸣声中，我们分别了。我们谁也不知道将来是否有重逢的机会，我看到他们其中几位眼里充满了泪花。

　　我一到北京站，卡罗和我的几位好友在站前接我。安顿好之后，我和卡罗来到了德国大使馆签证处。我领到了签证，但看到有效期只有一个月，便觉得有些不解。于是卡罗去问了签证官究竟是怎么回事。签证官说这没有任何问题，我到了德国之后马上就可以延长一年。因此我们放心地出去了，到了建国门外大街上一家饭店的酒吧里去喝咖啡。卡罗说如果我坐火车的话，那么现在还必须尽快办理苏联、蒙古和波兰的过境签证，同时还要预订火车票。

　　我在北京的寄居地休息了一下。第二天天没亮，我便来到了苏联大使馆前排队去办签证。天啊，那里的人比德国签证处的人不知要多多少倍。我在那转悠了一下，才知道他们都是些倒爷，全是到莫斯科做生意的。他们说，我今天排队肯定没指望，不过还有补救的办法，这就是多出一两百元钱托人把材料从后面送过去。门口有许多人就是做这种事情的。我的每分钱都要数着花，因此我只好回到寄居地准备明天更早起来排队。我一夜都在似睡非睡的状态。大概到了四点钟，我便起床了。我赶到使馆前发现人不多，这样在开门后不久我就把申请材料递了进去。他们说过两天就可以来拿签证，并带上手续费，付人民币就行，不用付外汇券。我拿到苏联的签证后又去了蒙古使馆。那里的人也很多，有些人是我在苏联使馆前见过的。不过蒙古签证办得非常快，当然也得等两天。如此这般我还去了波兰使馆。

　　我就这样马不停蹄地办理了三个国家的过境签证。之后我又去买从北京到莫斯科的火车票。当时车票很不好买，据说票价是一千，但指标也值一千。幸好我的一个同学是新华社的记者，他去苏联时坐过北京与莫斯科之间的这趟列车，并与铁路局的官员交情颇厚。于是他带我直接找到那管票的，轻而易举买了张从北京到莫斯科的火车票。拿着拥有四个国家签证的护照和北京到莫斯科的火车票，我知道我的德国梦就要实现了，那个遥远的国度已经不再遥远了。

说 5

在 哲 人 与 诗 人 之 乡

5.1　北京莫斯科柏林的风景

　　清晨我和朋友们来到了北京站。停放了北京—莫斯科国际列车的站台挤满了乘客和送行者，他们都在上下搬运东西，且大声地说话、吆喝。我和朋友们交谈几乎要扯着嗓子，才能听清对方在说些什么。我们好不容易才挤上了我所在的车厢。到了快开车时，搬运行李的活动停止了，但人声更加嘈杂。车上逐渐地可以听到一些女性的哭泣声了。这是一次远行，一场离别，人们要去从未曾去过的地方，也不知道何时能顺利地回到亲人的身边。这自然使人无法控制自己的悲伤。离别的哭声越来越大，在哭声中是亲友们的叮嘱：在外要多保重。看到这样的情景，我也生起一些感慨。但我和好友们都显得很安宁，没有那么情绪激动。在车轮开始滚动时，我和他们在窗口挥手告别。列车缓慢地离开了站台，他们的身影也远离了我的视野。

　　我所在的车厢里只有四个人，两男两女。我们相互打了招呼，并询问对方的情况，我们都是到莫斯科中转的。我去德国，一个来自北京的姑娘去匈牙利，另外来自温州的男女青年才二十岁，他们要去意大利。大家闲聊了几句，便各自在自己的座位上整理东西或翻阅报刊。我的位置在下铺。我既没有什么东西好整理，也没有什么闲书好看，便把头转向窗口，静静地看着窗外。

　　随着列车的奔驰，北京逐渐消失在遥远的地平线，但往日的情景仍在眼前。我在北京曾生活数年之久，雄伟的天安门，宽阔的长安街……这已是人们最自然想起的形象和语言。但是人们并没有清醒地意识到北京的新老生命在默默地抗争。老北京日薄西山，新北京旭日东升。老北京是中国古老智慧的结果，无论是紫禁城，还是天坛、地坛、日坛和月坛，都贯穿着天人合一这一原则。但现在北京却塑造着另外的形象，那是立体交叉桥、豪华的五星级宾馆、耸立云端的办公大楼和千百栋看起来毫无差别的民用住宅。如果人们住在这高楼大厦，那么只能天不天、人不人。他算一种与中国古老的文化传统格格不入的典型的美国主义文化产物。但我们现代中国人不得不生存于这种东西方文化冲突的夹缝之中。

　　列车驰向了原野，穿行在塞北的群山峻岭中。北京淡去了，更远的武汉早就淡去了。我在北京和武汉的生活也成为了过去。这两个地方我留下了人生历程的足迹，它们给予了我欢乐，也给予了我痛苦和悲伤。忘掉它吧，不要再去想它了。

想一想未来，想一想火车最终驰向的地方，那遥远的哲人与诗人之乡。也许那里会有充满希望的日子，但也许只是幻想。未来我仍一无所知，它几乎就像透明的天空一样，什么也没有。意识在过去与未来之间的穿梭使我有些疲倦，我不愿再想什么了。还是看一看窗外的风景吧，它是我无言的伴侣，它安慰着我漫漫之旅中的寂寞之情。

列车进入了塞外，风景变得有些单调。草木生长得似乎很艰难，如同那些四肢发育不全的孩子的身体。所见之处都是裸露的黄土和岩石。空中弥漫着灰尘，它遮住了苍天的蓝色。窗外吹来的风有些凉意，它一下子使人感受到自己身体的存在，更生出一种荒凉之感。火车驰过了一道道山梁，跨过了一条条河流。这些地方我不想再看下去了，我希望火车尽快地越过它们。也许这些地方都不是飞禽走兽的栖息之处，如何能成为人的生存之所呢？

到了傍晚，我们来到中蒙边境。火车在中国一侧的城市二连浩特停了下来。我的耳朵已经听了一天的车轮发出的轰鸣声，现在终于可以享受一下草原边城的寂静了。车停下不久，边防警察就来到我的车厢。他索取了我的护照，仔细查看照片和我本人是否相符。由于我当时戴着眼镜，可照片上却没有，于是警察有些怀疑，又叫我把眼镜取下来，端详了半天，才在我的护照上盖了一个边检的印章。他又问我带了多少美元，我如实作答。他还检查我带的黑色行李的箱包，看是否有走私文物的可能。等边警走后，我走下火车，舒展一下自己一天没有自由动弹的双腿双臂。因为中国铁路的路轨和蒙古、苏联的宽窄不一，所以火车在边境还要换轨，这样在车站就要停留相当长的时间。趁此我在站台吃了一点小吃，算是解决了晚餐。然后就在那里溜达，转来转去。这时虽然是晚上八九点钟了，但这高原边城由于所处纬度较高，太阳还只是刚刚落了下去。西边天空的晚霞十分壮观，红的似火，黑的似墨，一幅豪迈景象。朦胧的夜色慢慢地笼罩在草原之上了。人们此时也如同倦鸟投林般回到自己的家了吧。突然，站台附近的一栋建筑物响起乐队演奏的音乐，那是一首著名的西洋舞曲。这声音在草原的空中散发开来，显得特别地洪亮。也许一些男女们酒足饭饱之后正在舞池相拥，以度过这孤寂的高原之夜。我聆听这美好的音乐，回想那刚刚消失的黄昏景象，觉得有些怪异。那晚霞的颜色苍凉悲壮，似乎是死亡的一种症状，而这些欧美舞曲却是生命的欢乐和陶醉，它们极度地冲突和不和谐。但我想，可能也只有在生命的享乐中忘掉那荒芜寂寞的生存境遇吧。

　　火车终于开动了，但行驶不久就到中蒙边境的蒙古一端。列车又停了下来。上来几位蒙古的边警，他们也例行公事地检查护照，询问乘客的一些情况。这些蒙古人也都讲一口流利的汉语，让我有些惊讶。很快火车又开始奔驰了。

　　带着轰鸣声的列车把我们带到了宽广辽阔的蒙古高原。湛蓝的天空使人想到死，去死就是融进那无限的蓝色之中。白云就在头上飘荡，仿佛举手就可以把它摘下来。不过可能马上就是一阵狂风、一场暴雨。蒙古高原不是戈壁滩就是草原。戈壁滩上荒无人烟，只有那石头凝固了所有的时光。绿色的草原上则充满了一片生机，时时可以看到白色的蒙古包。穿着蒙古长袍的骑手放牧着他们的牛羊。可能这些蒙古人过着和他们的祖先成吉思汗时代一样的生活方式，自然、原始、淳朴。虽然他们也有自己的精神世界，寄托于佛祖关心他们，拯救他们，但他们也有诸如自我、自由等现代意识吗？一个蒙古男人或女人所说的"爱"和"性"又是怎样区别呢？我实在感到茫然。人与人是相同的，还是不同的？

　　火车缓缓驶入乌兰巴托。人们可以看见一些居民楼和工厂，还可以看到马路上成群的牛羊在穿行。它好像是中国的一个不大不小的县城。火车终于停靠在乌兰巴托火车站。它不是封闭的而是开放的，从站台到候车室以及站前广场都是打通的。我们急不可耐地下了火车，想呼吸一下新鲜空气。但我一下车就感到空气中也弥漫着一股刺鼻的牛羊味。但那里没有活的牛羊，也没有牛羊的制品。经过仔细搜索，我发现那股怪味就是站台边那些蒙古人身上散发出来的。我来到了候车室里面，那里空气中的牛羊味更加强烈，仿佛房间的墙壁也吸满了这种味道。我有些想呕吐，便急忙走出候车室，回到站台，在那里散步。火车站周围很空阔，没有什么建筑物，也没有什么人。如果没有火车停在这里的话，那么难以想象这就是一个首都的火车站。与国内拥挤、嘈杂的火车站相比，人们在这里感受到的更多是宽松和宁静。

　　我们的火车继续向北行驶，抵达蒙古与苏联的边境。与在中蒙边境一样，首先在蒙古边境停留检查出关，然后在苏联边境停留检查进关。与前面不同的是，火车上出现了金发碧眼的俄罗斯男女。他们说着俄语，少数也能说些支离破碎的英语或德语，这样我们之间的交流大多靠手势语言以及面部表情。

　　火车行驶在西伯利亚平原，它发出的轰鸣声在原野里回荡。西伯利亚几乎是没有开发的处女地，它比蒙古高原更为宁静。火车的轰鸣声一方面打破了平原的无声，另一方面又显示了平原的宁谧。夏日的西伯利亚完全是绿色的海洋，到处都是松树林、白桦林以及无边的草地。上面一丛一丛、一片片的鲜花在风中自由自在地起舞。西伯利亚是一位美丽的俄罗斯处女，闪耀着生命力的气息与温馨，她期待着农夫对于大地般的爱情。

在西伯利亚平原行驶时，人已经感到有些单调。我待在车厢里无事可做，身体和四肢长期躺卧已经有些发酸发胀。窗外的景色虽美丽，但美丽的景色太多了也变得不美丽了。我们开始有些寂寞无聊，便开始闲聊。那位去匈牙利的姑娘要到一家中国的私人公司打工，她带了几箱包的衣服和鞋帽之类，准备在那里交易出售，赚些差价。她说现在好多人在匈牙利淘金已经发了，她也想加入这个行列，并幻想自己能捞上一大把金子。去意大利的青年男女几乎什么也没有带。我有些不解，问为什么。他们说，这是为了便于在边境上行走。原来他们在温州交了一二十万人民币给偷渡的蛇头，由蛇头把他们弄到意大利去。他们办了护照，并有到莫斯科的签证。等到了莫斯科站，便会有蛇头安排的人接他们。然后他们越过苏联与意大利之间的国家的边境，才能到达目的地。穿越边境的地方往往是山间的崎岖小路，蛇头已经告诉他们，越境至少要跑一两个小时的路程，因此必须轻装上阵。我问那位头还疼的姑娘跑得动吗，她说跑得动要跑，跑不动也要跑。她和那位男青年没有考上大学，在家没有什么前途。他们在意大利办餐馆的亲戚赚了不少钱，这样他们就铁定了投奔意大利。在我们闲聊时，车厢里也进来一个大汉。他手里拿着一大沓美钞，并用指头拨弄来，拨弄去，以显示他的财富。他说他到匈牙利去，自己在那儿办了一个公司。于是那北京来的姑娘很高兴遇到了一位同行者。他们马上就开始热乎起来，并以兄妹相称。他要小妹有事尽管找他，他大哥绝对愿意帮忙。

这种闲聊也极为乏味。每个人虽然去的地方不同，但大都是去一个很陌生的地方，而且要靠自己去闯，因此都有些忧心忡忡。大家心里也明白，这列车上的一周虽然漫长，但无法形成共同利益，也找不到相互帮助和支撑的支点，人最后还是要各走各的路。

我有些疲倦，便躺在卧铺上，拿起了德语口语手册翻了起来。过了一会儿，我觉得有些饿了。上火车以来，我主要靠方便面。一是食欲不振，不想吃东西。二是为了节约钱，不能随便把钱包弄空了。我在蒙古行驶的途中，虽去餐车吃了一顿饭，但几乎是硬着头皮把饭菜塞到肚子里去的。它的味道让我想起乌兰巴托车站在空中弥漫的牛羊臊味，因此我只好回头继续吃方便面。但现在我对方便面感到腻味了，同时也想品尝一下俄罗斯菜肴的味道。在吃晚饭时，我来到餐车。这里已经坐了不少人，其中大部分是带着北京口音的倒爷。我找了一个干净的地方坐下。俄罗斯的服务生来了，但他只会讲俄语，这让我有些犯难。我只好用英语点茶和牛肉。他听明白了，不久便送来了一份柠檬红茶和一份牛肉汤、两块抹好牛油的面包。茶杯是玻璃的，外带有银制的托架。红色的茶水加上黄色的柠檬，颜色很美。牛肉汤则盛在一个大碗中，在酱黄色的浓汤中可以看到一块块牛肉。面包很薄，黄色的牛油在两片之间清晰可见。我依次品尝了一下，觉得很好，这是我第一次吃西餐。吃完一算，才五美元，当时相当于三十元钱。走时我想着下一次还要来吃，并且要换一个花样。

火车到了贝加尔湖边。我经历了长途跋涉之后来到水边，如同一个在沙漠中饥渴的骆驼见到了泉水一样。它使我干枯的灵魂也变得湿润了。贝加尔湖一望无际，它蓝色的湖水与草原和天空的颜色相似，连在一起。黛色的湖水时时卷起雪白的波涛，使它成为一个流动的风景。在湖面上隐隐可以看到白色的船帆，也许那是渔船或其它船只。听说贝加尔湖盛产鱼子酱，可惜我在它边上也无法品尝了。湖边的草地上奔跑着牛羊，此情此景让我想起了苏武。传说他就是在这里牧羊，一个人远离家乡在这荒蛮之地度过了漫长的生命时光，想他当时是如何的艰辛、困苦、寂寞和悲伤啊。也许是那羊群给了他慰藉，也许是天空、草地和湖水成为了他的伴侣。他那思乡的愁水一定比这无边的贝加尔湖还要深沉。

离开了贝加尔湖，风景开始有所变化。在一群山脉映入视线之后，就是一条条由南向北奔腾不息的大河。没有人居住的自然之野慢慢被人们活动的场所置换。它们是无垠的麦地，金黄色的麦子覆盖了原野，远处是隐隐可以看到的农舍。农夫显然是开着汽车来到田野的，有人正驾驶收割机在收麦子。他们的劳动是多么轻松啊。我想起我家乡的父老兄弟，他们脸朝黄土背朝天在骄阳下劳作，充满了艰辛和痛苦。中国南方的农民可能是世界上最辛苦的人。

越过了田野，火车也穿过一些小城镇。那里有一些由水泥构成的灰色建筑物，其中特别引人注目的是那些高耸入云的烟囱。透过窗口可以看到所有的院子和房子的大门几乎是一样的，它们的构图是一轮喷薄而出的半圆形太阳和它四射的光芒。苏联的专制思想把多元的世界变成了一个单一的板块，一切都仿佛是从同一模型铸造而成。

火车开始在城市之间运行。在一些较大的城市车站，它就会停下来，这时旅客和站台上的俄罗斯人就活跃地交换东西。很多北京倒爷很有经验，随身大包小包的东西似乎都是为此时准备的。他们在窗口叫卖北京布鞋、皮夹克以及五星二锅头等，那些饱受生活用品匮乏的俄罗斯人便一拥而上，抢购商品。我亲眼看到一个长着酒糟鼻子的老汉买了一瓶二锅头一口就灌了下去，这使人不得不佩服其酒量和豪迈作风。一位倒爷讲，就凭自己带来的商品，在赚回成本之外，还可以赚回来去的火车票钱。不仅中国倒爷积极活动，而且很多俄罗斯倒爷也纷纷窜上了列车，挨家收购和出售商品，如望远镜、照相机、手表等。我没有什么可出售的，就一个人待在车厢里。这时一位俄罗斯倒爷用极佳的汉语问我有没有什么可卖掉的，我说没有。但他就是不走，我只好把剩余的方便面、剪指甲的小剪刀，还有自己穿过的但不太喜欢的 T 恤衫统统卖给了他。他给了我一大把卢布，我想我可以用这到餐车吃饭了。列车开动时，北京倒爷们才把头和手从窗户外缩回来。车上的俄罗斯倒爷有的已下去了，有的还继续挨家串门。

由于有了这样的商品交换活动，车厢内的气氛开便热烈起来。人们走来走去，相互交流。这样我在同一车厢里认识了两位到德国的同行者，一位老太太，去美茵茨看望她的女儿；一位大学教师，去康斯坦斯做访问学者。有了同行者，我感到有些安慰，我们可以结伴同行相互帮助了。过了不久，我又认识了一位德国小伙子，他居然就是我要去的那所大学的法律系学生。他在暑假作了一次长途旅游，从法国地中海岸的港口出发，到达香港，然后坐火车到了广州、武汉、北京。我和他用德语作简单的交谈，他答应帮助我。这使不安的我变得有些踏实了，我想这真是天佑我也。

列车到达下一个城市停了下来。我和人们一起下车，到站台上享受俄罗斯这夏日明媚的阳光。站台上有一些小商贩出售当地的特产。我到一位老太太的摊前买了几根她自己泡制的酸黄瓜，一吃非常可口，和国内所腌制的泡菜的味道大不一样。正当我在品味的时候，突然传来一位女人的哭叫声，说被抢了。我一看，抢包者早就跑了。那女人哭诉着说，她手拿着褡裢，里面装有她的护照和美元，在人群中被抢走了。她说这可完了，她该怎么办呀！列车员和站台警察来了，但也无济于事，因为火车不可能停在那里等警察抓来抢劫犯，而且人们压根也不知道能否抓到他。这惊险的一幕提醒了我，要把护照藏在我的衣服里，以免让抢劫犯轻易得手。

我们在愤怒、失望、无奈和惊慌中上了车，大家都有些不安，生怕这样倒霉的事撞到自己。到了下一个车站，列车停下来。我没有下车，只是站在窗口看车上车下的商品交换。但在我的窗口前却有几个满脸黑灰的小孩朝我叫喊，我不知道他们在叫喊什么。旁边的人提醒我，他们问我有没有口香糖给他们吃。原来如此，我觉得他们很可怜，就找出几片口香糖扔了下去。顿时几个小孩乱作一团，争抢那份宝贝。自然力气大的抢到了手，把口香糖的包装纸撕开，放在嘴里嚼了起来，看着我笑，流露出高兴的神情。而另外没有抢到的孩子仍向我喊着，带着乞求的眼神。我只好说没有，并用手势让他们走。

列车又到了下一个车站，这次我在车厢待不住了，便下去了。刚一下去，我听到有人喊，车内有强盗。我们纷纷挤上车厢，一看出大事了，乘我们下车之机，俄罗斯小偷来到无人的车厢，把里面的箱包扔到了列车没有靠近站台一侧的铁轨上，随后他自己也跳下去，和在那里守候的同伙搬起箱包逃之夭夭了。这又引来了列车员和警察，但也没有任何帮助。那丢失箱包的人只好在那里咒骂和悲叹。幸好他的护照和美元放在自己身上，安然无恙。列车员提醒大家能不下车最好不要下车，即便大家要下车，车厢里也必须要有人留守。我看了看自己的黑色箱包，舒了一口气。这俄罗斯土匪简直太猖獗了，比中国还厉害。看来苏联人是穷疯了，而中国改革的富国强民政策是走到了一条光明的道路上。

经过六天六夜，我们终于来到了莫斯科，如同一位在大海上航行的船员来到可以停泊的港口。我都不知道这六天六夜是如何度过的。如果火车现在还不停下来的话，那么我们每个人（包括我）可能都要疯了。我兴奋地下了火车，然后和另外两位去德国的同行者会合在一起，商量下一步的行动计划，准备联系购买从莫斯科到柏林的火车票。由于人很拥挤，我和那位德国大学生失去了联系。不管他了，我们三人乘莫斯科地铁去另外一个车站。这个地铁看起来远不如北京的地铁，它给人的印象是阴暗、杂乱，闹哄哄的。

我们来到另外一个车站，那是从莫斯科经过华沙到柏林的始发站。于是我们把箱包堆放在一起，让老太太看着，我和那位老师一起去售票窗口买火车票。一问把我们吓了一大跳，售票员说现在只能预售一个月以后的车票，这让我们有些犯难了。我想起卡罗曾给了我一个他莫斯科朋友的电话号码，便给这陌生人打电话，希望他能给我们帮忙。电话里我们用英语说了半天，他说要我们把护照给他送去，他才能给我们订票。这也需要一段时间，正好我们也可以参观一下莫斯科。但我们都觉得时间太长，便考虑是否有其它办法。正在张望时，一位俄罗斯人拿着两张去柏林的车票问我们要不要，我们欣喜若狂，一是太便宜了，二是太及时了。但同时我们也感到为难，这真是二桃杀三士。他们都不吱声，我便要他们俩先走，也许我马上就可以买到另外的票。于是他们俩便付钱拿到了票。虽然我这么做了，但我非常焦虑，也害怕单独一个人行动。这时又来了个俄罗斯人要卖票，也是十美元，我赶紧买了下来。等我仔细一看，是双人票，比那两位同行者的票早几个小时。那老太太知道了，说我们可以卖掉一张单人票。但我们没有时间在那儿兜售，这样我们就准备找一家旅馆过夜。

老太太手里有一个华人旅馆的电话号码，因此我们准备到这家旅店去。谁知一出火车站，一大群出租汽车司机围了上来，抢着要送我们，同时他们也争着要买我们腰间围的皮制褡裢。一位司机报价车费最低，十美元，这样我们上了他的车。车行驶时，居然有嘎啦的声音，我们都害怕这样的小车会散架了。车开到了莫斯科城边远的地方，到达了那华人旅馆。我们很快安顿下来，那屋子比较简陋，床是摇动的，马桶是漏水的。但价钱便宜，每晚五美元。之后我们去餐厅吃饭，那里有几个北京倒爷正在喝酒，俄罗斯姑娘招待着他们。我们来了，那女招待用很流利的汉语招呼我们。我们还是吃中餐，便点了鸡与鱼之类。那次我们吃得很饱。

第二天，我们考虑去红场看看，但旅店老板说那里很乱，经常有人闹事，人群中有暴徒和小偷，因此建议我们不要去。我们只好在红场周边转了转。在老远的地方，人们便可以看到那金光闪闪、圆球状的红场边的教堂顶端。它才是俄罗斯精神的真正象征，即由东正教的基督教思想所塑造的灵魂。俄罗斯大地深重的罪恶和苦难，它的哀伤和呻吟，它对救世主死而复活的热切期待，成为了十九世纪以来俄罗斯历史的主线，并主要表现在其伟大的艺术作品之中，最典型的是托尔斯泰和陀斯妥耶夫斯基作品中的基督教主题，即人的沉沦与拯救。与其古典建筑一样，莫斯科的现代建筑也极其高大宽广，但却是灰色、单调的。它当然与建筑艺术风马牛不相及，它只是赤裸裸的钢筋水泥的结合。路上，俄罗斯人都显得焦虑不安，神色慌张。人们偶尔也能看到酒鬼醉醺醺的丑态。

在莫斯科停留了两夜，我们三人便来到莫斯科开往柏林的火车站。我先上了车，和他们分别，并说希望以后在德国再联系。我来到我所在的有四个铺位的小单间，里面正坐着一位俄罗斯姑娘。我进去和她打了一下招呼，用简单的德语交流。她说德国很好，她也想去。等过了几个车站，她便下车了。我一个人待在车厢里，有些害怕。我在这不认识任何一个人，有一种孤立无援的感觉。万一有坏人进来,我该怎么办?想到此,一种极端的恐惧之情向我袭击而来。但我努力使自己镇静,我想上苍会保佑我的。同时我还可以叫来列车的乘务员,对付这些劫匪,也可以摆一下中国功夫的阵势吓唬他们。想到这,我就无所畏惧,不禁笑出声来。

列车在夜间到达苏联与波兰的边境,在苏联一侧停了下来。很快进来几个边防警察,看了我的护照与签证以后,还要打开我的箱包检查。他们翻了一会儿,发现里面全部是换洗衣服便无声地离开了。火车启动了,不久到达苏波边界的波兰一侧,上来的边防警察与他们的苏联兄弟的做法如出一辙,弄得我都有些厌烦了。

进入波兰之后,列车上的乘务员才开始查票。乘务员是一位五十岁左右的俄罗斯中年妇女,她拉开我的小房间的门,查看我的车票,说我的目的地马上就要到了。我有些奇怪,告诉她我不是到波兰的某个城市,而是到德国的首都柏林。但她说车票上写的就是如此。原来我没有注意到我虽然乘坐的是从莫斯科到柏林的火车,但我的车票所标明的区间就是从莫斯科到华沙之前的一个城市。我怪罪自己疏忽,但向乘务员表示我愿意补票。出乎我的意料之外,她坚持说不行,我必须在那个小城市下车,然后自己再买票去柏林。我不理解她的脑袋为何如此僵化和固执,怎么她就不能给我补票了。为了感化她,我去她的乘务室,给她送了从国内带来的真丝手帕、风油精和清凉油,还把清凉油打开给她闻了一闻。说了好半天,她才收下我的东西。我说只要能补票,我还愿出十美元,说完我把十美元的钞票塞给了她,而她也没有拒绝。我想虽然多花十美元,但还是值得的,关键问题是保证一路顺风。

过了一个小时,两个青年乘务员来到了我的小房间。他们面带凶相,我一看情况不妙。他们手里拿着我送给女乘务员的礼物和十美元,要退还给我,并强调我一定要下车。不容分说,他们拽起我的箱包,丢出房间扔到两个车厢的结合部。我没有办法,只好收拾剩下的物品跟着他们一起过去。在那里,这两个乘务员不再走,而是要我出示车票,问我从哪里买的。我说是一个俄罗斯人在火车站退我的,花了十美元。他们立刻说,这是黑市交易,在社会主义的苏联是违法的,是要坐牢的。我说请原谅,我实在不知道。然后他们话题一转,问我是不是很有钱,我说没有钱,我只是到德国读书去的。他们又问我为什么给那女乘务员钱,我说是为了补票。他们说从波兰华沙到柏林至少要一百美元。我知道他们的心思,便没有作声。他们又继续说如果我不想有麻烦的话,那么再给三十美元,共四十美元，作为补票的费用。我暗自算计了一下，虽然认为这是在敲诈，但也是坏的可能性之中最不坏的一种，于是我又给了他们三十美元。这两个乘务员喜笑颜开，让我继续乘车直到柏林，并帮我把箱包抬到我所在的房间。他们走后，我心里一直在痛恨这两个敲诈犯，又责怪那个死脑筋的女乘务员。女乘务员也许可以说是太恪守规则了，而那两个男乘务员又太阴险狡诈了。从莫斯科到柏林花了五十美元，总的来说还是便宜的。

列车终于抵达波德边境。在波兰一侧，其边防警察依然十分认真地检查护照、箱包。但在德国一侧，边防警察只是看了一下护照和签证，都没有检查其它东西。顺利地进入了德国边境，我总算松了一口气。现在离柏林只有几个小时了，我想德国应该是安全的。我离开小房间在走廊上转悠，突然仿佛从地里冒出来一样，那位德国大学生出现在我面前。我太高兴了，没想到我们俩又同坐一趟列车。他也很兴奋，说我们可以在柏林坐同一趟车去奥斯纳布吕克。

柏林终于到了。让我惊奇的是，柏林并不如想象的那样同纽约一样摩天大楼比比皆是。它的建筑楼层一般都不高，但都建得很别致，每栋都有自己的风格。美国式的摩天大楼看起来虽然如同巨人般显得很壮丽，但它却有置人于死地的危险，即它把人从大地连根拔起，使人虽有漂亮的居室却深感无家可归。德国这种建筑，尤其是掩映在大片原始森林里的建筑给人的感觉却与大地密切相联。看来欧洲文明与美国文明虽密切相关，但它们却是不同的。如果说建筑是柏林固定的风景的话，那么穿梭于建筑之间的汽车长龙则是它流动的风景。到处可见奔驰、宝马和大众汽车，它们成为德国人的第二个住所。看来人制造了汽车，汽车也制造了人。我在想，这是一个技术化了的国度，它作为诗人、哲人之乡也许不能在其现实世界，而要在其精神世界中寻找。

我和那位德国学生在车厢口相见，一起下车。我们到候车室等了几个小时，便坐上了去奥斯纳布吕克的列车。奥斯纳布吕克对一般人来说是一个陌生的地方，但她的儿子、著名的小说家雷马克在《西线无战事》的开篇提到她的大名。我隐约记得是这样说的：火车从奥斯纳布吕克站台开出的时候……现在我就要来到奥斯纳布吕克车站了。在奥斯纳布吕克，有一位海德格尔晚期弗莱堡的弟子，我想学的就是海德格尔思想。

到了奥斯纳布吕克车站，我就到达了十天十夜漫长列车旅行的目的地。但我万万没有想到，我会在这个德国北部美丽的城市生活长达六年半之久。

5.2　异乡人

我住进了当地的学生宿舍三楼北边的一间房子。我想首要的任务就是熟悉当地的环境。奥斯纳布吕克的德语本意为"牛桥"，它源于命名者看到牛走在市内野兔河的桥上。这是一座只有 15 万人口的城市，在中国不过是一座小城，但在德国已经算是比较大的城市了。在下萨克森州仅次于汉诺威和不伦瑞克，屈居第三。我住的学生宿舍离市中心不远，它周边都是高大的森林和茂密的丛林，不时可以看到野兔在其间穿行。我从学生宿舍乘车到市中心不过一刻钟的路程。坐在车上，我感到很特别，车上只有几个人，大多数座位是空的，没有国内公共汽车上的拥挤和嘈杂。同时我也感到自己有些不自在，在众多的金黄头发当中，只有我是黑色的。一个欧美人到中国来，无论是在哪里，都有人主动打招呼、攀谈。但我这个中国人到德国来，却无人理睬我。不仅如此，我还看到他们眼神中的淡漠与距离。

我来到市中心叫市场的地方，它就是这座城市的中心。那里有一个小广场，是用石头铺成的，旁边就是哥特式的市政厅和新教堂。这座市政厅在欧洲历史上具有划时代的意义。在著名的基督教的三十年战争时，天主教和新教就是在这里签订了和约，从而成为近代欧洲的开端。在市政大厅内还挂着当时几十位国王的油画肖像。在客人的签名本上，我挥笔写下了自己的大名。距离广场不远是大教堂市场，旁边屹立着气势恢宏的罗马式的天主教大教堂。奥斯纳布吕克所辖的天主教教区曾经是德国最大的，因此这个大教堂成为了这个教区的中心。我走进教堂，看到了十字架上的耶稣。在这静谧的空间里，体会其庄重与神秘。奥斯纳布吕克城市中心的建筑完全合乎古希腊城邦建筑的理念。古希腊城市的中心是一广场，周边是神殿、剧院和议政厅。神殿是城邦守护神和诸神现身的场所，而剧院表演神与人的斗争，议政厅则讨论城邦的公共事务。这一格局在近代城市建筑中发生了变化，神殿变成基督教堂，剧院则更多地上演近代艺术门类，市政厅是民主议政的所在。离开市中心往南去，就是奥斯纳布吕克的王宫。它是一座典型的巴洛克式建筑，黄色的墙体、红色的瓦顶，自身形成了一院落。同时在宫前树立了以希腊神话为题材的人体雕像，喷泉在不断涌出，使那里变得生机勃勃。在喷泉的南边，是一大片平坦的草坪，它的周边是高大的树木，上面则是湛蓝的天空

德国奥斯纳布吕克风景

和白色的浮云。昔日的王宫久已成为今日的大学。我在草坪上躺下，想着这里就是我要学习的地方。

在奥斯纳布吕克生活了一段时间以后，我不仅对那里的城市街道有了初步的了解，而且也对其气候有了些常识。奥斯纳布吕克位于德国北部，是典型的海洋性气候，虽然夏不热，冬不冷，但气候多变，有时一天会出现几种天气现象，出太阳，降暴雨，下冰雹。它几乎每天都会间歇性的降雨，但极为短暂。为此我总是带一件轻薄的雨衣。

尽管奥斯纳布吕克是一座美丽的城市，但我没有家园感，我总认为她是别人的，而不是我的，因此有一种说不出的距离感和疏远感。我在超市购物时，也会碰到一些友好的老太太打招呼，她们问我是不是越南人，我说不是；有时她们也问我是不是日本人，我也说不是，而强调说我是中国人，并耐心地告诉她们越南人和日本人都比较矮小，不会长到一米八以上。于是她们笑了，称赞我的德语非常好。德国人之所以会把我当作越南人和日本人，是因为他们只知道越南人和日本人。在德国，大批越南难民开设了中餐馆和中国的杂货店，同时日本人的汽车和家用电器也充斥着四周。这样越南人和日本人进入了德国人的日常生活和语言之中。相反，德国人对于中国人所知甚少，也许他们一般只知道筷子和功夫，更多的也只知道一点毛泽东和毛式服装。对此我有些憋气。中国还有许多东西为德国人闻所未闻呀。有些德国人和我说话时没有预设我是越南人或日本人，而是问我从哪里来。当他们知道我是从中国来时，就会接着问我什么时候到的和什么时候回去，我告诉他们我刚来，一旦学完了就会回去。

有了这些经历之后，我想我应集中注意力思考自己在生活与学习的问题。我每天都在我的房间里盘点，哪些是我面对的困难，同时又如何去克服它。

首先是语言。虽然我能对付一些简单的日常对话，能听能说，但稍微复杂了还是不行。因此我和人还不能进行深入的交流，有很多词听不懂，有时即使听懂了一些词，但也不明白整句话的意思。特别是在看电视时，我简直无法分辨节目主持人口中发出的音节。另外我说的能力也很有限。我首先用汉语造一个句子，然后把它翻译成德语，有时却无法找到一个切中的词，只好先想出相关的英语单词。这样往往形成了：有话说不出。至于我读报纸、刊物上的文章，还不是很流利，必须借助词典。写一篇地道的没有语法错误的德语文章，恐怕要一天的工夫。我的语言能力除了要对付一般的日常交际之外，还要对付学校正式入学的语言水平考试。我当时还只是短期的访问学生，转成正式学生必须通过这样一门考试。之后我还要对付各种哲学课程的语言问题。总之语言是我在德国遇到的最大的鬼门关，而且也是永远跳不完的鬼门关。

其次是经济。在德中国留学生许多是国家公派的，他们享有德国方面资助的奖学金，无须为马克发愁，可以一心读书。但他们也可以在放假期间打工去挣一笔外快。另外一批是自费生。一般家境殷实，从父母那里拿了数万马克，因此在德国也衣食无忧。但他们往往无法动用这笔钱，靠周末和假期打工维持自己的生活费用。不过自费生中还有一批是没有任何经济保障的，这就必须靠自己的双手养活自己。有些学生干脆就不上课了，同时找了几份工作，成为地道的打工仔。在众多留学生中，公费生瞧不上自费生，而自费生中的富人也瞧不起穷人。我就属于其中的穷人，因此成为了异乡人中的异乡人，处于最边缘的地位。我出国的大量费用是借的，在德国每月的生活费最低为六百马克，如果每小时能挣十马克，那么每个月至少要工作六十小时。刚到德国，我也去职业介绍所去找工作，但由于我的德语水平还不是很高，不能胜任其工作要求。于是我想还是把语言提高了再说，等待时机找较好的工作。虽然我开始没有工作，但我还是忧心忡忡，为自己的生计发愁。那只有唯一的办法是：节约、节约、再节约。我给自己一个规定，绝不乱花一分钱。

第三是专业。我所学的专业是哲学，那西方哲学当然就在西方了，其中除了古希腊哲学就是德国古典哲学和德国现代哲学。我来到德国，可以说是来到了哲学的故乡，在这里可以学到纯正的哲学。但这种纯正的哲学也是最困难的哲学。我认识一批在国内学习哲学的人，来到德国以后从事中西哲学比较的研究，以发挥作为中国人的特长。即使拿到哲学博士之后，人们也很难找到饭碗。因此哲学不是一个可以寻找面包的工具。也有一些国内学哲学的人干脆改换去学经济学等专业，这样就可能在德国的公司找到职务或者充当西方公司在中国的代理。我充分意识到了学习德国哲学是非常困难的，但我不想改变自己的学习方向。对我来说，哲学不仅是我的专业，而且也是我的生命。如果放弃了哲学的话，那就等于放弃了我的生命。因此我决定锲而不舍地继续学习哲学，或者说，重新开始学习哲学。

所谓重新开始学习哲学，就是抛弃自身过去在国内所接受的哲学教育。中国的西方哲学研究大都是编译性、介绍性的，很难说是一种研究性的工作。许多专家并不懂德语或其它西方语言，因此无法阅读康德、黑格尔、尼采、马克思、海德格尔等人的原著。即使有人有能力阅读，但他们掌握的哲学文献也极为有限。但在德国则是一幅另外的情景。我到大学的图书馆去看了看，每一位重要哲学家的著作都摆满了一书架。一方面是他们各种不同版本的著作集，另一方面是关于他们的英、法、德文的研究著作。至于各种哲学期刊的研究论文更是不计其数了。中国学者在语言和资料上的欠缺，在根本上制约了中国的西方哲学史研究的深度和广度。许多西方哲学家认为，中国基本没有严格意义上的西方哲学史研究，更多的只有西方哲学史的传播。因此我在德国的哲学学习迫使我要完成一个根本性的转变。

第四，生活。作为一个中国人在德国生活，我必须适应德国人的生活方式。在吃的方面，我开始尝试吃面包加黄油和奶酪，并练习使用刀叉。当其他德国同学不在厨房时，我才偶尔做一点中餐，并马上彻底清除中国菜烹调过程中所特有的油烟味。德国人有些爱吃中国菜，但有些连其味道都不敢闻。在睡方面，我仍保持自己的习惯，晚11点睡觉，早晨7点起床，中午午休。但德国同学一般是晚上一、两点钟才睡，上午 10 点左右起来，中午无午休。这样他们在晚上和午间的吵闹往往干扰了我的休息，有时人很疲倦，只有靠咖啡来提神。但我也想逐渐地和他们的生活节奏合拍，晚睡晚起，放弃午休。至于个人卫生方面，我比以前更重视。听说中国人身上有一种猪的气味，德国人身上有一种牛的气味，而人对于不同类型的气味非常敏感而且反感。这样我坚持每天早晚淋浴一次，并更换衣服，修理胡须与鬓角，以保持个人的清洁卫生。

　　第五，心理。一个人在德国，就如同一个人生活在陌生的世界，他并不像有的人想象的那样是生活在天堂。在这样一个陌生的世界，最大的心理问题就是孤独和寂寞。一般的中国人，不管上公费生还是自费生，都很难融入德国社会里。因此在德的中国人只能构成一个自己的交往圈，他们往往在一起吃饭、打牌，然后闲谈，东家长、西家短。我刚到德国时，周围既没有什么德国朋友，也没有什么中国朋友，完全是独自一人。特别是在周末，楼里的同学都纷纷外出，与友人共同享受快乐时光，而楼道里仅剩下我一个中国人。这样往往整天没法和人说一句话。由这种孤独寂寞所引起的对家人的思念、对未来的忧愁往往如同雾霭一样弥漫在我的心头。我知道这种孤独是不可避免的，同时我也知道我不能逃避，必须习惯，也就是说，我必须在这种孤独中生活。因此我要忘掉孤独，专注于学习。有时我在学习之余，独饮德国啤酒和法国波尔多葡萄酒，以酒释怀；有时我就一个人在周围的树林和原野散步。

　　除了这五个问题之外，我自己还存在许多其它方面的问题。这些问题是我在国内所不曾有的。对于它们，虽然我也曾想象过，但却从没经历过，现在我在德国却亲身体验了。这些问题对我来说都是困难，有的还是非常大的困难。但我想我一定要克服它，走一条路出来。

　　到德国一个多月了，我开始慢慢地给国内的家人和朋友写信，告诉他们我在德国的状况，让他们不要为我操心。同时我也积极地和德国的一些熟人建立关系。卡罗已经回到波恩附近他父母的家，他邀请我到他家住一段时间，也许能帮助我了解和适应德国的情况。

　　我坐车来到了波恩，卡罗在火车站接我。能在德国相见，我们感到万分高兴。随后卡罗开车带我到波恩的主要街道跑了一圈。我们去了贝多芬的家，那里是他出生的地方。贝多芬狮子般的头发似乎是其英雄交响曲的音符，它使我想起他的名言：扼住命运的咽喉。这位英雄给予了我勇气，我现在就是要从他那里获得战胜困难的力量源泉。之后我们来到莱茵河畔。莱茵河水像苍天一样蓝得纯粹。在伟大的德意志精神空间中，除了古希腊诸神居住的奥林匹斯山和中世纪建立的上帝之家——教堂之外，就是这自南向北贯穿德意志大地的莱茵河了。莱茵河！诗人荷尔德林称它为父亲般的河流。在其赞美诗《莱茵河》中，诗人颂扬莱茵河的源头是个谜，连歌声也无法将这个谜底揭开。诗人诉说了莱茵河的命运，同时也诉说自己的命运。莱茵河不停穿越在德意志的大地上，也流淌在诗人的心田里。在这夏日的黄昏，我漫步在莱茵河畔，被这河流呈现出的神秘所吸引，它也勾起了我对家乡河流的追忆。

天快黑了，我们驾车由西向东越过莱茵河，驶向波恩东边的一个小村，那是卡罗的家乡。他的父母和三个妹妹都热情地欢迎我，流露出兴奋和好奇之情，也许他们是第一次见到一个中国人，也许是第一次请一个外国人来到家里。我就这样在他家住了下来。卡罗白天在一家工厂干活，赚些钱作为平时读书和生活的费用，晚上才回家。这样我白天就看书并和他母亲聊天，晚上则和卡罗交谈。过了几天，我便对他家的情况有了一些了解。原来卡罗的父母年轻时都是种地的，后来由于普遍的工业化，他的父亲便去了工厂上班，而母亲则操持家务，三个妹妹也都在工作。他们家有四辆汽车，这是上下班必要的交通工具。他们家的生活很松散，大家都是分开吃饭，而不是像中国人那样围在一起吃，只是过节才如此。到了周末，卡罗不再去工作，便带我去看朋友或游览附近的风景。有一次我们来到了著名的爱姆斯温泉，那里曾是俄罗斯人聚集的地方，据说陀斯妥耶夫斯基的《卡拉马左夫兄弟》就是在那里酝酿而成的。有时我们也去周边小镇的啤酒馆去喝当地出产的啤酒。我在卡罗家待了半个月，便想回去，我感到客居于我于他都有所不便。但卡罗和他家人都不这样认为，挽留要我住下去，但我还是坚持要回奥斯纳布吕克。

我在回去的途中去了明斯特，到那里看望我研究生时期的女同学。我们能在异乡见面，心里得到了无比的慰藉。她比我早来一年，但现在仍处于困难时期。她的德语入学考试还没有通过，一直都在语言班学习，同时不断在当地和外地的餐馆打工。生活应该说是很辛苦，有一种说不出的寂寞与哀愁。其实我虽刚来不久，但又何尝不是如此呢？同是天涯沦落人，何况相见已相识！

5.3　嘴唇与耳朵的训练

　　在十月冬季学期初，我开始到大学去听课。尽管我知道凭自己的语言能力想听懂教授的话和课程内容很难，但我还是硬着头皮去听。我除了去哲学课堂之外，还去了文学、艺术、神学及社会学的课堂。德国大学的哲学与文科教学的授课类型分两种，一种是宣读课，另一种是讨论班。在宣读课时，老师在讲台上一字不漏地朗诵自己写好的讲义，如黑格尔的《哲学史讲演录》、《美学讲演录》和海德格尔的《尼采》就属于这种类型。人们能把一个长句就构成一大段的哲学文章慢慢地读懂，就已经是件不错的事情了，更不用说能去听懂它。至于讨论班，教授指定许多参考文献，同时还会分发一些文字资料。除了他主讲外，所有选课的同学也必须依次讲解自己选定的专题。于是参与讨论课是很难的，而旁听讨论课是较易的。我听课的所有感觉可以归结为一句话：懂得了自己听不懂，或者知道了自己不知道。我有时听完两节课，除了知道课文和写在黑板上的几个字外，其它一无所获。尽管这样，我还是坚持每周上两次的哲学课程，强迫自己逐渐地适应。

　　在上哲学课的同时，我最主要的是上大学的语言课程。它也是每周两次，是专门为外国人开设的。学生大致有几类：一是欧美各国的白人，二是非洲地区的黑人，三是中东的阿拉伯人，四是中国、韩国、日本等国的东亚人。一个四五十人的教室里仿佛是联合国的成员国在开会一样。那位女教师发音清晰，语速很慢。她说这个班没有系统的语言学习，它不过是帮助那些已有德语基本知识的人提高阅读理解能力，并给予他们一个相互交流的机会。而且课程没有教材，只有一些从报刊上复印的文章，它们相关于当时德国社会的热点问题。我们首先阅读，当然要借助双语字典，然后讨论，最后回答老师的提问。那位德语女教师有一种隐蔽的种族观念。她对白人学生尤其是美国学生充满了热情，而对其他肤色的学生虽然面带笑容，但流露出一种傲慢和不屑的神情。在这样的境遇里，我明显地意识到我是一个中国人。在一些西方人的眼中，中国人并没有什么优越感。我觉得西方的偏见使他们不能真正理解中国，也不能真正理解我这个中国人。当然为了学好语言，我尽量排除各种干扰语言学习的外部和内部因素，对那种疏远的眼神视而不见。

　　我在德国生活和学习最大的困难就是语言问题，我的耳朵半聋不聋的，舌头也结结巴巴的，而语言考试成了我的一块心病。要尽快消除自己语言方面的障碍，我想哲学专业课是无济于事的，而大学的语言课程也没有太大帮助，我最需要的是进入一个专门为准备德语考试而设立的强化班。但苦恼的是奥斯纳布吕克大学没有这样的班，只有附近的明斯特大学和奥登堡大学才有。鉴于经济和其它的原因，我没法去别处，只好留在此地。我一直在考虑如何通过入学考试，成为正式的学生。我听说有很多人在德国学了四年的语言也没有通过考试，真是不寒而栗。按照德国学校的规定，每一个外国学生只能注册三学期的访问学生，如果在第三学期还不能通过语言考试，那么就只好收拾行装回国了。但许多外国学生深谙游戏规则，他们一旦在某大学注册第三学期，仍不能通过考试的话，就转到另一大学注册第一学期，这样他们就可以逃避回国的厄运，而可以连续不断地参加考试，直到通过为止。但这种策略对我来说是糟糕的，我不想一直为一门语言考试拖累，

德国奥斯纳布吕克大学

而要尽快渡过难关。不久我听说离大学不远的新教学生会开办了一个免费的语言班,它的目的是为那些经济上有困难的外国学生准备参加德语入学考试而设立的。我赶到它的教室时,里面还没有人,但陆陆续续来了二十多人,把位置占满了。这里没有一个白人,全是来自第三世界国家的学生。教室不大,可以闻到周围人身上发出的其人种独特的体味。我有些受不了,但也没有办法。老师是一师范毕业生,因为失业受雇于此,只拿半份工资。他非常平和、善良,并具有幽默感,对我似乎特别友好,说他很喜欢中国菜。我听的这个非正规的语言班基本上可以说是德语入学考试班。老师每次都是讲解德语考试的基本题型,然后我们集中做某一题型的练习,而题目大多是从以往各大学的入学考试题汇集而来的。这种应试的德语班对于我们这些同学来说可谓对症下药。每次课间休息时,我们同学之间都会用德语简单地交谈。慢慢我才得知,班上有许多人居然是难民,他们来到德国之后也想到大学学习,但更多的是想尽快找一个工作,以赚取一定的马克。

第一个学期很快就过去了,我始终坚持上哲学课程、大学的语言课和新教学生会的语言班。当然我的重点是语言班的学习。平时一回到宿舍,我就开始自学,那本袖珍的德汉词典已经被我翻破了,语法书中的规则被我划了不少红线,至于练习则做了再做,录音带也是有空就放。我感到自己成了德语的奴隶,每天都被它折磨得疲惫不堪。我有时对那些词典和语法书顿生厌恶之情,恨不得把它们一把火烧掉。我想要是不到德国就不会受这份洋罪了。在中国,难道我的耳朵和舌头不是很灵敏吗?我几乎就没有感觉到它们的存在,它们就是我大脑那不可见的意识的温顺的工具。但现在好了,耳朵和舌头却处处阻挠我的意识的自由表达,它们仿佛是充满砾石的崎岖山路。我就走在这路上,我希望尽快地走完。

在夏季学期开学时,学校要进行入学考试了,我赶快跑去报名。我想不管能否通过,我都要参加考试。如果通过了,那么是我走运,如果没通过,那么也有了一次经验。考前在班上的模拟测试中,我的成绩处于通过与不通过之间。语法部分轻而易举,我能拿满分,文章理解也没有太多麻烦,只有文章复述较为棘手。老师以较慢的速度将近两张打字纸长的文章(往往是科技文献)念第一遍时,考生只是听,而念第二遍时,必须同时记录其中五十个左右的要点。然后在一个小时的时间里写出一篇文章,用自己的语言完整无误地将听到的文章复述出来。这旨在检验一个人的听力与写作能力。我的问题是有许多地方听不懂,这样自然也写不准。鉴于这种情况,我在自己准备时加大了听力训练的力度。

　　考试的日子来了。我们进入教室时必须出示自己的护照和准考证，然后坐在指定的位置。我顺利做完了语法与文章理解部分，只是等待文章复述。老师在慢速地朗读课文，内容是关于全球人口与生育控制的问题，我听得朦朦胧胧，似是而非。当老师念完第一遍后念第二遍时，我尽量抓住可以听懂的每一个词，将它们写在稿纸上。但当我开始写作时，突然发现脑海里一片空白，我真的不知道如何将那些孤立的单词组合成一篇有意义的文章。这一空白给我带来了惊慌，我几乎想去卫生间小便。但我命令自己一定要沉住气，慢慢想。我冷静了下来，仔细考虑全球人口与生育控制这一问题可能讲的内容，又努力找出我记下来的一些单词的内在关联。这样我连蒙带猜地写了整整一张纸的文章出来。谢天谢地，但愿我是瞎猫抓死耗子，能抓住几个才好。

　　一周以后，我收到学校一封信，说我在笔试中得了三分，丢了三分。语言考试的通过分是六分，如果笔试没有得到六分但又得到三分以上的话，那么还可以参加口试，借此补足所差的分数。尽管我没有完全通过，但仍然获得了参加口试的资格。如果我有幸能拿到口试的满分即三分的话，那么我就成功地闯过德语考试大关了。这个通知书真是把我逼到了通过与不通过这种让人头疼的境地。不管怎样，我还是努力争取过口试这一关。

　　口试的评委会是由几个德语语言和文学教授组成的，他们坐在台上。我得到一篇关于海涅的文章，在教室外准备了一刻钟。按要求我先朗诵了整篇文章，随后五个评委提问，最后我一一回答。遗憾的是，他们商量后通知我，我的回答不能使他们满意。我要求他们是否能考虑破格的可能性，他们还是予以拒绝。

　　通过与不通过之间的模糊界限终于结束了。通过的梦幻惨遭破灭，不通过的现实如同惊雷震惊了我。我有些头疼，这意味着我至少还要再学习一学期枯燥的语言，等待半年后的考试。这真是见鬼了。

　　我不得不重复上学期走过的路，去听哲学专业课，去上大学语言课程，去新教学生会的语言班。但现在我已经获得了很好的感觉，简直是轻车熟路，耳朵灵敏多了，过去不懂的东西现在变成可懂的，好像一个人在黑夜中摸索之后见到了光明。舌头也灵活多了，一些话不须用中文造句再翻译成德语，而可以脱口而出。我也能流利地阅读一些德国大报的文章了。由于耳朵和舌头的变化，我开始对自己增长了信心。我想我的第二次德语考试也许就是我的最后一次德语考试了。

　　好不容易盼来了 1992 年冬季学期的德语考试，我充满信心地走入考场。我得心应手地完成了语法部分，也轻而易举地回答了文章理解中的相关问题。我只是等待着文章复述，看它到底是什么货色。老师开始念文章了，内容居然是龋齿是否可以通过细菌传染的问题。里面充满了一些医学术语以及统计数据，我似乎可以把握轮廓，并抓住了其中一些核心词汇。但这样一种科技文章毕竟远离了我个人平时阅读的范围。我有些担心，怕重蹈覆辙。于是乎尽最大努力写作了一篇龋齿与细菌的文章。交了考卷后，心里还是不很踏实。考分出来了，我的笔试还是三分，因此我还必须参加口试。我知道口试困难重重，但与上次相比，我怀有成功的希望，因为我到德国有一年多了，口语已突飞猛进。在口试时拿到了资料，那是关于宪法根据的一篇文章。我依然是先面对考官朗读一遍。我泰然自若，字正腔圆，然后依次回答他们的提问。我强调了宪法的根据在于人的人性和理性，把我所理解的近代哲学的思想都用了出来。在我回避之后，主考官当时就公布了结果，我圆满通过了口试。这意味着我也圆满地通过了整个德语考试。我非常高兴，感天谢地离开了他们，我想我回去的第一件事就是把那些乱七八糟的德语学习资料统统扔到垃圾堆去，把康德、黑格尔、尼采、海德格尔等哲学家的著作摆到我的书桌上来。从此我就是一名正式的哲学专业的学生，而且是一名哲学博士生。这个语言关口的闯过消除了我在德国的第一大心病，它使我获得了自由的感觉，如同一只小鸟飞出了囚禁多时的笼子，得以在天空自在地飞翔。因为这个消息太好了，所以有时我自己都不敢相信，生怕这样一个结果会有什么意外。直到考完一周后，我才收到正式的德语考试资格证明。它是我进入德国大学的通行证。我将这一消息告诉了远在海德堡的卡罗及其女友。他们也为我高兴，并通过礼品公司给我送来了一盒鲜花。

5.4　会说话的机器人

　　作为自费留学生，一切生活与学习费用都只能依靠自己打工所得来承担。最初为了过语言关，集中精力应考，我在 1991 年的冬季学期就没有打工。但过了一学期，我在经济上实在支持不住了。除了自己的生活费用之外，我还要考虑赡养我的母亲所需，以及偿还在国内外所欠的庞大债务。我必须去寻找工作，否则连面包都没有吃的。

每天为生计发愁的日子是一种以前从未有的痛苦的经历。我原来在农村，家里虽然有时揭不开锅，但母亲还是可以找邻居借一点米解燃眉之急。再说这些家事也不用我来操心。后来我读大学和研究生都有助学金，那些钱虽说吃不饱，但也饿不死。至于当教师的工资除了吃饭外，每月还有节余，如果有时能得到一百元钱左右的稿酬，那么我也就相当富裕了。那时我从未想到自己会没有钱吃饭，但现在我走到了一条穷困潦倒的路上。看来命运是一个奇怪的东西，谁也说不准啊！

忧愁是没有用的，我要尽快行动起来。在语言班上认识的一位中国同学，曾在市里的一家名叫"金龙"的中国餐馆打工，他知道我的情况后，建议我去洗盘子。我曾听说在中餐馆干活虽然有其优点，即无须使用德语，但活累、工资低，而且老板和老板娘一般都不友好。其原因在于，他们大都是来自东南亚地区的华人，没有什么文化，也是从做苦工、洗盘子开始发家的。当他们洗盘子时，他们希望老板多给钱，而当他们当老板时，却希望少给洗盘子的钱。尽管这样，我还是和中国同学去餐馆试了一试，但老板说不要男的，只要女的，这样我们只好失望地离开。

我在新教学生会和同学们聊天时，急切地表达了自己想打工的希望，不知他们是否知道什么地方可以工作。一对情侣告诉我，他们在一家市中心的德国餐馆帮忙，男的当服务生，女的给厨师当助手，每天工作十小时，这样可以赚相当可观的马克。男的说那里有洗盘子的活，建议我晚上去试一试。我去了，进了狭小的厨房内。工作不难，较小的盘子和杯子可以放在洗碗机里洗，至于较大的东西如锅之类则需用手洗。这个颇费周折，我先要在热水里加洗涤剂擦去油迹污垢，然后在冷水里漂去洗涤剂剩余的气味，最后用干净的毛巾将其拭干，如同崭新的一样。这是个很细致的活，因此我必须有足够的耐心认真地处理每一个细节。但我从未干过体力活，连续站了几个小时以后，也不免腰酸背疼。同时厨房里浓烈的黄油和奶酪的气味也不免使人头晕。终于干到下班，我从老板手中接到五十马克，像逃命一样地赶回了家。第二天晚上，我又来到这家餐馆。干到中间，老板就来了，说因为顾客太少，所以不再雇我了。但我后来得知，其真实原因是劳动局禁止人们雇佣黑工，包括没有使用税卡的外国学生。

这样一种零碎的劳动不能保障我每天最低的生活开销，于是我在 1992 年初到工作介绍处登记，看是否有公司需要季节性的工作人员，但等了一周毫无消息。后来我来到另外一家劳务公司登记。它实际上将一些人员雇成自己的员工，然后派到各个不同的公司，尤其是季节性生产很强的工厂。它从工厂能赚到较高的工资，但给雇员只发较低的工资，由此牟取暴利。这家公司很需要临时工，于是我和它很顺利地签订了一份为期两个月的合同。每一个劳动日大致可赚一百马克，这样两个月可赚五千马克左右。这实际上可以解决我大半年的生计问题。

我从签订合同后的第一个星期一就上班了。工作的地方是市郊的名叫"女士蛋糕"的食品工厂。它早中晚三班倒，我被安排为早班。我要在早晨五点赶到劳务公司，然后乘它的车经过半个小时的路程到达工厂，在六点钟准时打卡上班。我所住的学生宿舍离劳务公司骑车尚有一个小时的路程，这就要求我每天四点左右起床。对我这个失眠者来说，早晨四点有时是早醒的时刻，有时却是梦想的时光。我一般在八点钟起床，但现在这种安闲的日子一去不复返了。为了保证四点钟醒，我去买了一个电子闹钟，它既可以当收音机，也可以当闹钟，它是我在德国买的第一个电器。

到了星期天晚上，我很早就入睡了。但睡到深夜，那些度完周末回来的同学在楼道的公用厨房里喝啤酒聊天，把我吵醒了。一旦醒了之后，我就再也难以入睡。但我在想，自己在路上要小心什么，在工厂劳动要注意什么。我提醒自己，不管遇到什么样的困难，都不要害怕，一切都会好起来的。在这样的夜想之中，我昏昏沉沉地入睡了。但就在睡梦之中，那闹钟的铃声把我叫醒了。我真是不想起床，不仅身体乏力，而且眼皮都睁不开。但闹钟响个不停，我只好起来了，这时窗外还是深沉的夜色。我很快吃了两片面包，同时带了几片面包作为午餐，骑着自行车向劳务公司赶去。冰冷的路灯下空无一人，寂静无声，我的车轮有时惊起路边灌木丛中的野兔，它们甚至惊吓地越过马路而去。我一个人飞快地骑着，心中还有些害怕，担心马路边跑出醉鬼或暴徒将我打倒。在这样的心态中，我终于到了劳务公司。

门口已经蹲了几个人，我们说了声早晨好，便互不搭理了。谁都知道，谁都没有睡醒，哪有精神去闲聊呢？我们五点整坐车去"女士蛋糕"。汽车驶出奥斯纳布吕克之后，是在一大片森林中穿行，除了汽车的前灯照出一片光明之外，周围都是漆黑一团。我不管它开到哪里去，坐在那里居然打起盹来。我是多么不愿意坐在这狭隘的座位上，而愿意回到我温暖的床上。在似睡非睡和似醒非醒之中，我度过了整个路程。车一停在工厂前，我们都直奔厂房里。

我们排队轮流打了出勤卡，等待工头来派工。我站在那里打量着庞大的厂房内的景象。在昏暗的灯光下是一个长达百米的流水线，发出巨大的轰鸣声。蛋糕在一端焙出，在另一端则被包装好了。流水线上站满了操作的工人。这里真可谓热气腾腾，充满腥味的气浪时时扑来，简直让人作呕。我从来不爱吃鸡蛋，也不喜欢吃蛋糕，但现在我将要和这讨厌的东西打交道了。

我们的德国工头来了，他们都穿着蓝色制服，面无表情。其中一个工头把我带到一个车间，让我在那里打杂。我的工作就是洗清洁各种用具，并打扫地面。工作并不复杂，但是要马不停蹄。每隔一段时间，工头都要来检查督促，看我是否在偷懒，同时他还在呵斥，说不要这样，而要那样。我只好说是，没有其它的言辞。谁叫我为了钱呢？否则我就不会为资本家干活，也不会被这工头吆三喝四了。干了两个小时，到了十分钟的早餐，我只是木然地休息了一下。到了十二点钟，又是半小时的午餐，我拿出了自己带来的食品。我从来不爱吃德国人喜爱吃的又冷又硬的面包，但在近六个小时的劳作之后，也狼吞虎咽地将它吃了下去。之后我有点疲倦，但我知道，不要再想那么悠闲自在的午休了。我回到打杂的车间里，被另一个工头叫到另一个车间去，和一个德国人去看管炉子。那里气温很高，在炉前待不了半小时就要到休息室去呼吸点凉爽的空气。我和那位工人轮流去休息。我到休息室时，虽然觉得身体凉快下来，但体内饥渴无比，我很想在那墙角边的自动售货机里花一马克取一瓶汽水喝。但我强迫自己克制这个念头，现在还没有拿到工资呢，还是喝点自来水算了。正当我回到休息室时，上午叫我的工头来了，满脸凶相，见到我就咆哮起来，吼着问我到哪里去了，说我是在为他干活，为什么躲起来休息。他边说边挥舞起拳头，似乎要揍我。我有些害怕，告诉他，另外一个工头要我看炉子去了。他不相信，我说我带他去看。由于一时性急，我走错了通道，找不到我看管炉子的地方。那工头更是气急败坏，以为我在骗他，但我坚持告诉他我一直在劳动。最后好不容易找到了地方，那个工人正准备下班，我说这位师傅可以作证。那位工头和师傅谈了几句，便不再生气了。但他并没有向我道歉，也许他认为不需要向我这么一个外国临时工道歉吧。我一时委屈无比，真想有一身中国功夫，让他领教我拳脚的厉害。为了钱，为了我在德国的生活和学习，这种屈辱只能暗暗地埋葬在心田。

　　第二天，我被安排在流水线中间的一个环节，即蛋糕经过焙烤出炉的地方。这里必须用手工操作，即把传送带中传出来的铁盒中蛋糕倒到另外的传送带上。出炉口的地方热气灼人，我和一个泰国籍的临时工来到那里，马上就觉得身上发热、流汗，便脱去了上衣。那铁盒在高温中烘烤得灼热无比，因此我们都戴了双厚厚的防护手套。过了一会儿，双手难免就有灼伤的感觉。休息时我脱下手套一看，手上已经烫出了水泡。我向工头说是否可以和人换一下班，但他看了一下，摇了一下头，说从什么地方找人来换呢？我只好咬牙把这一天干完了。我给劳务公司反映情况，他们也不理，说不能轻易更换工种。我只好拼命干了一周，再也不能忍耐下去了。我把烫得满是伤口的双手给劳务公司的职员看，他们才通知"女士蛋糕"的工头给我另找工作。

　　但是所谓的另外工种仍然是在流水线上，不过我远离了出炉的地方。我的任务是将传送带的蛋糕装入包装盒内。这个活看起来轻松，但非常紧张，要求人保持高度注意力。第一动作要敏捷。蛋糕是连续不断地传送过来，人们必须尽快用手抓住它，放在旁边同步传送过来的塑料盒内，否则就会乱套。第二用力要适度。手不用劲就抓不住蛋糕，可太用劲就会抓破蛋糕。因此人必须用力不轻不重，恰到好处，才能把蛋糕完好无缺地装入盒内。在装蛋糕的过程中，稍有不慎就会被工头批评，于是我在那里简直就是战战兢兢，如履薄冰。

　　我在这个蛋糕厂劳动了一个月以后，劳务公司又把我分配到一个更远的建筑材料厂去打工。这是一个烧制陶瓷和砖头的工厂。在烧制车间，几乎看不到什么人，也很难想象这是一个窑场。据说他们烧制的陶瓷很坚固，其建筑用的砖头也几乎和石头一样，不易破碎。我的工作是把一种特殊型号的砖劈成两半。这种砖的中间有一条缝，我将它对准一个铁砧，轻轻一敲它就分开了，然后将它们整齐地摆在货架上。与我在一起的全都是土耳其工人，他们不讲德语，也不懂德语，只是叽里咕噜地讲他们的母语，大概还是他们家乡的方言。我们几乎没有什么话说，只是埋头干活而已。久而久之，我敲打砖头的手也磨出了水疱和厚厚的茧子。

　　我在这家建筑材料厂劳动了两周，又被改派到一家纸品工厂。这工厂是将一种很厚的纸板加工成纸箱。我在那里只是给德国工人当帮手，把纸板放在机器上，等工人把它切割成一定形状，我把它再抱走，捆扎在一起。那些被切过的纸板很锋利，稍不小心就会割破手指。到结束那里的工作时，我的手已经伤痕累累了。

　　两个月的打工结束了，我终于歇了一口气。我赚了五千马克，这对我来说是一个不小的数目。依靠它，我可以在相当长一段时间不用为生活费用忧虑了，同时还可以寄点儿给我的母亲，并将其中的一些钱偿还债务。但对这笔钱，我自己委实不能乱花，它可是我的血汗钱。每当我看到马克，我似乎就看到了我被烫伤、被割伤的双手和流淌的血。我暂时不能工作了，因为按照德国劳动局的规定，外国学生只能在假期打两个月的工，超过期限就是违法行为。另外我也要集中精力学习语言和专业。

但到1992年冬季学期开始，我的德语考试通过了，我的主要问题就变成了经济和专业。比起专业，经济更是一个问题。如果没有钱，那么我基本的专业书都买不起，更不要说买电脑之类的必备工具了。但如果为了钱而成天打工，那么我也没有时间去读书。当时我不可能找到任何资助，打工是唯一的出路，没有其它选择。因此我在考虑如何做到打工和学习两者兼顾。那种全天上班式的打工看来是不行的，虽然它能够保障一个固定的收入，但却影响了我学习的时间。那种零敲碎打式的工作也不是不行，我可以用学习之外的业余时间去打工，但它不能给我带来足够的马克。因此我要找一个每周二十个小时亦即两天半的固定工作，这也许能给我带来一个新的出路。

于是我到了职业介绍所去登记，同时也注意搜集每天报纸上的工作信息，并抄下了他们的电话号码，然后一一打电话去报名，并留下我的电话。很快我就收到了一个清洁公司的电话，我的任务是在学生宿舍附近的超市里打扫卫生，每天超市关门后七—八点劳动两小时，这可以保证每月固定收入六百马克。尽管我认为做清洁是一个脏活和累活，而且在超市里会碰到熟人，有失面子，但为了生存和钱，也管不了这么多。我去干了一周，很是辛苦，那工头跟在后面督促着，两小时没有任何喘息的机会。但后来我发现，这一工作时间与我的专业课程的时间相冲突，为了上课我不得不辞掉了这份工作。

过了不久，一个服装仓库的小头目给我打来电话，问我是否愿意去打工。我在那里的主要工作是搬运，一周可干二十个小时，时间由我根据学习情况自己安排，这样每月可挣八百马克左右。我很高兴能找到这份工作，于次日就前去报到。我所住的学生宿舍到那里有半小时骑车的路程，我每周就花三天时间奔命于其间。这个仓库属于一个大型服装公司，它把布匹等原料运到摩洛哥和突尼斯等地加工，然后把成品运回来发售。我和其他的搬运工人主要是把布匹运上车，把成品卸下车，最后又把它们分门别类地放在仓库的货架上。跟德国搬运工中那铁塔般的壮汉相比，我一米八的瘦弱身材看起来的确如同东亚病夫。我从来没有干过这样的力气活，压根就搬不动那些沉重的布匹。但我必须咬牙干到底，即使在冬天，我都会劳累得全身衣服湿透。在干了半年后，我终于病倒了，胃部的剧烈疼痛使我在地上打滚，但为了钱，我仍带病继续上班。在这家仓库里，我一共当了一年的搬运工。

这种繁重的体力劳动虽然没有占有我的更多时间，但一天劳累让我根本没有心思学习。有时晚上上课时，人都无法自控地睡着了。我想我必须改换工种，找一个稍微轻松一点的活。这样我去大学图书馆打听，看是否要帮手，正好他们空缺了一个学生助手的位置，便让我占了。图书馆的工作很轻松，无非是把人们还回的书根据图书分类插回其原来所处的位置上，然后就是整理书架上被人们弄乱了的书。我把这些事情做完之后，还有大量的剩余时间，可以在图书馆查找资料。当然我坐在位置上安静地读书肯定不行，只能站在书架中翻阅书籍。在图书馆半年的打工时间里，我几乎把其中哲学类的每本书的目录都翻了一遍，把美术画册则从头到尾看了一遍。图书馆的打工不仅使我在经济上获得了一笔收入，也使我对哲学以及相关学科的文献有了大致的了解。当1994年10月开始获得奖学金时，我才彻底告别了勤工俭学的生活。我在打工时（除了图书馆之外）觉得自己似乎就是一个只会干活的机器人。打工给我带来了许多的痛苦和耻辱，但也磨炼了我的意志，使我在逆境中能够自强不息。

5.5　通向智慧之门

我到德国的真正目的是学习西方哲学，尤其是德国哲学。但最初由于语言和经济的问题，我无法集中注意力投入哲学研究。随着那些问题的逐步解决，我便能安心地走向思想之途了。

在国内数年，我学习了哲学和文学，尤其是西方的哲学和文学。但我始终感到，国内的哲学研究始终是隔靴搔痒，抓不住要害。说得更明白一点，在中国很难学到地道的西方哲学。这曾使我发生了深刻的思想危机。

在德国的最初的日子里，思想的危机不仅没有被克服，反到加剧了。这是因为语言世界的转换所形成的。我们在中国还可以用汉语思考西方哲学问题，因此这种危机仍然被汉语表达的惯常性和自明性所遮盖。但是德语的陌生性和它所独特具有的西方的思维却敞开了一个为汉语所不能覆盖的维度。不仅语词是它样的（有些语词在汉语中根本找不出对等的），而且语法也是根本不同的，更重要的是，一些看起来同样或者近似的语词在汉语和德语中却存在着巨大的差异。于是思想的危机便到达了一个极限，它迫使人自身改变自身的思想。例如，我们所说的"哲学"、"理性"和"思想"这些字眼都必须使用新的意义，也就是西方从古希腊一直到后现代所形成的历史意义。

当然最根本的不是语词的意义问题，而是思维自身的问题，亦即如何思考。我们中国传统的思维是自然思维和历史思维，现代西学（包括马克思主义哲学）的引进并没有彻底改变这一传统，相反中国人对于西学的介绍和阐释始终基于自身的解释学先见。但是问题在于这样一个先见的自身边界的划分，并指出哪些它是可以看到的，哪些是不可以看到的，最后促成中国先见的改变和视野的扩大。所以问题必须回到中国思维的自然性和历史性。中国思维始终设定了思想之外的自然的优先性。它表现为三个方面：第一，存在。在天地人的结构中，天地亦即自然对于人具有绝对的规定性。第二，思想。人首先从自然中思索出尺度，然后将此尺度给予人。第三，语言。汉字作为象形文字给汉语的文本表达的自然性一现实的基础。在具体的文本表达中，人们先描写自然，再描写人，如同诗歌中的先写景再抒情。基于这种思维的自然性，中国思想也发展了其历史性特征。所谓思想的历史成为了注经的历史，而注经自身则演变为历史的叙述。

人们必须追问思想的自然性和历史性特征。黑格尔曾直接地指出，中国的思想是沉醉于自然的精神，而这种精神并没有达到思想自身。另外他强调哲学不是叙述历史，这种历史叙述并不关涉于思想自身的展开。为什么？因为中国的自然和历史思维实际上遗忘了思想本身，这通过它将思想移交给了自然。但是自然为何具有其规定性？对此中国思想从来没有追问过。人们只是假定了自然的自明性。然而这种所谓的自明性却具有无限的幽暗性。因此中国思想必须追问自然。这又设定了这样一个前提：思想必须追问思想自身。对于思想自身的追问已经由西方哲学的传统提出，因为西方意义的哲学就是理性的事业，而所谓理性就是纯粹思想。因此第一哲学亦即形而上学成为了纯粹思想的表达。如果哲学作为纯粹思想的话，那么它便区分于自然和历史的思想。它成为概念，并实现于逻辑。

　　因此对于一个在西方学习哲学的中国人来说，所谓思想的改变就是从中国的自然和历史思维走向思想本身。当然这种改变是痛苦的，因为思想要与自身相分离并成为它所尚未是的。

　　那么思想的改变如何发生呢？这只能通过对于思想的学习。当然学习思想唯有学习那已思想的。这已思想的正是哲学史。西方已思想的就是西方哲学史。

　　在德国的六年半时间，我系统地学习了从古希腊到后现代的西方哲学。对于德国大学的哲学学习而言，所谓的哲学就是哲学史，这点不同于英美大学的惯例，也不同于中国大学的做法。我们中国大学的哲学课程有太多的概论，太多的原理，它们实际上只是一些大而化之的玄谈，与真正的思想风马牛不相及，所以人们读完哲学课程，仍然不知道什么是思想自身和如何进入思想自身。与之相反，德国基本上没有什么哲学原理或概论之类的课程，它引导学生学习哲学就是将学生引导到哲学史中去。

　　作为具体的哲学史，它总是由哲学家所形成的哲学史。于是学习哲学史就是学习那些伟大的哲学家的哲学的历史。这样的一个历史是一个万神殿，哲学家们仿佛诸神一样立于其中。或者这个历史是由那些如同巨峰一样的哲学家们所构成的雄伟山脉。因此不存在哪个哲学家是否过时的问题，也不存在"要康德，还是要黑格尔"这样的选择。这与我国哲学界在西学研究过程中喜新厌旧、追赶时髦的学风大异其趣。在德国哲学的教学和研究中，下列哲学家始终是非常重要的：古希腊的巴门尼德、柏拉图和亚里士多德；中世纪的普罗丁、奥古斯丁和托马斯·阿奎纳；近代的康德、费希特和黑格尔；现代的马克思、尼采和海德格尔；后现代的德利达、福科和梅罗·庞蒂。

　　基于这样的哲学史观，哲学史的学习不是通史的概览，而是专题的研究。在这样的哲学讨论中，哲学家的生平事迹以及他所处的时代背景都无关所要，关键是他所写的哲学文本，正是这样的哲学文本才使一个哲学家作为哲学家的思想表达出来，并作为已思想的重新被思想。例如，我们整整一个学期只是讨论巴门尼德的残篇，有时一节课的基本内容就探讨残篇中的一句话或者一个语词。在对哲学文本的解读过程中，每一个关键性的语词都得到了认真的分析。追问一个词就是给它划定边界，亦即追问它究竟说出了什么，同时它又没有说出什么。在此中国的不可思议和不可言说变得毫无意义，因为思想必须思不可思、说不可说。更值得追问的是：为什么这个语词在此如此说（显现）同时又如此不说（遮蔽）？

在此基础上，一个语词向另一语词的转换所构成的关系成为了哲学学习中的根本主题，因为所谓的逻辑就是将事物聚集在一起的语言关系。在关系的演化中，一个文本仿佛是在原野上所开辟的道路。它自身的伸延引导人们追随。正是通过这种细致入微的分析，我们进入到了哲学家的思想中去，并经历每个哲学家是如何思考的。

在奥斯纳布吕克大学，最著名的哲学教授要算博德尔先生了。他是海德格尔弗莱堡的晚期的著名弟子，和弗莱堡的早期的著名弟子比梅尔（Biemel）教授是好友。博德尔教授在弗莱堡做完博士论文之后，便游学到英国剑桥和法国巴黎，后回国到不伦瑞克大学，接替了著名的《黑格尔全集》的编者克罗纳的教席，之后又转入奥斯纳布吕克大学。其间曾受邀去美国纽约社会新校以及日本、韩国等国的大学讲学。人们认为，博德尔教授虽不如伽达默尔和哈贝马斯等有名，但他也许是一个最深刻和最晦涩的哲学家。国际海德格尔学会主席里德尔（Riedel）教授曾说，博德尔是海德格尔晚期弗莱堡弟子中最重要的哲学家之一。

因为我对海德格尔的哲学心醉神迷，所以我希望投奔于海德格尔的弟子门下攻读博士学位。于是我向博德尔教授表达了我这一愿望，他很高兴收下了我这位中国门生，并问我想做海德格尔的什么文章，我说我偏向于海德格尔后期的语言问题。他说这很好，实际上后期海德格尔才进入思想的成熟阶段，当然也要注意他早期经过中期到后期的变化。

在大学系统地听了一些哲学教授的课程之后，我最后决定只是选古希腊文、拉丁文和博德尔教授的课程。他的教学都安排在晚上，一般是一门宣读课，一门讨论班课。他所开设的课程内容包括了从巴门尼德到后现代的所有重要哲学家的思想，当然每一门课只涉及一个人物，甚至只是其思想的一个部分。他的语言是典型的学院式的语言，因此要完全领会十分困难。我一般下课后找德国同学索取笔记，回来后认真钻研。大概听了两年之久，我才开始明白博德尔教授的思想。

博德尔教授的思想当然来源于海德格尔的思想，但他又作出了创造性的分离而独树一帜。在他看来，哲学应回复到爱智慧上去，哲学自身的发展是哲学与智慧关系的变化。在西方的历史（古希腊、中世纪、近代）上，每一时代所给予的智慧都唤起了同一时代的哲学。古希腊的智慧话语是由《荷马史诗》唱出的，它要人成为英雄；中世纪的智慧是《新约全书》说出的，它要人成为圣人；近代的智慧是由卢梭等人写出的，它要人成为公民，亦即自由人。与此相应，哲学自身具有不同的规定，古希腊是理论理性，中世纪是实践理性，近代是诗意（创造）理性。但从现代到后现代，智慧死亡了，因此它再也不召唤理性，于是哲学也终结了，哲学成为非哲学。博德尔教授的哲学史观一方面注重每一个时代的整体的内部关联，另一方面也强调每一个哲学家思想整体中的要素及其关系。他反复讲述的是在整体中的区分。由此我们将清楚地看到，一个思想结构是如何构成的。这样在他的课堂上，人们能够学到最纯正的西方思想。

可以说，正是博德尔教授给我打开了通往西方智慧和哲学的通道。在这条通道上，我学会了一般思想的原则：批判。批判与任何否定或肯定都没有关联，它就是划分边界。边界是一个事物本身的起点和终点。在边界之处，一物与它物相区分，而规定自身。所谓的批判有三个维度，首先是语言批判，其次是思想批判，最后是现实批判。这种批判的态度要求我和那些伟大的思想家建立一种特别的关系，一方面我要走向他，另一方面我要告别他，走在一条自己思想的道路上。

5.6　十字路口

到 1993 年冬季学期开学，我在德国已经生活了一年半，语言关过了，经济上也能勉强度日，专业上也开始入门。但这种半工半读的日子依然非常痛苦。关键是无法估计，我什么时候能不打工而专心读书，什么时候能结束在德国的学业。我似乎看不到任何确定的前景，远处若明若暗，我只有耐心地等待。

就在这时，我的签证有效期只有半年了，由于经济和其它各种复杂的原因，我无法在德国续签。这就意味着我必须回国。如果要再到德国来学习，那么我必须重新在德国驻华使馆等候签证。面对这种情况，我的心情十分复杂，一方面我很想回国，我不想再过这种半工半读的痛苦日子了。哲学虽然重要，但生活也很重要。同时我已经一年半没有见到我的母亲和家人了，我不知道他们过得怎么样。另一方面我又不想回国，我在德国除了受苦之外，几乎是一事无成，哪有脸见江东父老啊！另外想起在武汉大学哲学系受压抑的情景，我就害怕。如果我回去了，那么系里的当权者不更是有理由嘲笑和打压我了吗？我要争取留在奥斯纳布吕克读完博士，即使不行，我也要转到德国其它地方，或者干脆去美国读书。万一这所有的路都不通的话，我就想办法去北京。

我把签证的困难告诉给了博德尔教授，看他是否能帮助我。他派他的女秘书带我到市外事局去交涉，找到一位女主管。她很冷漠地说，这是规定，我必须回到北京再次申请签证。女秘书问那需要多长时间，女主管说这说不准，也许一年，也许两年，目前从中国到德国读书的很多，因此要排队。女秘书和我生气地出来，认为外事局太不可思议了。我们将情况告诉了博德尔教授，他说他再努力想想办法。如果实在不行的话，那么我还是回北京重新签证，也许不要那么长时间。他会关注这件事情。

我很沮丧地回到了宿舍，准备开始实施我原来构想的其它各种对策。我坚信，在众多的道路上，必有一条是可以走通的。我给海德堡的卡罗打了电话，看他是否能帮我转到海德堡。我们商议了半天，决定试一试。他找到一位在西门子公司任职的朋友给予我经济担保，并把我的各种材料递给了海德堡大学。同时他也推荐我去找那里的一位著名教授——伽达默尔的一名弟子，并约好了见面时间。

我如期来到海德堡，见到了伽达默尔的这名弟子。我简单地说明了我的情况，他答应我可以在他的门下攻读博士学位。这太好了，我非常希望在这座美丽的大学城读书，卡罗也很高兴我将来成为他的学友。我在海德堡住了几天，漫步在它的山水之间。

静谧的内卡河穿过南北对峙的山脉在海德堡缓缓向莱茵河流去。我首先游览了内卡河南"御座山"半腰中巍然屹立的"王宫"。虽然它被当年宗教战争的炮火已摧毁得残缺不全，但仍然充分显示出它的王者气象和雍容大度。这个破损的王宫今日依然是整个德国最美丽的王宫之一。

从王宫下来之后，穿过内卡河上那座著名的石桥，我爬向河北的"王山"。王山的半腰伸延着"哲学家之路"，它正对峙着王宫。路边万木吐翠，奇花异草飘香，弥漫着一种神秘的宁静，它呼唤人们去思想。也许正是因此，这半山之路被称为"哲学家之路"。在此路上，一定留下了伟大的哲学家黑格尔、雅斯贝斯的脚印。它也召唤了执当代德国哲学牛耳、现已逾九十岁高龄的哲学家伽达默尔一直执教于海德堡。

在"哲学家之路"旁立着醒目的石碑，它镌刻了诗人荷尔多林的诗行："海德堡，我长久地爱着你！"人们说德国是哲人和诗人之乡，而海德堡则是德国的哲人和诗人之乡。她的山灵水秀所拥有的浪漫情怀，使十九世纪末许多浪漫主义诗人聚集于此，咏诵出许多关于生、死、爱的不朽诗篇。荷尔多林——这位被称为"诗人之诗人"歌唱者，由于见到了无限的光明从而限于了无边的黑暗。他在疯狂之中生活了长达四十年之久。但他在二十世纪重新闪耀的光芒却使歌德也为之黯然失色。

离开荷尔多林诗碑，我继续沿着盘山路爬向"王山"山顶。山顶树木森然耸立，人们仍可以看见中世纪教堂的残迹。离它不远立着一座巨大的露天半圆形剧场，它是在纳粹时代人们义务修建的。希特勒对海德堡也情有独钟，曾在此剧场进行声嘶力竭的纳粹主义的演讲。历史已经过去。人们现在则在此举行大型音乐会，它将天籁、人籁聚集于一起。

我脚步艰难地离开了海德堡。回到奥斯纳布吕克之后，我又写信给美国伊利诺伊斯的美国教授，看他是否能帮我从德国去美国。他很快回了信，说他愿意向他的朋友，一位在伊利诺伊大学的著名尼采研究专家推荐我前去攻读博士学位，并建议他破格录取我，免去托福和 GRE 的成绩。这位尼采专家也同意要我，并把我的申请材料转到了大学的学籍申请处。但不久大学学籍申请处要求我补寄托福和 GRE 成绩以及相关的申请费用。在当时的情况下，我根本就无法去考托福和 GRE。于是我告诉美国教授，鉴于这种要求我放弃去美国的打算。

由于一切尚未确定，我最后还是考虑了回国的可能性。因此我给中国社会科学院研究生院哲学系主任写了信，要求在他的指导下攻读博士学位。他友好地给我回了信，建议我给中国社会科学院的院长写信，请他们特批。我马上意识到，国内条条框框太多，破格大概是不可能的，由此我很快就死了这条心。接着我给北京的一个很一般的学校写信，想前去工作。我之所以产生这样一个动因，是因为我在《人民日报》上看到这个学校广招人才。我去这所不起眼的学校不过是想找一个去北京落脚的地方。一旦到了北京，我就可以重新选择去其它著名学府工作或深造了。这个学校充满热情地回了信，也许他们还没有见过我这样的人才，许诺要我去当带头人，并寄来了表格要我填写寄回，说随时欢迎我回国前去工作。有了这么一个北京的学校要我的消息，我心里也踏实多了。不管何去何从，我有了在北京的立脚点，至少不用再回到武汉大学哲学系这个让我蒙受屈辱的地方了。当然我没有愚蠢到马上回国，去北京的这个学校不过是我的底线，是我最坏的选择。我最好的选择仍是留在德国，或者在奥斯纳布吕克，或者去海德堡。

博德尔教授当时不知道我这个中国人的如意算盘，当我去海德堡时，我内心里深深觉得对不起他。他对我那么友好，我却想投奔别人的门下。但那也是没有办法的事情，我想如果博德尔教授能帮我留在奥斯纳布吕克大学的话，那么我无论如何也不会想出其它心思的。博德尔教授其间将我的情况反映到学校的外事处，请他们以学校的名义到市外事局来帮我。过了一段时间，学校外事处告诉我，继续在奥斯纳布吕克签证是不可能的，但也不一定非要去北京重新办理，只需到阿姆斯特丹的德国驻荷使馆重新签证就行。博德尔教授为我还专门给德国驻荷使馆签证处通了电话，请求他们给我方便。

于是我积极准备去阿姆斯特丹签证处签证的事宜。幸好在奥斯纳布吕克就有荷兰领事馆，我很快就前去办好了去荷兰的签证手续。第二天一大早，我就离开奥斯纳布吕克踏上了去阿姆斯特丹的路程。从高速公路上放眼望去，展现的是平坦如砥的绿色草地和色彩斑斓的牛群，不时能看见那在风中缓缓旋转的巨大风车。到了德国大使馆的签证处，我递给官员我的申请资料，并说明博德尔教授曾给这里打过电话。他说知道这事，但要商量一下。过了不久，他回到窗口很遗憾地告诉我，说他们不能在这里给予我在德国的留学签证，原因是我的荷兰签证是一个月的旅游签证。如果我的荷兰签证是有效的学习与工作签证，那么我在此获得德国的学习签证是没有任何问题的。因此我的当务之急是在荷兰的一所大学注册并得到学习签证。这实在是太令人沮丧了，我几乎绝望地走出了德国使馆。我想我命中注定是要回国了，那我就回去吧。我也想赶快离开这不能给我希望的阿姆斯特丹。但是我又想起了美丽的郁金香和伟大的梵高，我不能错过这个良机，特别当我要离开欧洲的时候，要抓紧时间来游览。于是我便忘掉了签证的烦恼，漫步在阿姆斯特丹的街头。

阿姆斯特丹立于北海边上。市内布满了无数条小河。许多街道及其建筑便沿河伸延。因此阿姆斯特丹素有北方威尼斯的美称。在这座国际性的都市里，生活着无数不同肤色的人们，他们大都来自荷兰以前的殖民地国家。大街上黑男人拥着金发女郎，黄脸妇拉着高大的白人汉子，个个都自由自在，欢天喜地。

我以步代车，走遍了阿姆斯特丹的大街小巷。除了在鲜花店里看到那迷人的郁金香之外，它在街边屋前乃至绿化地带了无踪影。我不禁有些怅然若失，阿姆斯特丹的郁金香只是一个梦幻的传说？但当我走进阿姆斯特丹的数家艺术博物馆之后，我的心情则变得如同郁金香一般了。

我首先参观了那如宫殿般富丽堂皇的"王国博物馆"。它用荷兰艺术的历史表达了荷兰这个民族的历史，她的崛起、她的强盛与海上扩张，以及她的今日。在这个博物馆中，最引人注目的是伦勃朗及其弟子们的作品，伦勃朗的油画《夜巡》则几乎成为了焦点，许多人驻足欣赏这幅惊人的鸿篇巨制。

"王国博物馆"珍藏了荷兰的古典艺术作品，而"市立博物馆"则展览了二十世纪以来的现代艺术作品。它不仅收藏了荷兰艺术家的杰作，而且也集中了世界上许多艺术大师的珍贵原迹，诸如毕加索、马蒂斯、高更、塞尚以及康定斯基的油画。古典艺术充满了宁静和谐，它表达了某一确定的对象，如人与风景，因此它比较容易理解。但现代艺术与之完全相反，它显示的是无秩序的骚乱不安。人仿佛面对着死神的舞蹈，慌张、畏惧中隐藏着绝望。那在古典艺术中曾十分确定的对象也已经消失，现代艺术凸现的是不确定的对象。色彩和线条不再是工具，去描绘什么，表现什么，而只是色彩和线条自己的游戏。因此现代艺术毋宁说是不可理解的、不可解释的。

参观了"市立博物馆"之后，我来到了"梵高博物馆"。天才而又疯狂的梵高是荷兰人的骄傲。不仅他的绘画，而且他那几乎不可思议的生平也散发出无穷的魅力，把人们从地球的各个角落召唤而来。

梵高博物馆展出了梵高大量的油画、速写以及与梵高的艺术生涯有关的材料。梵高是一位真的艺术家。他的绘画就是他的生活，他的生活就是他的绘画。虽然梵高曾尝试将他的油画换成面包，但几乎无人问津。他卖的几幅作品所得的钱恐怕不够他喝苦艾酒。尽管如此，他还是坚持画了一辈子。而现在梵高的大名如同太阳，他的作品贵于金子。梵高的确不得不预言般地陷入了疯狂。然而，是梵高疯了，还是这世道疯了？

梵高的作品清楚地展示了这样一条轨迹，从早期的晦暗到晚期的鲜明。如他早期所画的土豆如土块一样黑暗、沉重、悒郁，但他晚期彻底改变了这一风格，广阔的田野，旋转的星空，火一般艳丽的桃花和向日葵。梵高最喜欢用的颜色是蓝色和黄色，它乃是梵高的秘密。但这个秘密其实也早已显示于天地之间。蓝是天空与海洋之蓝，黄是太阳与天地之黄。蓝与黄是自然最本然的色彩。但只有梵高发现了它。

我在梵高所画的《农鞋》前驻足良久。海德格尔在《艺术作品的本源》中对这双鞋作出了极富诗情哲理的阐释：这农鞋回响着大地无声的召唤，同时它又归属于农妇自身的世界。因此这农鞋显示了大地的遮蔽和世界的敞开，以及大地与世界的抗争……真是说不尽的梵高。

在告别阿姆斯特丹时，我想起了郁金香和艺术。艺术，人类用它装饰自己的精神，让它上升到美。阿姆斯特丹拥有如此惊人的艺术品，它们正是阿姆斯特丹永开不败的郁金香！

回到奥斯纳布吕克，我一方面存有观看了梵高绘画之后的激动，另一方面又怀有签证失败之余的无奈。我给博德尔教授打了电话，讲述了去德国大使馆的经历。他说原来如此，真是徒劳。不过他说他再想其它办法，也许还是有希望的。

大概过了一周，博德尔教授打电话来要我去找市外事局的一位负责人，去续签学习签证。我惊喜过望，很快去了外事局。我在路上想，博德尔教授有什么办法使外事局破格给予我学习签证呢？后来我才知道，他找了一位十分重要的人物给外事局打了招呼，因此外事局也马虎不得。我到外事局见到那位负责人。他非常友善，只是问我护照、入学通知书和我作为博士生正式注册的学生证带来了没有，根本没问经济担保书。我连忙递上材料，他翻了一下，就叫手下人给我签发了学习签证。我连忙给博德尔教授打电话，说签证问题已经解决，衷心感谢他为我操了不少心。

我能继续留在奥斯纳布吕克学习了，便不再考虑去海德堡，当然也不考虑回国去北京了。只是我还要过几年半工半读的艰苦生活。

5.7 断肠人在天涯

在德国的最初几年里，我过的都是极为糟糕的生活，就像是孤魂野鬼一样，在黑夜的荒原上飘泊。我多么想成为一个人，能行走在光明大道上。但现实的一切都给我带来了深深的痛苦。应该说我就是一匹伤痕累累、身心都在流血的孤狼。只是我这孤独的狼不甘心自己的失败，一定要寻找到猎物。但在寻找的过程中，也许伤口之痛会剧烈地发作。

痛苦作为我的身体和心灵的一种状态，是由撕裂和压迫造成的。我在德国的生活承受了太多的撕裂。从中国到德国，我在国内拥有的东西变得没有了，而没有的东西就变得更加没有可能了，我仿佛是由一个精神贵族被剥夺成一个一无所有的贫民，一切都必须从头开始。更糟糕的是我陷入了两难处境。我要能安心读书，就必须有钱。但如果赚钱的话，那么我就读不好书了；如果一心读书，那么我就赚不到钱了。正是这种赚钱和读书的压力使我喘不过气来，我仿佛背上了无数沉重的石头，而它们的沉重是我无法承受的，心理的无法承受也导致了身体的无法承受。

长期的失眠现在更严重了。虽然我每天觉得很疲倦，但就是难以入睡，总是在想那些不能解决的问题。即使我睡着也常做噩梦，梦见被人追赶，无处藏身。有一次我就梦见警察在抓我，说我打黑工。梦醒之后，我就再也难回梦里，只好辗转反侧。由于睡眠不好，我白天往往无精打采。对于我来说，漫长的黑夜变成了无穷的白天，而要工作的白天仿佛是要成为休息的夜晚。是什么东西困扰我的睡眠呢？我自己知道，那不是别的什么东西，就是对生活和学习的忧愁，我心忧郁的黑色比夜之黑色还要沉重。我如何能在夜里安眠呢？

除了失眠，我的饮食也出现了问题。也许是吃惯了中国的饭菜（即使是食堂十分糟糕的饭菜），我突然一下子根本不能适应德国的牛奶面包。当拿刀去切面包时，就有些反感。那又干又硬的面包非常艰难地进入嘴里，被我咀嚼并吞下去。可能是我不喜欢它，它也不喜欢我，总是在我的肠胃里面制造废气，使我腹胀。当然打工的劳累也往往破坏了胃口，我有时根本不想吃饭，只是躺在椅子上休息一下，等缓过气来，才强行啃几片面包。我心里明白，我最主要的问题是对未来的焦虑，它在根本上影响了我的食欲。一大堆烦恼的事情，我哪有心思去吃饭、去品尝美味呢？吃饭被人们看成人生一件乐事，对我而言就是充饥而已，而且在充饥的过程中，体验的只是难咽的痛苦。

因为睡眠和吃饭都不正常，所以我总是感到乏力，困顿，眼光黯淡，面色苍白，四肢乏力。我想要是相士看到了我这副形象，一定会说我交了霉运吧。我当时给人的印象就是穷困潦倒。我打工时觉得力不从心，特别是在搬重箱子时双腿发颤。我读书时也几乎没有力气挺胸坐直在椅子上，而是靠在上面，甚至就想躺在上面。我感到自己病了，而且是身心疲惫。

我的病开始只是以感冒流涕表现出来，感冒是身体受到过度的冷和热的刺激所作的反应。但对于我来说，不是过冷过热，而是稍有一点冷和稍有一点热，都会觉得不舒服，而且皮肤会起鸡皮疙瘩，并导致打喷嚏和咳嗽。一旦如此，它就不会很快过去，而是要持续很长时间，这时它会使脑子变成空的。我曾服用一些感冒药，但都无济于事。我只好去淋浴，冲一个热水澡，这样往往会缓解一下症状。我知道我之所以连续不停地感冒，是因为身体的抵抗力和免疫力不行。但当时我还没有意识到整个身体出现问题。

突然有一天，我在照镜子时发现自己的白发增多了。我本来有极为茂密的头发，而且又黑又硬，在国内时虽然有那么几根白头发，但完全被黑色的头发所覆盖。现在却不一样了，白发如同雨后春笋，遍布头部，黑发已经没法掩饰了。我的忧愁使我的黑发变成白发。我知道这没有任何用处，而且试图忘掉我的忧愁，但问题是我没有找到一个根治它的办法。在发现我的头发变白的同时，我还觉得自己的牙齿出了问题，牙龈天天流血，牙齿出现怕冷怕热的情况。我的一口牙齿曾经是人们羡慕的对象。我过去在和朋友一起和啤酒时，从不用其它工具打开酒瓶，而是用牙齿咬开瓶盖。但现在牙齿这最坚硬之物也开始走下坡路了。当时我还不到三十岁，应该是年富力强的时候哪！看到头发和牙齿的情况，一阵悲凉之感像闪电一样袭击我的全身。

就在我为头发和牙齿感到不安时，我的脸颊和脖子开始出现脓疮。过去我都没有生过青春痘，现在却长这玩意儿，有点不合时宜，莫名其妙。这些脓疮既痒又疼，叫人整天不得安宁，而且会给衣服留下污斑。虽然如此，我还是忍耐着，希望它自愈。但我不知道它居然一个痘好了，另一个痘又出现了，层出不穷。在脸部出现脓疮的同时，我觉得自己的臀部严重不适。仔细一看，内裤上留有血迹，原来我长了痔疮。这真是祸不单行，从头到尾都开始溃烂了。人们说十男九痔，但我从未得过这种病，也从没体验过它所带来的痛苦。现在不想染上此疾，真有难言之隐。痔疮的疼痛和便血使我只能夹着尾巴走路，给我带来了诸多不便。我有时暗暗地想，老天爷，你为什么这样地惩罚我呢？在我生活最黑暗的时候，我最需要的是健康的体魄啊。

尽管有这些病症，我还是忍受着，坚持打工、学习，希望自己慢慢地好转。但有一天，身体的剧烈疼痛突然爆发了。那天早上我吃了几片冷硬的面包，喝了一杯牛奶，就去服装仓库搬运。但我总觉得自己的胃不舒服，那冷硬的面包似乎没有吞下去，还哽咽在喉，而肚子好像装满了很多水，荡来荡去。在搬运时，我感觉特别虚弱，不时冒出冷汗。好不容易熬到了下班，我赶紧回家休息。路过一片森林时，我明显地支持不住了，跳下车来站了一会儿。这时口腔里似乎分泌了很多唾液，我努力地吞咽下去，但之后它们又冒了出来，我开始有些恶心。不一会儿，那些没有消化的食物呕吐出来。我想既然它要呕吐，那就让它呕吐彻底吧。于是我蹲在那里，让自己呕吐完毕。这样我感到轻松多了，但那肠胃仍不饶过我，我感到了腹泻的预兆，便赶快奔到森林里，让那折磨我的腹内之物赶快排掉。如此这般，我仿佛经历了一场劫难，推着自行车慢慢回了家。我淋浴了一下，躺在床上休息。突然腹痛难忍，浑身冒汗。床上的我没有办法抵抗疼痛，只好下床在地上滚来滚去。这种剧烈的腹痛是我从来没有过的，我知道自己的肠胃可能出现了大问题。因此我再也不能讳疾忌医了，必须马上去看医生。等这阵剧痛过后，我便给附近一家诊所打了电话，预约好时间，就奔向了诊所。

我给医生简单地描述了我的症状，他说这是肠胃疾病。他问起我大便的颜色，我说有时是黑色的。他说我的肠胃已经出血了，非常严重。他要给我作胃镜检查，看是哪个具体部位在出血。我躺在病床上，护士给我注射麻醉剂，并将一根管子插进我的嘴里，我很快朦朦胧胧失去了知觉。醒后我不知道自己怎么躺在这里了，仿佛经历了一个梦境。医生微笑地对我说，我得了十二指肠溃疡。他用拇指和食指捏成硬币大小的一个圈，说溃疡面积有这么大。他说我对疼痛的感觉太不敏感了，否则早就应该感到疼痛的。如果现在不及时治疗，那么溃疡很快就会穿孔，这就非常麻烦了。对此过去只有做手术，但现在有了很好的药片。我庆幸自己还没有到那样危险的地步，便问医生是什么原因造成我十二指肠溃疡。他说大多数肠胃疾病都是心理性的，我的病因是承受了太多的压力。医生最后劝我要多休息和放松，最好去地中海边和美国的加州海岸度假，享受日光浴。我说这是不现实的，我一边要读书，一边要打工，希望医生尽快把我的病治好。我拿了医生开的处方到附近的药店去领药，马上就吞服了一粒，愿这药是灵丹妙药。

两周后，我服完了药，明显觉得肠胃好转。按预约我去复查。护士给我做了胃镜，结果溃疡已愈合。医生又开了一些药，使治疗的结果更加巩固，他说这样就不会再出现问题了。我千恩万谢地告辞了医生，但愿我再也不踏进这家诊所的门槛。我现在才真正明白，健康的身体比一切事情都重要。没有健康的身体，一切事情都办不成。我现在开始踏向健康之路，心情也变得好一些了。

在把医生续开的药全部服完之后，我基本上不再理会那根十二指肠了，而是考虑如何治疗我身体其它部位的疾病。但不久我又觉得腹痛，其症状如同从前。我感到不好了，它肯定就是十二指肠又溃疡了。我赶紧跑到那家诊所。护士又给我做了胃镜，果然原来溃疡的地方仍在溃疡，而且有血。我心中生起些怨恨，这德国的药究竟有什么鬼用？吃时管用，不吃时就没用了。医生安慰我，说仍需治疗一段时间。我又服用同样的药，过了半个月再去做胃镜，当然是愈合了。医生又开了一周的药，叮嘱我继续服用。服完之后，一旦发现问题，就要速来。如果药物治不好的话，那么他就要考虑手术了。但经过这次治疗之后，我再也没有复发。

虽然十二指肠溃疡治好了，但我仍然觉得自己是一个病人。从头到尾的皮肤病仍然在折磨我，牙龈仍在流血，白发越来越多。虽然我去皮肤门诊看了一下，从药店买了一些软膏涂在病处，但不见任何好转。我知道我的皮肤疾病绝对不是通过消炎杀菌所能治好的，而是要通过内部的调理，才能真正地消失。我认为，我的精神压力影响了我的肠胃，而肠胃产生的毒素进入了血液，这样就导致了皮肤的病变。于是我决心对自己进行治疗。

既然我的身体疾病是由心理疾病导致的，那么我就从心理治疗开始。我最大的问题是如何对待各种压力。我想既然各种压力很大，那么就不要自己给自己施压好了。一切顺其自然，自己尽力为之就行，成则成，不成则不成。因此我要克服各种不良的心态，尤其是愤怒和忧郁。它们不能成其事，相反只能毁其事。这两种情绪仿佛是明火和暗火一样会把自己的灵魂烧成灰烬。克服了这种情绪之后，我自己才能做到心态平和，不急不缓。唯有如此我才能应付各种困难。

除了心理之外，我还注意饮食的调整。因为肠胃不好，所以我平时吃饭以蔬菜、水果为主。我听说胡萝卜有助于治疗溃疡，便坚持生吃胡萝卜；我又听说每天吃一个苹果可以赶走医生，我于是做到每天吃一个以上的苹果。事实证明这些蔬菜水果对保护肠胃有很大的作用。同时我每天大量饮用白开水，借此排除体内的毒素，另外我还经常饮用苹果醋，用它来强健自己的身体。

与进行饮食方面调整一起，我又开始静坐和静站。我静坐时，不将身体保持为任何固定的神秘的姿态；也不遵守某种具有特殊意味的呼吸方法；当然也不意守丹田，渴求达到一种幻想的境界。我只是静坐，让自己如野马般奔腾的心灵安静下来。但我发现静坐对心理有很大帮助，对身体却没有明显效果。于是我就开始静站。我面对墙壁，双腿放开成马步，双手抱成圆圈。我这样站立一般达半小时，其间就会感到四肢酸胀，而且手心、脚心出汗。

经过一段时间的这种综合治疗，我的痔疮居然奇迹般地好了，脸上和脖子上的脓疮也逐渐地消失，我的身体慢慢地走向复原。

5.8　谁是上帝

　　我在德国所遭遇的各种苦难，使我不得不沉思自己的命运，追问我和神的关系，并呼唤我的守护神。

　　我小时候只知道害怕鬼的到来，不知道神的存在。我的家乡一带，巫风盛行，此外偷偷信佛信道的人也不在少数。有些家庭的密室里还供奉一些叫不出名的神像。但我母亲从来不信神，我家堂屋的柜子上面只是放着《毛泽东选集》四卷和毛主席的半身石膏雕像。因此儿时的生活告诉我，世界上也许存在鬼，但不存在神。

　　我从小学到研究生阶段所受的教育都是无神论的。简而言之，世界是物质的，物质是运动的，人是物质运动的历史形态的产物，所谓意识只是物质世界的反映。至于人们鼓吹的宗教和神不过是意识的幻象，它是苦难世界的一声叹息，是人民用来麻醉自己的鸦片，因此它也会成为统治阶级用来压迫人民的精神工具。这时我知道了世界上有许多人相信神，但我认为他们不过是愚蠢和疯狂。这个神与我没有任何关系。

　　这样一种对于宗教和神的偏见一直影响了我，但它在我来到德国之后遭到了沉重的打击。德国是一个基督教的国家，大概一半人信天主教，一半人信新教。天主教和新教是德国的官方宗教，每一个教徒每年都必须缴纳教会税。德国的基督教性质深刻地影响了他们的生活，如每个城市，甚至每个村镇最具历史性的建筑都是教堂。很多人都会到教堂去做弥撒或者是祈祷，特别是在周末。德国人的姓名大都源于《圣经》，他们从出生到结婚到死亡都离不开神甫的祝福。德国的假日也主要是基督教的节日，如圣诞节、复活节等等。

　　基督教不仅影响了德国人的现实生活，而且也刻画了其精神历史。中世纪就是基督教的时代。近代以来的德国哲学始终都不能逃离理性与启示的关系，许多德意志唯心主义者都尝试建立一种理性的宗教。现代基督教虽然已逐渐失去了其基础，但反基督徒们始终又和基督教构成一种敌对的关系。可以毫不夸张地说，要弄懂德国哲学和西方哲学，人们不进入其基督教之门，是难以理解其奥妙的。这样《圣经》成为了我案头上最引人注目的书之一。在不长的时间里，我就收集到了中文版、英文版、德文版的《圣经》。一本袖珍的英汉对照的《新约全书》

一直伴随在我的身旁。

由于我是一个穷困潦倒的人，我很难赢得朋友和友谊。这在于人们都不愿意与一个比自己穷困的人交朋友，不但德国人，而且中国人恐怕都不会违背这一不成文的原则。我深知这个原则，明白自己在这种困境中没有获得朋友和友谊的能力，因此就一个人孤独地生活着。在这种情况下，我很容易想起教堂。这一冲动倒不是由于我突然萌生了信仰，而是因为我想去体会一下，在教堂里一个孤独的人与神是如何神秘沟通的。

我先参加新教的礼拜。其教堂的外观结构比较简陋，堂内也没有什么过多的装饰。到了礼拜开始，牧师就来到台前讲道。他穿着很随便，上穿花格衬衣，下穿牛仔裤，看不出他是神职人员。牧师讲了一些基督教的道理，同时也批判了现实的一些问题，没有制造什么神秘的感觉。礼拜完后，我才知道参加礼拜的还有一对男同性恋伴侣，据说他们准备在这个教堂举行婚礼，并由这位牧师祝福，而永结百年之好。我逐渐了解到，新教已摆脱其宗教色彩，而成为了一个特殊的社会组织，它有时非常激进，倡导一些新观点，如支持同性恋结婚、允许堕胎、保护非婚生子等等。

参加了新教的礼拜之后，我又去参加天主教的弥撒。罗马式的主教大教堂的外观拥有一种庄严肃穆之感，里面悬挂着巨大的十字架上受难的耶稣，下面是燃烧的蜡烛和怒放的鲜花。伴随着洪亮的管风琴声，合唱队开始高唱赞美诗，同时教堂里弥漫着熏香。神甫来到台前开始引导大家祷告，信徒们都跪下来，口中念念有词。在祷告后神甫依据《圣经》的经文开始布道，我们都在静默倾听。此后大家又是跪下来祷告。如此这般，礼节程序极为复杂。到了高潮，是人们领受圣餐，吃面包与喝酒。最后是相邻的人们握手问候，并自动掏出硬币丢在从前面传过来的小篮子里面。在管风琴的乐声和合唱队的歌声中，弥撒结束了。我很喜欢天主教的这种宗教仪式，它的烛光象征着希望之火，它的歌声引导着灵魂越过肉体。但我对他们下跪的做法不以为然，我痛恨人给人下跪，也不赞成人给神下跪。

在奥斯纳布吕克，教堂每天都会传出晨祷和晚祷的钟声，每到正点，教堂的排钟也会敲响。当然真正的安息之日是周末。从星期五晚祷的钟声开始，人们就停止了工作。德国的法律规定人们在周末不能工作，此时很多信徒都会去教堂参加礼拜。因此周末的安宁总是弥漫着一种宗教的和平与安详的气息。特别是在一个空无一人的教堂里，人更能感觉到这种氛围。当我发现了这一奥秘，我就常常来到教堂，在圣母玛利亚面前点起一根红烛，然后坐在椅子上静默祈祷。我祈祷神保佑我，给我智慧，给我健康，让我和我的家人都能平安地生活。

但基督教最伟大的时刻是圣诞节和复活节。

圣诞节是在寒冬已至之时庆祝耶稣的诞生。在它前一个月始，节日的脚步声已经走近了。人们装饰教堂和街道，到处都是火树银花。如果那时下一场大雪，那么整个世界都会变成晶莹的白雪王国。平安夜是家庭团聚之时，大家会在圣诞树旁互赠礼物，并共进晚餐，然后就去教堂参加弥撒。我曾受卡罗之邀与他家共度圣诞节。我们去了一个古老的大教堂，在管风琴伴奏下合唱队唱起了《圣母玛利亚》，它那充满神圣之爱的歌声抚慰了我寂寞和痛苦的心灵。

复活节是春天来临之时庆祝耶稣的复活。这不是一个家庭的节日，甚至也不是教堂的节日，而是一个大众的和大街的节日。在奥斯纳布吕克的主要大街上，到处都是游行的队伍。人们穿着奇装异服，戴着各种面具，尽情地唱歌、跳舞，呼喊着一些莫名其妙的口号。许多人手拿酒瓶和香肠，大享口腹之乐。在这样的节日里，男女可以随意拥抱接吻，游人稍不小心，脸部可能就会留下被金发女郎突袭的香吻所致的红色唇印。游行之后，满街都留下了空酒瓶和其它垃圾。不过复活节的后遗症不只如此，那些被酒精所激动的男女会春情大发，因此这将导致许多婚姻破裂。在复活节，我也曾来到大街上，但不是作为参加者，而是作为观看者。我也被那种狂欢的场面所激动，但我总觉得这不是我的节日，我没法和他们一起同乐。

人们庆祝这种节日，不过是在遵守一种由传统而来的生活方式而已。本来圣诞节和复活节作为基督教的节日，是教会对古罗马节日的改造。圣诞节祝贺最寒冷的冬天即将结束，这是因为太阳到达了南回归线并开始北移。复活节则欢庆最美好的春天最终到来，生命的复苏与万物的繁殖。人们此时所吃的鸡蛋和兔肉就是生命的象征。当然教堂将这种自然性赋予了精神性，而且与上帝之子耶稣的生死相连。今天人们既不完全考虑节日的自然性，也不完全追忆其精神性，而是关注在这个传统的节日里，如何使自己个人的存在中断与日常时间的关联，在那里尽情狂欢。

虽然大多数德国人都是基督徒，但他们并不一定真正地信仰。特别是一些青年教徒，过着一种与基督教原则不相符合的生活。他们往往是大罪不犯，小罪不断，虽然不杀人，不偷盗，但可以撒谎，可以通奸。而且他们犯了罪去忏悔，忏悔了再去犯罪。因此他们犯罪后不用终身背着沉重的包袱，而可以心安理得。不过在年轻的大学生当中，有许多人公开表示自己脱离教会，或为无信仰者。我的一个同学和他的女友是基督徒，但他们有天早上起来无事可做，最后想出了一件事情，就是去市民政局正式以文字表明自己和教会脱离关系。他后来告诉我，他想成为一个现代的道家。

在德国除了天主教和新教这两种官方宗教之外，还有一些在法律的规定中允许存在的基督教小宗派，如摩门教和耶和华见证人等，这些都是进攻性很强的教派。他们会站在大街上分发小册子，并主动上门传教。其眼光也盯住了外国学生，以帮助外国人克服在德国所遇到困难为由，吸引人入教。这些教派的神职人员大概是在学生宿舍的门铃边发现了我的名字，便想办法进来敲我的门，送来一大堆中文的宗教手册，并说愿意帮我在德国生活与学习。我见他们很友好，就和他们聊了起来，并和他们有些往来。不久他们就劝我入教。我想这太可怕了。我说，第一，我没有任何信仰，不能入教；第二，这种教派在德国不禁止，在中国可是禁止的。他们看到我不为利诱所动，以后就不再找我的麻烦了。

因为德国是一个宗教自由的国家，所以还活动着许多非基督教的小宗派，那些厌恶基督教的大学生建立了很多小的宗教团体。在我所住的楼道里，就有伊斯兰教信徒，禅的修炼者，另外还有信奉喇嘛教的人。有一天，一位学教育学的女生和我在厨房里聊起来，问我信什么。我说什么也不信，但她自称是喇嘛教徒，并邀请我参加他们的活动。出于好奇，我和她一起去了另一个大学生的宿舍。房子较大，里面放着一尊佛像，还有一些西藏活佛的照片。大家交谈以后，就开始礼佛活动。他们口里念着不是很清楚的"六字真言"，然后下跪叩头。我在旁边没有作声，但心里在骂：这帮愚蠢的家伙，应该是走火入魔了吧。之后我跟他们讨论，我说信佛不在于膜拜，而在于觉悟。

在和这种种宗教组织打交道之后，我感到基督教也许是一种比较理性的宗教。于是我远离了一切宗教组织，而只是观望基督教的所作所为。但我几乎天天阅读《新约全书》，时间一久，我手头的《圣经》都被翻破了，其中许多重要的章节和句子时常会出现在我的脑海里。

我为什么要思考上帝？我为什么要阅读《新约全书》？这相关于我当时那种生存境遇，我的贫穷、疾病、孤独与痛苦。这种种人生经历使我觉得我似乎生活在黑暗之中。黑暗的沉重，几乎使我的双眼变得全盲。但我要寻找光明，寻找拯救之途。我知道，我已经不能再依靠我自己的才能了，我也不能借助于朋友、亲人，也许我只能依靠神来给予我安慰和帮助。但是我常常问自己，谁是上帝呢？我期待那真正的上帝的到来。

我们中国人认为天是最高的，没有什么能比天更高了。神不过是天下众生的一种，正如牛鬼蛇神之类。至于灶神、门神岂能欲与天公试比高？因此对于我们中国人来说，神是可能存在的，但神绝不可能一定是最高的。

犹太人相信一至高无上的神，他是自然与人类的创造者。人们虽然可以从自然天地的奇妙之中感觉到上帝的存在，和在人类自身的面容上看到上帝的形象，但是谁也没有见到上帝本身。上帝是谁，他始终遮而不露。不过上帝往往显现为神秘的光和声音，他是丛林的火焰和天空的闪电。先知们从中获得启示。因此犹太人的神仍然具有自然的形态。

只是在基督教里犹太人的神由其自然形态转化为历史形态。十字架上的基督乃是道成肉身。处女玛丽亚感受圣灵而成孕并生出基督，这使基督有一不可见的、神的父亲，又有一可见的、人的母亲。它表明了基督实际上乃是一半人半神。他刚好位于人神之间，引导人归向神。基督在十字架上的死亡和他的复活，并不意味着上帝远离世界，而只是意味着圣灵长存。

圣父、圣子、圣灵、三位一体的秘密在于圣灵。因此神就是圣灵，是精神。如果说神存在的话，那么他就存在于人的精神之中。他并不存在于犹太教的神殿里，也不存在于基督教的教堂中。于是人与神的关系便表现为人与自身精神的关系。人唯有在他的精神中才能找到与神会面的通道并能与神对话。这样人即在神之中，神亦在人之中。

但人并不等于神和精神。人只是一个怀有血肉之躯的动物。他必须吃喝才能维持个体的生存，他还必须通过两性的交媾来满足自己的性欲和维系种族的繁衍。只要他活着，他就要劳作如牛马，而且他会生病、衰老以至死亡。如果说人有神性的话，那么不如说人更有兽性。

但人又不是一般的动物。他是能说话、会思想的、有理性的动物。这使人自身与动物区分开来。动物只是靠本能来生存，人则是有意识地建造自己的生活。正是因为人有意识，所以人区分了光明和黑暗，打碎了人与自然一体的混沌关系。这样人使自己告别了自然铁的规律，走着自己的道路。人在大地上仿佛一孤独的漫游者。人必须依靠自己的意识来承担起自己的命运、他的生和死、他的爱。

不过人与自然和动物的区分仍不是根本性的。根本性的是人与自身的区分。人一旦有意识，人就与自身分辨开来了。一方面是人的意识，另一方面是人所意识到的他自身的存在。但只有意识为人的存在指引出方向。意识在它的成长中，不断将人自身的不同维度显示出来：首先是兽性，它是人的自然本能；其次是人性，它是在人与人的交往中形成的；最后是神性，它是意识在与兽性和人性区分之后的自我确立的提升，因此人在他存在的道路上走向神。

人走向神与人的神化毫不相关。他并不把自己确立为天下至高无上的地位，以自己为中心和尺度来衡量一切。相反当人把自己的精神提升到神的高度的时候，时刻意识到自己的兽性和人性的层面以及它们的界限。当然这也不会导致人向一外在上帝的膜拜。对一外在神祇的膜拜只会产生于人的精神尚未生长的地方。

神虽然是人的神，是人的精神，但并不意味着所有的人都有神。许多人并没有神，如同行尸走肉。有些人的神仿佛游神四处飘荡。也有人似乎与神同在，但一遇生死关头，便神不守舍，魂飞天外。唯有那有神者能置生死于不顾，沉着，镇定，毫不畏惧，泰然自若。

神的存在和消逝相关于每一个人，他对每一个人都祝福和降灾。人在爱时已得到了神的爱，人在恨时已遭受了神的恨。因此人的精神便是自己的守护神。

《新约全书》其实就是上帝启示的话语。我对它的阅读努力消除其神话的神秘解释，也超过了其历史叙述的局限和不足，而是倾听其纯粹的上帝之道。它教导我：爱我的神！同时爱我的邻人！正是在它的指引下，我牢记了信、望、爱，尤其是在没有希望的时候怀有无限的希望。这成为了我从黑暗走向光明的无穷动力。

我常常祈祷：

我的神！

给我智慧！

给我健康！

5.9　危机：危险或者机遇

在 1993 年 7 月我办好在德学习签证之后，我不用为在德居留的事情担心了。德国大学学习的年限是没有限制的，因此人们爱学习多久，就可以学习多久，一个外国学生只要持有学习签证，几乎是可以无限制地在德国待下去。但签证问题解决以后，我的经济与专业问题又凸现出来了。虽然我在 1992 年已经注册为哲学专业的博士候选人，但我无法专心学习。这是因为每周三天繁重的体力劳动使我常常疲惫不堪。我知道，德国的哲学博士学位也许是世界上最难拿的学位之一，一般德国学生也需三年以上，外国留学生如果获得奖学金资助的话，那么也得四五年，如果没有获得奖学金或其它方式资助的话，那么也许遥遥无期。我来德已经两年了。只要一直是半工半读的话，我可能为金钱和哲学累死，到最后也许既赚不到钱，也拿不到学位，两手皆空。想到五年以后甚至十年以后，我仍是

1994 年 1 月，在德国奥斯纳布吕克和德国同学留影。

这种情况，一种巨大的恐惧袭击了我，使我的心里充满了焦虑。如果在德国是这样下场的话，那么我当时真是不该来到德国，还不如在国内混个博士好了，甚至还不如当时听命放逐到农村去，至少也是衣食无忧。凭我的能力还能在国内的学术界保持一个才子的名分。但如今我在德国，很可能要耗尽宝贵的生命。我已经三十岁了，一种时间的紧迫感向我袭来。我想无论如何，我要尽早结束半工半读的生涯，获得经济资助，一心一意地研究哲学。

我真是不好意思和博德尔教授谈起我的烦恼，他为了我的签证已经花费了很多时间。但是我没有办法，只好问他是否可以给我一些建议，让我有可能找到经济资助。他说不知我是否可以给中国的有关部门提出申请，让他们给我一些资助。我说这一点可能性也没有，但也不好多解释，因为他作为一个德国人不了解中国的国情，也不明白中国资助计划的各种复杂性。他继续说，德国现在经济不景气，也不可能找到一个组织的经济资助。最后他说，我可以到他的办公室当助手，这个位置目前被一个美国学生占有，到期之后就给我，每月可拿五百马克。我很感谢博德尔教授的美意，但出来后我想，这五百马克还是不够我每月的生活费用，除此之外，我要另找一份工作赚钱。这在根本上不能改变我半工半读的困境。

回到宿舍里，我琢磨其它办法。我想唯一的办法就是申请奖学金。我知道根据中德文化交流协议，德国的各种奖学金都给了中国政府，而政府把这些奖学金授予了那些公派留学生。中国学生个人在国内根本无法申请到德国的奖学金，在德国原则上也是没有获得奖学金的希望的。尽管如此，我想也许有例外，例如我的学习签证不就是例外吗？当我怀有了这一希望之后，就赶紧到学校图书馆，抄下了一切能够向外国留学生提供奖学金的基金会的地址，并马上回宿舍整理我的申请材料，如履历之类。

我带了近二十封信去邮局，在路上还在考虑我写的信究竟能不能打动那些基金会的秘书们。我在信中说我是一位学习哲学的博士候选人，在德半工半读已经两年了，我非常希望衣食无忧地从事哲学研究。但我的国家经济还不发达，不能给我资助，同时我也不能作为公派的留学人员获得德国的奖学金，那些奖学金一般只授予理工类的学生。但我认为，一个哲学家有其不可替代的重大意义，他不仅会推动中国的社会发展，而且也会为中德的文化与思想交流作出独特的贡献。我认为这封信写得很好，一定会打动收信者中的某个人。当把信交给邮局时，我感到自己发出了希望的信号。

　　发完信之后，我就开始等待回音。德国国内邮寄的信件一天就可以到达，因此来去一次也就两天而已。果然我第三天就收到了几封回信，都异口同声地说，我应该回到国内通过相关部门再向基金会申请。在一周之内，我又陆续地收到了一些回信，都是一样的消息。至于还有些基金会根本就没有回音了。看到这些话，我当然有些失望。不过我听说弗里德里希·艾伯特基金会是亲德国社会民主党的组织，它贯彻社会主义的理想，并且与中国共产党的组织有着非常友好的关系。于是我又挑出了弗里德里希·艾伯特基金会的回信，并抄下其回信人的名字，又大胆地给他们写了一封信，同时还附了我在国内出版的著作。我想他们也许会因此而破格考虑我的申请了吧。但没几天，弗里德里希·艾伯特基金会给我寄来了包裹，里面是原封不动地退回的著作和申请资料，并再次向我强调了我应通过国内相关组织申请的原则，最后表示深切的遗憾。看到他们的遗憾，我更加遗憾，看来破例的指望是没有了。同时我也奇怪，怎么在德国也有这么多的官僚主义呢？

　　虽然我感到深深的失望，但我觉得不能轻易地放弃申请奖学金的希望。放弃奖学金申请就等于放弃攻读哲学博士学位，也等于放弃我五到十年的生命，这更进一步地意味着将放弃我的整个生命中的根本追求。我想德国不是鼓吹自己是一个自由社会和每一个人都有同样的机会凭借自己的才能而成功吗？我坚信自己是一个有才能的人，但德国怎么不给予我同样的机会呢？后来我改变了自己的想法，这种每个人都有的机会可能是存在的，问题是我自己没有找到抓住这种机会的正确道路。那些基金会为什么会拒绝我，原因很简单。其一，收信和回信的人只是一些女秘书，她们只能按各种规定而拒绝我，却没有任何权力接受我。其二，基金会也许根本就没有审阅我的材料，不知道我是一个什么样的人。于是我准备改变策略，直接到基金会的代理人那里毛遂自荐，我相信一定有德国的伯乐相中我这匹中国的千里马。

　　我又在图书馆查到了多个德国基金会在奥斯纳布吕克大学的代理人的姓名、办公地址和电话，然后分别给他们打电话，讲述我的情况，看是否可以申请奖学金。但几个代理人委婉地拒绝了，说近来基金会的财政开支都很紧张，而申请者众多，恐怕不能接受我的申请。只有弗里德里希·艾伯特基金会的代理人答应可以见面。我赶紧跑到这位代理人的办公室，递交了我的简历和相关资料。他看了以后说非常好，许诺将向波恩的基金会总部尽力推荐我。他要求我尽快准备好正式的申请材料，如博士论文大纲、两位教授的推荐信，然后交给他转给基金会。

告别他时，我非常感谢他对我的友好支持。我终于在不懈努力之后看到了希望。

波恩的弗里德里希·艾伯特基金会在两天后给我来了信，写信的正是那位女秘书。信中她提到了奥斯纳布吕克大学代理人的名字，结尾时不再是遗憾，而是高兴。随信寄来了几张要填写的表格。我也很高兴，认真地将表格填好。只是差博士论文大纲和两位教授的鉴定了。我及时给博德尔教授打了电话。他说这是件令人兴奋的事情，他要求我务必准备好博士论文大纲，他和比梅尔教授将为我的论文大纲作出鉴定。

我在1992年冬季学期注册为博士候选人时，已经给博德尔教授提交了关于海德格尔晚期思想的论文题目和写作大纲。现在看来，它显然是不成熟的。因此我必须重新写作。为此我又花了一周时间，写了一个更为详细、周密和系统的大纲。博德尔教授审阅并修改了一下，算是定稿。他马上抽空写了一份肯定的鉴定书，详细地评价了我的博士论文大纲以及我平时的表现，还有我的学术经历。他也强调了我具有非凡的才华和头脑，必将为中国的思想作出独特的贡献。

同时博德尔教授给远在亚琛的比梅尔教授打了电话，请他作一个鉴定。比梅尔教授答应为我的论文大纲作鉴定，但要求我前去和他面谈一次。1993年10月，我乘车前往德法边境的亚琛拜访他。比梅尔教授以研究艺术哲学和海德格尔哲学著称于世，他的著作已译成十种语言。比梅尔教授最初询问了我的一些情况，接着他便阅读我的论文大纲，最后他表示非常高兴，并决定无条件地推荐我为奖学金获得者。出乎意料之外，比梅尔教授又把他珍藏的两本海德格尔手稿让我观赏。

其中一本是海德格尔1930年写作的《论真理的本质》，另一本是1967年在希腊雅典科学与艺术研究院所作的演讲《艺术的本源和思想的规定》。这两部手稿都是海德格尔作为礼物送给比梅尔教授的。海德格尔在手稿上题词，表示了他对比梅尔教授的谢意和友谊。

两本论文的书写方式几乎是同一的，它们都写在无格白纸上。每一页一半写满了文字，另一半则空着。海德格尔在写完这些手稿后，又对它们进行了反复细致的修改。修改的文字则写于那空着的半页上。海德格尔用红、蓝、黄三种不同颜色的铅笔来修改文章，它们标明了不同时期所修改的文字。

面对海德格尔的手稿，我感到只是无比的震惊和敬佩。海德格尔，这位二十世纪最伟大的天才哲学家真正如同他所说的，思考的认真、说话的仔细和文字的节约。海德格尔所从事的语言思考，绝非我们的训诂和词义解释等雕虫小技，而是对"道"的倾听。但今天的情形是，遍地流行的不过是假话、大话和空话。语言时时处处遭到暴虐。

比梅尔教授和我交谈了一会儿，便开车将我送到了火车站。我乘上了回奥斯纳不吕克的火车。

一周后我收到了寄来的长达三页打字纸的鉴定信。信中说，使他感到震惊的是，一个东亚人如此深入地理解了海德格尔的思想。他认为我具有非凡的个性和超常的才能，因此基金会应尽可能地支持我。他还补充道，他曾长期作为洪堡基金会的代理人和鉴定人，具有确定的经验去区分，它是否相关于一个真正的才能和这种才华是否相联一种能力，能够实现其计划。他认为我两者兼而有之。

我看到比梅尔教授和博德尔教授的两封信都非常激动。我想他们是德国著名的哲学教授，基金会的人不会不买账吧？于是我很快将我的全部材料准备好送给了弗里德里希·艾伯特基金会在奥斯纳布吕克大学的代理人，他浏览了我的材料以及两位教授的鉴定信，面带喜色，说他也将为我写一份非常肯定的推荐信，并把这一切转给波恩的基金会总部。我走时，他说我就等好消息吧。

基金会很快给我来信，确证收到了我的材料。但他们说，基金会每年只评选两次，今年的评选时间已过，只能等到明年了。天哪，这简直还没中国办事方便，等到明年，我最快拿到奖学金还得等一年。我把这一消息又转告给奥斯纳布吕克大学的代理人，请他催一下，看能不能快点。他说这是不可能的，因为基金会的评选委员会法定一年开两次。临时连评委也找不着，如何评选呢？我说如果我还要再半工半读一年的话，那么我的宝贵时间又要浪费了。那位代理人只好安慰我，要我还是耐心等一等。

我正式给弗里德里希·艾伯特基金会递交申请材料是 1993 年的 11 月份，等到 1994 年的春天，我才收到基金会要我去汉诺威大学面试的通知。虽然这一通知来迟了，但不管怎样也是一个喜讯，这意味着我已经初步过关了。我打电话给汉诺威大学的一位女教授，她是基金会的董事兼评委，约定了我去面试的时间和地点。

德国北部的春天依然有些寒冷，我一大早乘车来到汉诺威大学那位女教授的办公室。见面寒暄了一下，我们便进入了正题。她说她看了我所有的申请材料，印象很深刻，但表格所表述的内容都很简单，因此需要逐一弄清。她针对申请表提出了许多问题，我都给予了明确和仔细的回答。这种问答式的谈话内容包括我个人的经历，我在中国和德国的生活、工作与学习情况，可谓无所不包。另外她又和我讨论了一些政治与文化方面的问题。也许她想借此了解我个人对于事物的观察与判断能力。当我说话时，她在飞快地记录。复试大概持续了一个多小时才结束。女教授对我说，通过讨论进一步加深了她的印象，她将为我写一份肯定性的鉴定意见。

离开汉诺威大学之后，我的心情很好。我想既然面试合格，我的为期三年的博士生奖学金也就唾手可得，很快我就要告别半工半读的生活了。一看时间还早，才上午10点，我想游览一下市容。按照旅行的惯例，我先来到市中心参观了市政厅、大教堂。我知道哲学家莱布尼茨曾在汉诺威生活过很长时间，便打听到他的故居去看了几眼。但在周围的建筑物之中，莱布尼茨的家并没有什么特别之处。我最后去看了著名的王宫花园。它气势宏大，一望无际，里面草木茂盛，并有高大的喷泉和美轮美奂的雕塑。莱布尼茨正是看了这里的树叶之后才说出：没有一片绿叶是相同的。

我回到奥斯纳布吕克之后，给博德尔教授汇报情况，他说这已经接近成功了。一周之后，博德尔教授打来电话，他说基金会的秘书向学校外事处了解情况，问我是否得过基金会的赞助。外事处也拿不准，便问他，他断然地说我未曾得到过任何基金会一分钱的赞助。博德尔教授最后说，这一检查意味着基金会要作出最终的决定了，这看来是个好兆头。

1994年5月，我终于收到波恩弗里德里希·艾伯特基金会的正式通知，基金会决定从1994年10月起授予我为期三年的博士生奖学金，每月大致可达1500马克左右。当然我每个年度都要写出研究总结并附上教授的鉴定信，才能继续获得下一年度的奖学金。

接到这样一个通知，我当然很高兴。这对于我来说，它是多么不容易啊。我在德国经过了将近三年的奋斗，才能安心地从事哲学研究。现在我还没有拿到奖学金，但我已经有奖学金作为保障了。我算了一下，到十月份大概还有半年时间，我在银行积蓄的几千元马克足以维持这半年的生活费用，于是我毅然决然地决定不再打工，一心一意地集中于读书和写作上面。

为了更好地从事研究，马上我就去买了一部手提电脑和便携式打印机。同时我可以毫不心虚地逛书店了，除了购买了部分古希腊哲学家和康德、黑格尔的著作外，我还购买了《海德格尔全集》中的第一部分，即他生前发表的著作，共二十余种。至于《海德格尔全集》一百卷，我认为既买不起，也没有十分重要的意义。

在十月份之前，我作为新的奖学金的获得者来到波恩参加基金会组织的讨论班。此后基金会都滚动式地举行各种各样的讨论班，内容包括政治、经济、文化艺术、国际关系等等，每个奖学金获得者都有义务每学期参加一次。我积极地报名参加这些讨论班，由此开阔眼界，增长见识。讨论班举办得丰富多彩，他们往往邀请不同的政治家与专家来讲学。如我就听过社会民主党、自由民主党、基督教联盟和绿党的领袖的报告，他们各自阐明自身不同的政治纲领。社会民主党作为红党代表中下层广大人民，自由党代表知识分子，基督教联盟代表资本家，绿党代表环保者和年轻人，尤其是大学生。此外讨论班还在不同的地方举行，包括德国城市与世界各地。我就随同基金会去过柏林、罗马等地方。

总之，弗里德里希·艾伯特基金会不仅给予了我金钱，而且给予了之外的许多东西。没有她的帮助，我根本不可能在德国完成我的博士论文写作。

5.10　巴黎印象

我在奥斯纳布吕克生活了三年，因为语言、经济以及签证等等各种原因，还未曾回国探亲。1994 年的暑假，我的一切问题都解决了，因此我计划回家看望我的老母亲和哥哥姐姐们。我已经三年没有看到他们了，他们也一定很想念我。但经过一番考虑后，我最后决定暂时不回去，还是等学成回家吧。其一，来回机票及其它费用至少超过两万人民币，这对我贫穷的家人来说已经是天文数字。他们实实在在需要我的帮助，我不如把这笔探亲所需的钱寄给他们。其二，我对国内的情况不太了解，听说自费留学者回国又要到原所在单位开具证明，才可以到公安局重新办理出境手续。因此我非常害怕回去了后出不来，而中断我在德国的学业。

不能回国探亲，但我也想出去轻松地旅行一下。这三年我从来没有作为一个纯粹的旅行者出去观光过。现在无论如何我也要体验一下游山玩水的感觉。德国人要出去观光一般都会想到去巴黎。这不仅是因为巴黎有名，而且也是因为德法之间交通便利。从奥斯纳布吕克到巴黎乘车大概不要十小时。于是我便到旅行社登记，决定去巴黎一游。

巴黎以美与爱著称。人们称它的神奇是被艺术女神缪斯幸运的亲吻所致。巴黎代表了一个时代，如同雅典聚集了古希腊灿烂的文明，古罗马成为了中世纪的中心一样，巴黎乃西方近代史的首都，正如纽约是现代的象征。那么什么是这个"近代"？近代不是其它什么，它只是意味着人的觉醒，即人对人性的发现。巴黎正展现了人性发现这一光辉的历程，如思想上的启蒙运动，文艺上的古典主义和浪漫主义，政治上的法国大革命和人权宣言。这一切似乎都成为了过去，但巴黎的建筑则用石头记载了这一历史。人们处处都可以追寻到时光的踪迹。

不过我来到巴黎怀有的主要不是历史的兴趣，而是审美的兴趣。我只是观赏自然、建筑和人，而且只是它们的"外观"和"纯形式"。

整个巴黎市区奇大无比。但如果说巴黎有一个中心的话，那么它就是塞纳河。塞纳河仿佛一条玉带横贯巴黎市区，将它最美丽的风光连接在一起。倘若没有塞纳河，巴黎将变得干燥，失去了生命力。正是塞纳河给予了巴黎的灵魂，使它具有了无穷的魅力。塞纳河如同一个巴黎女郎，在晨光暮影中风情万千。

在塞纳河西段的一个小岛上，耸立着自由女神的雕像。它是法兰西民族自由精神的表达。美国纽约的自由女神雕像是这个巴黎自由女神雕像的复制品，而且是法国人赠送给美国人的礼物。由此岛东行，便能望见河南耸入云端的埃菲尔铁塔。飘浮的云朵时常遮盖住其真实面目，但在天高气爽的时候，人们在其顶端能俯瞰巴黎全景，而夜幕中的铁塔被灯火照耀得灿烂无比。埃菲尔铁塔现在几乎成为了巴黎的标志之一，慕名而来的人络绎不绝，惊叹其巨人气象，但不少人也讨厌这钢铁构成的丑陋怪物。离开埃菲尔铁塔继续前游，经过两岸为数众多的著名建筑物，来到塞纳河东端，便遇到一个较大的岛屿。巍峨的巴黎圣母院矗立其上。它是一庞大的建筑，它的尖塔直指苍天，仿佛把此岸的人引向彼岸的天国。雨果的《巴黎圣母院》把它的大名已传向全球，看到它，人们也不禁想起那美丽的女郎和那丑陋的敲钟人的故事。从自由女神像到巴黎圣母院的河段上横越着无数桥梁，每一桥梁都有自身独一的风格。塞纳河河岸由石头铺成，许多人漫步河边，享受两岸的奇异风光。对于那些情人来说，塞纳河更是他们的乐园。无数鸳鸯蝴蝶在阳光下谈情说爱，肆无忌惮地接吻拥抱。

在塞纳河北岸与塞纳河平行伸延着著名的香榭丽舍大街。凯旋门位于大街的西端。它雄伟壮丽，虽气势宏大，但又不失典雅庄重。仅就其本身的建筑学风格而言，它就是一件完美的艺术品。再加上精美的浮雕，更增添其审美的光辉。以凯旋门为中心，辐射出 12 条宽阔的林荫大道。香榭丽舍大街不过是这 12 条大道之一，但无疑是其中最美丽的。漫步在香榭丽舍大街上，人不由自主地被其浪漫风情所陶醉。虽然来去奔驰的车辆带来了刺耳的噪音，但它意味着这条街道仿佛河流一样在不断地奔腾。宽阔的人行道以及树木给予了一宁静的空间，人们信步漫游或者驻足小坐。来来往往的人群如同流动的风景。虽然只是擦肩而过，但是巴黎女郎的微笑却使人难以忘怀。大街的东端毗邻着协和广场。广场中央树立一高大的纪念碑。四周装饰了硕大的雕塑和喷泉。广场虽然宏阔，但是并不空荡。游人们穿梭于雕塑和喷泉之间，流连忘返。

从巴黎协和广场走过一片绿林地便来到了世界最大的艺术博物馆卢浮宫。它的入口处屹立着一座由玻璃构成的巨大金字塔。这是华裔建筑大师贝聿铭的杰作。虽然卢浮宫这一由石头砌成的古老建筑与这钢筋玻璃所表现出来的现代风格似乎不太协调，但是当你想象出这个入口建筑为正方形、圆形和一般的三角形之后，你不得不惊叹这金字塔的建筑乃天才之作。唯有它的几何形状与卢浮宫的建筑风格既区分又同一，因此它构成了和谐之美。

卢浮宫所收藏和展览的作品几乎是一部西方艺术史。它包括了古希腊古罗马艺术、中世纪艺术和近代艺术三个历史阶段。古希腊艺术的主题主要是奥林匹斯山上的诸神。文克尔曼用"高贵的单纯，静穆的伟大"来赞美它，尼采则发现了"日神如梦"、"酒神如醉"这种希腊的二元精神。中世纪的艺术基本上是基督教的艺术。它描述了基督降临、传道、十字架上的受难和死而复活的历史。近代的艺术则表达了世俗的生活，人自身的肉体和精神。这三个时代鲜明地展示了自身不同的主题，即诸神（古希腊）、圣灵（中世纪）和人性（近代）。

卢浮宫中，最引人注目的作品当然是断臂的维纳斯和神秘微笑的蒙娜·丽莎。

维纳斯是古罗马对爱与美之神的称呼。但爱与美之神的古希腊名字应该是阿芙罗狄特。这个断臂的维纳斯是古希腊的艺术而不是古罗马的作品。人们现在习惯称它为维纳斯而不是阿芙罗狄特，这只是罗马文化取代希腊文化的一个通俗的例证。古希腊雕塑中的爱与美之神的形象都是半裸。但最美的雕像则是这个所谓的断臂的维纳斯。据说一些好事之徒曾试图将断臂恢复完整。但是无数的想象和试验都归于徒劳和失败，不仅没有增添其美，反而倒加其丑。殊不知，维纳斯的断臂乃"天意"。为什么？因为这断臂兼具隐秀，既遮蔽，又显露。一方面，它去掉了手臂固定的位置，使人们自由想象手臂无限的姿势。人的手和人的脸部一样是人体部分最有表现力的。另一方面，由于去掉了手臂，便突出了维纳斯的脸部、胸部和腹部。而这三个部分最充满了感性力量的。

与维纳斯的断臂一样，蒙娜·丽莎的微笑也引人沉思。

如果面对蒙娜·丽莎的画像，那么人注目的首先是蒙娜·丽莎的眼睛和嘴角的微笑，然后是她略露的丰满的胸部，最后是她肉感的双手。这是这幅伟大之作的三个亮点。

许多人被蒙娜·丽莎的微笑所牵引，并试图去解释其神秘的谜底。例如，有人从蒙娜·丽莎的模特儿和画家自己身上寻找某种生理学的根据，这些都不过是一些无稽之谈。但是如果站在西方精神史和艺术史的角度，从其不同时代的特色进行比较，那么蒙娜·丽莎微笑的神秘也就大白于天下了。

西方历史的三个时代的主题——诸神（古希腊）、圣灵（中世纪）、人性（近代）也十分鲜明地体现在这三个不同时代的女性形象身上。它的代表就是维纳斯（古希腊）、圣母玛丽亚（中世纪）和蒙娜·丽莎（近代）。

维纳斯是爱与美之神。她虽然半裸，但是这并没有强烈的性的意味，不会由此引起人生理的欲望。相反它表达的是爱与美这样一个观念，它刚好与人的本能相区分并且成为人追求的理想。圣母玛丽亚与维纳斯则截然不同。她是基督的母亲。作为处女，她感受圣灵而成孕，生出基督拯救世界。玛丽亚呈现的是圣灵的灵光，肉体的存在和它代表的欲望完全隐而不见。玛丽亚的胸脯从来都是遮盖住的。虽然她的宁静的脸部和双手显出母性的爱和温情，但是她的肉体是不可触摸的，因为她只是神的母亲，不是人的母亲。与维纳斯和玛丽亚也根本相区分，蒙娜·丽莎的微笑则闪耀着人性的光辉，而且尤其是作为一个与男性不同的女性的光辉。人告别了诸神和圣灵，在自己身上即自己肉体和精神上找到了一个新的世界，它就是人的爱和美的源泉。维纳斯和玛丽亚都是人所不能接近的，因为她们都是神。但蒙娜·丽莎却是可以亲近的，因为她是人，而且是女人。她的微笑正是那亲近的语言。因此人性及人性的光辉是蒙娜·丽莎微笑的神秘之所在。

不过蒙娜·丽莎的微笑所表达的人性与人的本能和欲望仍相距甚远。这种本能和欲望在近代仍不成为主题，它被彻底揭示和公开只是现代的事情。像梦露和麦当娜就是活生生的"性象征"。她们虽然在艺术上有优劣之分，但她们各以不同的方式敞开了性的欲望以及人关于性的各种幻想。当然她们也微笑，不过她们的微笑只不过是一种赤裸裸的性的诱惑罢了。

奥塞博物馆与卢浮宫隔河相望，它收藏了许多现代艺术，尤其是印象派的作品，如梵高等人的原作。但是在现代艺术家中没有谁比罗丹和毕加索更属于巴黎了，他们在巴黎都有专门的博物馆。

在罗丹博物馆内，主体建筑左右两侧耸立着罗丹的代表作《地狱之门》和《沉思者》。展厅内陈列了罗丹的大量的作品。其青铜雕像塑造了强壮有力的肌肉和这肌肉所具有的精神的穿透力；其大理石雕像洁白、高贵，它似乎是那冰肌玉骨的活的人体。

罗丹的作品具有多重主题，但其根本主题则是性爱与生死的关系。他的作品，特别是大理石作品大多是裸体雕像和男欢女爱的情形。他们或亲吻，或拥抱，难分难舍，如醉如痴，忘却了生死。

性爱怎样成了罗丹和现代艺术的主题？中国人虽然自古就有发达的房中术及其相关的经典，但是它们只关涉到性，不关涉到爱；而且它们都是秘诀，从来不是公开谈论的题目。如果我们要找到一本关于性爱的伟大的哲学和艺术作品，那么我们只能感到失望。西方人当然以另外一种方式对待性爱。但在其历史上古希腊的英雄，中世纪的圣人和近代"人性的人"成为了尺度。因此性爱并没有分化出来成为纯粹的问题。但在现代的思想中，人的肉体及其欲望和它的公开的爱情的意义是不可替代和不可重复的。在性爱关系上聚集着人与人、人与自然、人与精神最丰富最深邃的关系，这也就是罗丹艺术性爱主题所具有的时代意义。

与罗丹相比，毕加索的艺术更有创造性和世界性的影响。

毕加索博物馆收藏了毕加索从青年到老年时代众多的作品，并按年代的先后顺序展览出来。因此人们能清楚地看到毕加索从色彩、线条到主题的不断变化，如玫瑰时期、蓝色时期等。

毕加索一直在寻找一种绘画语言。当他用立体主义的方式来从事绘画的时候，便意味着他用一种崭新的绘画语言来建立他个人的艺术世界了。如果说毕加索是二十世纪最伟大的画家之一的话，那么他的伟大之处便在于他创造了这种以立体主义为口号的绘画语言。这使他区别于传统和同时代的其他艺术家。

西方古典绘画使用焦点透视，这和中国水墨画使用的散点透视不同。因此它所表达的对象只能显示其单一的一面，而且人们只是习惯于忠实地摹仿这一具体对象。这种古典绘画语言在十九世纪末以来已面临着深刻的危机。人们开始从各个方面去寻找新的绘画语言。例如，印象派已不再注重客观的对象，而是主观的印象。因此光和影在其绘画中起着重要作用。梵高作为后印象派的天才画家，他的色彩和线条都是流动的。毕加索所尝试的是另外一条道路，他要打破这个僵化单一的焦点透视。他的立体主义不是将对象不同的维度同时表现出来。这似乎可以称作一种新的散点透视。不过毕加索的作品仍存在对象，只是这种对象不是平面，而是以立体的方式显示于人。这种对象的克服和消失最终只在抽象绘画和表现主义的艺术品之中。例如，比起毕加索，保罗·克利的作品就是更加纯粹的绘画。因为保罗·克利已不在乎一个对象的平面和立体了。他专注的只是绘画语言本身，即色彩和线条的自由游戏。唯有在保罗·克利那里，色彩和线条本身才脱离任何主观和客观的限制，而为其自身真正的表达。因此有人认为，保罗·克利是一个比毕加索更加伟大的艺术家。

总之，巴黎这个爱与美之都处处都给人留下了深刻的印象。它值得人不时地去反思，仿佛是一个不断的源泉。

5.11　走向海德格尔

1994 年的冬季学期来到了。这对于我来说，是一个学习的新起点。现在我可以衣食无忧地从事哲学研究，而且是我一直心醉神迷的海德格尔思想研究。

我研究海德格尔已有漫长的历程。我从大学时代就开始关注他了，而研究生学习阶段更是翻译了他关于诗的论文集，现在赴德留学追随他的弟子。我问我自己，而且别人也常常问我，为什么我对海德格尔的思想发生如此的兴趣呢？当然对此有很多理由，如海德格尔是二十世纪中最伟大的思想家，既然他是伟大的哲学家，那么自然会引来所有人的注意。如果轻视了他的话，那么人们就不配为一个真正意义上的哲学研究者。这些对我也是通用的。但我想我还有一些特殊的理由。这在于我的天性不喜欢理性哲学，而爱好存在哲学，试图让自己的思想去经验存在，海德格尔的思想正指引了这样一条通往存在之路。此外，也许我和海德格尔都是从田野里走出的，对大地怀有深深的眷恋之情，特别是在现代技术社会这一无家可归的时代里，都要寻找一安身立命之所。我想这才是我走向海德格尔的真正原因。我要通过海德格尔的思想获得一种语言批判的能力。在批判中，让语言自身成为指引。

但在国内学习和工作时，我觉得自己根本就没有搞懂海德格尔思想，这与国内独特的学术思想研究的条件有关。国内海德格尔的原著和关于他的研究资料很少，这就决定了人们对于他思想的理解不可能从整体上把握。而只能如同盲人摸象一样，在那里任意揣测和想象。同时根据英语翻译的海德格尔中文译作明显地受到了英美学界的影响。那不是德国的海德格尔，而是美国版的海德格尔。此外加上中国研究者在引进海德格尔时受到自身已有的中国传统眼界的影响，海德格尔思想已经经历了多重变形。

我就是在这样一种情形与海德格尔相遇的。我当时最为困惑的是海德格尔思想的独特性究竟是什么？同时他为什么要如此思考？我在中国找不到任何答案，同时我自己也找不到任何满意的回答，这使我感到非常苦恼。我想如果自己连一个最感兴趣的思想家都不懂的话，那么我还算一个什么样的思想者呢？

现在我有幸得到海德格尔的嫡传弟子指导我研究他思想，我就有希望解决自己长久以来存在的困惑了。但是我发现我以前不仅没有弄懂海德格尔，而且我所拥有的中国式的偏见，严重地阻碍了我走向他。这在于我们没有看到差异中的海德格尔。第一，现代思想与传统形而上学的差异；第二，海德格尔与其他现代思想者的差异；第三，海德格尔自身思想发展阶段的差异。例如，人们将海德格尔看成是存在主义的思想家，与雅斯贝尔斯、萨特并列，事实上，只有萨特是严格意义上的存在主义者，准确地应译成生存主义者，雅斯贝尔斯是存在哲学家，海德格尔只不过是追问存在问题的思想家。而且这样一个存在问题在海德格尔思想的不同阶段都具有不同的意义。因此当我走向海德格尔时，最重要的就是从似是而非的中国式海德格尔观相分离。

走向海德格尔，当然是走向他的思想，对于海德格尔来说，最根本的是他的著作，而不是他的生命。如果要说他的生命的话，那么也可以简单地描述为他生了、死了，写了很多著作，如同他描述亚里士多德一样。当然也有很多人非常关心海德格尔与汉娜·阿伦特师生之间的风流韵事，也很注意他在纳粹时期担任弗莱堡大学校长那段政治是非。但这其中有些与思想无关，有些与思想有关。因此真正值得思考的是他思想轨迹的变化，这明晰地表现在他的著作中。但阅读海德格尔的著作也不是见轻而易举是事情。《海德格尔全集》计划出版一百卷，当时已出了七十多卷。这需要花费很长的时间。虽然在德国六年半的时间里，我曾将《海德格尔全集》通读了一遍，但我始终只是抓住它的第一部分，即他生前发表的著作以及其它部分的个别重点。对于全集的第一部分，我反复地阅读，个别著作更是认真阅读达二十几遍，以至于其中的书页被我翻破了。由此我对海德格尔思想的整体和核心问题已经有了清晰的把握。

除了阅读海德格尔自身的文本之外，我还翻阅了大量的关于海德格尔的研究资料。它们真是浩如烟海。以西文出版的研究海德格尔的单本著作已逾千本，西方的学术期刊所发表的研究海德格尔的论文更是不计其数。此外海德格尔的研究者们成立了国际海德格尔学会，其成员不仅有欧美的学者，而且也有亚洲如韩国、日本的专家。他们以德文、英文、法文三种文字出版季刊《海德格尔研究》，定期地举办讨论海德格尔思想的会议。海德格尔思想的意义可以从他之后的哲学代表人物显现出来。如伽达默尔是德国的海德格尔主义者，罗蒂是美国的海德格尔主义者，德里达是法国的海德格尔主义者。这些人虽然各自形成了自己的独特思想，但是与海德格尔有着千丝万缕的联系，而且他们自身也可以说是著名的海德格尔专家。如德里达一直强调重读海德格尔，并有数本解读海德格尔的专著。至于其他的海德格尔专家更是数不胜数。一般而论，国际海德格尔研究无非四条道路：1、现象学，2、解释学，3、分析哲学，4、解构哲学。现象学和解释学基本上是基于德国现代思想的轨迹来解读海德格尔在现象学和解释学历史中的意义，但是这往往忽视了海德格尔对于现象学和解释学的分离。分析哲学则通过语言分析来清除借助于语言的误用所保留的形而上学残迹，不过它没有考虑到语言的区分。解构哲学瓦解了海德格尔文本中的同一性，并突出了其形而上学的话语的垄断特征，然而它没有注意到海德格尔所处的现代性的边界。

当然博德尔教授理解海德格尔思想的通道轨迹是不同的。他告诉我，关键要进入海德格尔的文本中去。我请他推荐一些海德格尔的研究资料，他非常断然地说没有。但他补充道，如果我一定要看的话，那么就看比梅尔的著作好了。我当然明白博德尔教授说没有什么参考资料的用意，这是因为他与流行的解读方式大异其趣。他也许是世界上少数真正进入了海德格尔的思想并与之对话的哲学家之一。在他的海德格尔研究中，其最大的特点是，其一把握了海德格尔思想的结构整体，并描述其要素的不同关系以及整体自身的变化；其二是揭示了海德格尔在整个现代思想中的位置及其边界，即海德格尔始终囿于现代思想的范围之内而没有超出它。这样博德尔教授实际上中断了海德格尔研究中解释学的效果史，而与他相分离。

在博德尔教授的指导下，我开始了关于海德格尔论文的写作准备。作为练习，我每学期给博德尔教授提供一篇关于海德格尔的研究论文。他都进行认真的审阅和批改。到了 1995 年，我和博德尔教授开始讨论我的论文的具体写作计划。我在这一年里，曾连续提出了三个完全不同的论文题目和方案，但都被他否定了。他认为这些题目还不足以显示出论文的独特意义出来。最后我和他共同商定将论文题目确定为海德格尔的"虚无"问题，并探讨这一问题在其不同思想阶段的变化。对此他非常兴奋，认为我是在挖掘金矿，将会发现许多闪光的东西。

从虚无观点探讨海德格尔的存在问题，这是我写作计划中最独特的观点。将存在等同于虚无，这对于海德格尔的研究者来说是不可理喻的。在西方思想史上，无论是古希腊、中世纪还是近代德意志唯心主义，虚无都只具有否定与消极的意义。因此虽然人们愿意谈论海德格尔的存在、真理、语言，但不愿讨论虚无，好像它是洪水猛兽一样。与此相反是我所来源的中国思想。对于道家和禅宗来说，虚无并不是存在的对立面，甚至也不是存在最低级的模态，而是存在最高的样式。经验并言说虚无成为道家和禅宗思想最根本的使命。正是这样一种中国思想的背景，使我获得了不同于一般海德格尔研究的目光，即穿透海德格尔的思想。当然我也注意到了这样一种中国式的目光是危险的，即将海德格尔道家化或禅宗化。虽然后期海德格尔也曾表达了他对于道家和禅宗的兴趣，但他的"虚无"不同于道家和禅宗的"虚"与"空"。海德格尔的虚无是动词化的，因此是虚无化，而且这种虚无化具有世界、历史和语言的不同维度。鉴于这样一种根本性的差异，我在写作计划中根本就没有考虑讨论道家和禅宗的虚无观念，也不准备做那种似是而非的中西思想的比较。

我主要立足于对海德格尔文本的透视。对于我来说，解释文本就是解放文本，亦即让文本自身来说话，在此基础上划清其边界以及这一边界的转移。海德格尔所说的基本话语是作为虚无的存在和作为存在的虚无，用他的话来说，就是"无之无化"。因此我的任务在于追问：1、海德格尔的"无之无化"究竟意味着什么？2、"无之无化"如何在他的不同阶段形成了主题？3、为何"无之无化"对他成为了问题。我的答案是：1、"无之无化"既非否定，也非褫夺，而是虚无化。

2、"无之无化"在海德格尔的早期体现为世界的拒绝;中期为历史的剥夺;晚期为语言的沉默。3、"无之无化"主要是基于现代世界的无家可归的经验。这基本构成了我的博士论文的内容。

5.12　在雷马克住过的房子里

我一直住在城郊的学生宿舍,时间一长,自然生出厌恶之情,于是想搬走,但我始终没有找到合适的房子。后来我的学友、一位来自弗莱堡大学的神学博士生卡尔海因兹(KarlheizRuhstorf)告诉我,他经常到奥斯纳布吕克天主教学生会做礼拜,和那里的大学生神甫成了好友。也许他会同意我搬到他们的学生宿舍去。

1995年春,在德国奥斯纳布吕克学生宿舍前。

我和卡尔海因兹一起去见了神甫。他是一位德国和意大利的混血儿,与一般的德国人不一样,有一种神经质。他对我开始有些戒意,但谈话之后,同意我马上进入。

在1995年的夏季,我终于搬家了。天主教学生会宿舍位于市中心,与昔日的王宫、即今日的大学相邻。它是座中世纪的古老建筑,内部用巨大的木头搭成架子,外部用石头砌成墙体。除地下室之外,共有两层。一层是办公用房和带有壁炉的公共活动场地,二层有十间学生宿舍和小礼拜堂,上面还有斜坡屋顶所形成的顶楼。神甫不无自豪地说道,这座房子存在的时候,马丁·路德还没有出世呢。这同时也在夸耀天主教的悠久历史。当然这样一种文物性建筑还有值得提到的地方，那就是奥斯纳布吕克最著名的儿子雷马克曾在此工作过一年之久。当时他还默默无闻，也许他就是在这座古老的建筑里开始做其文学梦的。

很快，我的行李和书籍就搬到了二楼向南的一间房子里。它面积不大，只有十平米，但全是木头构成的墙壁、地板和天花板，使人在这样一个空间里感到温馨。从南边的小窗户射入的阳光让房间充满了生机，也让我感到非常愉快。我有点后悔，为什么不早就搬到这撒满阳光的房间？我原来住的房子是一个水泥盒子，虽经粉刷，但也感到生硬，而由于朝北更是终年不见阳光，暗无天日。在这新的地方，我不仅身体沐浴在阳光里，而且灵魂也被阳光照得透明了。

我是这栋宿舍中唯一的中国人，也是唯一的外国人。德国学生对我很新奇，都主动和我打招呼。由于只有不到十个人住在一起，因此我们形成了一个相对密切的群体。我们可以说是同住同吃，几乎每天都在厨房里共同进餐，又共同到一楼的啤酒屋在烛光里饮酒，还一起到礼拜堂作礼拜。我们不久变得非常熟悉，同时我也和天主教学生会的其他成员以及神甫几乎都成为了好朋友。

进入天主教学生会之后，我怀有一个想法，试图改变自己的学习和生活方式。围绕博士论文的阅读和写作当然是我不可动摇的根本任务。但除此之外，我还想提高自己的口语能力，能够更深入、更细致地和人讨论问题。同时我还想多交一些德国朋友，了解他们的生活方式和内心想法，以及他们的独特性所在。最后，还有一个非常关键的，我要进入到基督教里面去，体会基督教是如何塑造了西方人的灵魂。经过一段时间，我这几个目的都达到了。我每天都有和人说话的机会，口语进步很快，日常表达能脱口而出。学生会的一些成员都成为了我的知心好友，有些还邀请我到他们家里做客，游山玩水，品尝美味与美酒。我由于和身边的这些天主教徒天天打交道，也明白了他们是如何信仰上帝的。

也许是因为太了解了天主教，我逐渐改变了对它的看法。过去我认为天主教仍然是一个保持了基督教传统而具有浓烈宗教气息的教派，具有某种神圣性和神秘性。但我现在认为，它的教会不过是一个大病房，里面住着无数千奇百怪的病人。依照我的判断，不仅人治不好他们，而且上帝也拯救不了他们。

我的邻居们大多都有这种或那种的心理疾病。他们一般出身于父母婚姻破裂的家庭，生长在一种没有爱的环境里，因此其言谈举止和行为方式都显得有些怪异。如有人经常在楼道里发出奇怪的吼声，以发泄自己内心的压抑情绪。有人甚至常常裸体穿行于卧室和淋浴房之间，让看到的男女们大惊失色。另外，邻居之间也频繁地为一点点小事发生惊天动地的争吵。有一次，我们楼道里出现了内盗，其中一人大概只出去了十分钟，但卧室里的钱包不翼而飞。神甫亲自过问此事，明察暗访了半天，也没有弄得水落石出。内盗之事只好不了了之，而人们之间的猜疑就更加深刻了。

至于经常到天主教学生会来参加活动的人可谓形形色色。除了少数大学生是出于虔诚的信仰来从事公益活动之外，大多数人心里却各怀鬼胎。有的是为了权力，想在学生会混个一官半职，走出去也荣光荣光；有的是为了金钱，可以得到学生会或通过它得到教会的困难补助。但更多的是为了性，在这里追逐男女。人们戏称天主教学生会实际上是一个市场，尤其是一个性爱市场。很多人在此找到性的对象，如胶似漆，但不久就分手，形同路人。然后他们又会构成新的组合。

当然天主教学生会的一般成员还不足以代表教会，也不可能了解教会的真相。真正掌握了教会内幕钥匙的是神甫本人。也许因为我不是基督徒，同时也不是德国人，所以大学生神甫把我视作朋友。我们都无家室之累，因此他经常邀请我到他的住处抽烟喝酒，或者坐他的车作短暂的外出旅行。时间一长，大学生神甫就给我讲述他与教会的一些事情。他是受他意大利的母亲的影响而信仰天主教的。他年轻时在从德国到意大利的火车上遇到了一位非常英俊的军官，并作了深入的交谈。到了罗马之后，他的脑海总是浮现那位小伙子的面容，他发现自己陷入了同性恋。他知道，有这种性的倾向的人只能是独身，而也只能选择神甫这一职业。但当了大学生神父以后，他必须克服自己这种令人感到羞耻的性的倾向。这使他陷入了苦恼和疯狂，由此他曾一度住过精神病院。此后有一些男同性恋者爱慕他，也有许多女信徒追求他，这样他就变成了一位以同性恋为主的双性恋者。他说天主教教会中神甫的同性恋者比比皆是，至于和女信徒私通更是家常便饭。教会里人们谈论最多的只有两件事情，即上帝与性，此外还有权力与金钱。大学生神甫最后问我中国是否也有同性恋者，以及我对同性恋者怎么看。我不无吹嘘地说，中国有悠久的同性恋史，人们将同性恋诗意地描述为断袖分桃，对此我还解释了半天。为避免误解，我强调道，我不反对别人是同性恋者，但我自己绝对不是同性恋者。一个正常的男人都很喜欢女人，我只是由于种种原因暂时还没有找到合适的。对这位大学生神甫，我既感到厌恶，也感到同情，我认为他是一个可悲的角色。

　　奥斯纳布吕克的天主教大学生会既然作为教会下面的一个组织机构，它自然有许多常规性的活动，其中最主要的是星期天和星期二晚上在二楼小礼拜堂的礼拜活动。这两个晚上会使我们弥漫了世俗气味的学生宿舍充满了神性的光辉。快到礼拜开始时，二楼西侧的小礼拜堂便被无数燃烧着巨大的蜡烛照得透亮，在大学生自己弹奏的钢琴声中，合唱队开始高唱赞美诗，然后便是穿着长袍的大学生神甫布道。到领受圣餐和圣酒时，所有的人嘴里都会发出轻微的咕噜声。只有我是例外，因为我是非基督徒，所以我不能领受上帝的恩宠：面包与酒，他的肉与血。礼拜结束之后，大家就会来到一楼西侧的啤酒屋，在那里畅饮啤酒。寒冬之时，人们还会点燃壁炉中的木材，熊熊的烈火使人忘掉了窗外的冰雪。当人们喝完了几瓶酒，啤酒屋内只能听到高谈阔论了。在一些重要的基督教节日里，礼拜的时间会改在白天。之后大家就会在楼前的草坪上支起桌椅，坐在那儿尽情享受烧烤和啤酒的美味，有时人们会在温和的阳光下度过愉快的一天。

　　除了礼拜之外，天主教学生会还组织各种与宗教相关的外出活动。有的是旅游，有的是沉思，有的是朝圣。

　　1995年冬季，学生会安排去北海的一个小岛上旅游。我背上旅行包与睡袋和同学们一起乘上了开往北部的汽车。到了海边后，我们步行去轮渡码头。这时寒风迎面吹来，透过羽绒服使人的骨头都觉得冰冷，远处传来阵阵如雷的海潮声，它让人忘掉了城市汽车所发出的噪音。北海的海边大多是滩涂，非常荒凉，只有无数白色的海鸥不时成群地飞起，成群地落下，如此往复。我们终于登上了轮渡。我喝了一杯热咖啡，身体便慢慢暖和起来。轮渡起航时，天已经黑了。窗外看不到海面的任何东西，但偶尔听到海鸥惊飞的鸣叫。大概过了两个小时，我们才到达海岛，安顿下来。吃了一顿简单的晚餐后，我们各自活动，我和几位熟人到岛中心的啤酒馆去消磨时光。进了啤酒馆，听到了德国的民间歌曲，但一看全是荷兰的啤酒，我这时才知道这个岛不属于德国。第二天，我们先后成群结队地来到当地的教堂做礼拜，然后就去游览。岛上草木茂盛，但岛的周边却布满了沙丘，上面长满了芦苇状的植物。海滩很宽、很长、很平，灰白的细沙非常柔软，可惜的是气温太低，不能游泳，也不能赤脚步行。我们漫步在海滩上，只看到天上的太阳和下面一望无际的大海。到了晚上，我又来到海滩上，一轮明月挂在天空。此时海天一色，充满了朦胧和柔和的月光。我一人走在银色的沙滩上，看到山一般的海潮由远而近奔来，同时带来如同雷鸣般的响声。这真是大自然的奇迹，是上帝赠给我的美。我没有丝毫的恐惧之感，真想也变成那海潮中一滴水，与它们一同起舞。在我离开海岛之后，这海潮的景色和声响一直伴随着我。

1996 年初春，天主教学生会又组织去奥斯纳布吕克以外的一个女修道院过三天的沉思生活。这是纯粹的精神修炼，既不游山玩水，也没有美食和美酒，因此一般的学生都毫无兴趣，只有四五个人报名，我属其中之一。我很想了解那些修女们在修道院里成天究竟在干什么，同时也借这三天让自己灵魂进行沉思。这个修道院位于一片森林之中，周围是一圈水池，如同护城河一样。我住进了一个单间，虽说简陋，但很干净卫生。修道院的负责人给我们作了简单的介绍。修女的生活非常单一，即祈祷和劳作。她们每天早中晚三次都要共同祈祷，唱赞美诗，然后就是劳动，大多是一些针线活和手工之类。这种生活虽简单，但也严格，她们必须天天如此，不得中断。此外任何人都不可以违背修道院里的清规戒律。我们学生会的人只是每天三次和她们共同祈祷，其它时间自己阅读《圣经》，闭门沉思。之后大家共同讨论，交流沉思的经验。经过三天的沉思，我觉得自己忘掉了世俗的一些烦恼，而只是在祈祷中与自己的神对话，人仿佛穿透了使人蒙蔽的迷雾。

到了 1996 年的夏初，学生会计划到巴黎南部的一个城市去朝圣，那里曾生活过一位天主教的圣人。对于这样的朝圣活动，我也是积极参与。我要再去看看美丽的巴黎，我也还要经历一下作为朝圣者的心态。我们组成了十个人左右的小组，驱车前往巴黎，住到了一个教堂。晚上我们就蜷缩在自己带来的睡袋里面。第二天下午，我又去了卢浮宫，观摩了久违的维纳斯和蒙娜丽莎。傍晚时分我和几个同行者在塞纳河南岸的人行道上漫步，欣赏塞纳河两岸的美丽风光。

我们来到一个十字路口。等红灯变成绿灯时，我们就开始横过马路，我走在最前面。当还差一步就到对面人行道时，突然有一辆向右拐的小汽车开了过来，撞在我的右腿上，把我撞飞了两米多远，一时我失去了知觉。等醒来时，我发现自己趴在人行道上，眼镜已不知去向，全身疼痛难忍。我的同行者赶来了，旁边的路人也围上前来，那汽车司机也停车跑了过来。我只是哎哟哎哟地叫，戴上了他们帮我捡回的眼镜。过了一会儿，警车亮着红灯鸣笛而来。警察问了一下情况，路边的法国人作证，说是这个司机撞了我。警察不由分说，给司机嘴上套了一个塑料袋子，做酒精测试，结果表明那莽撞的司机喝了酒。一个警察负责处理这个司机，另一个警察则把我扶上车，来到了巴黎圣母院旁的一家医院。我浑身疼痛，而且两条大腿开始肿胀，尤其是右腿时常有一种撕裂般的感觉。医院马上给我从头到脚拍 X 光，庆幸的是没有发现骨折。诊断的结果为皮肉受伤。在医院躺了一夜，第二天同行的人把我送到教堂。大学生神甫劝我就留在教堂不要去朝圣了，他们过两天回巴黎来接我回奥斯纳布吕克。我考虑到一个人在教堂待几天实在无聊，同时我感到伤腿似乎在消肿，因此决定还是和他们一起去朝圣。这可以锻炼我的毅力。

我们一起来到这次朝圣的出发点巴黎圣母院。整个教堂全都是人头，在祈祷和唱歌之后，我们便乘车来到巴黎南郊。在那儿所有的人必须下车，徒步行走大约三十公里才能到达目的地。鉴于我是伤员，我的旅行包便放在车上。我自己找到一根树棍，当做拐杖用，以利行走。

我每走一步都有些疼痛，但是我命令自己，无论如何也要走完这三十公里的路程。我不停地祷告，让我的保护神帮助我，给我力量。幸好我还有其它的办法忘掉自己的疼痛，如观赏巴黎南郊的田园风光，和同行者聊天，给他们讲一些关于中国的美好故事。在途中，我们还坐在路边祷告和学习《圣经》。晚上我们才到达目的地。我有些得意，我终于克服了困难，成功了。同行者也说我了不起，是个真正的男子汉。

第二天，我们去这座城市中心最高处的一个教堂。各地朝圣的人们都拿着橄榄枝，唱着圣歌，带着无限的喜悦，穿过大街小巷，涌进了教堂。据说是经过教皇保罗二世亲吻过的从罗马空运过来的十字架到了，顿时全场欢腾，成为了一片歌声的海洋。我虽然听不懂法语，但我感到法语的圣歌比德语的圣歌要更为动听，更能打动人的心弦。不少人都在那里欢乐得痛哭流涕，我被这种情绪感染，也很快乐。弥撒结束后，我们有序地走出了教堂，突然一种感觉袭击了我，这种教堂里与神共在的狂欢和在迪斯科舞厅里与人同乐的狂欢仿佛是一样的。

最后我们驱车回到巴黎，接着回到了奥斯纳布吕克。我的伤痛一直没有好，有人建议我索赔。但我不懂法语，在法国与德国之间办事非常麻烦，而且又丢了那份可以作为证据的医疗诊断书，因此我放弃了索赔的打算。想起在巴黎被撞得灵魂出窍的经历，我不禁还胆战心惊，有些害怕。我给朋友写信描述这场不幸中万幸的车祸，朋友回信说：我大难不死，必有后福！

在奥斯纳布吕克天主教大学生会里，我除了参与他们组织的各种活动之外，还自己主持了一些活动。一个是为期两学期的汉语语言班，另一个是为期一学期的老子讨论班。

语言班开班时，在德国颇有影响的《新奥斯纳布吕克日报》还发表了一条消息。于是班上除了一些大学生之外，还有周边许多慕名而来的人，尤其是一些曾到中国旅游过的人，一起有四十多人。这在德国大学课堂上是一个惊人的数字。博德尔教授笑着对我说，我的学生比他的学生还多呢。关于汉语教学，我非常注意方法。我往往围绕一个简单的核心汉字构建一个相关的语言家族。这便于外国人慢慢转变其思维方式，懂得汉字构成的形和意。但人们常说，汉字是世界上最难学的文字。这样经过一段时间后，班上也只剩十几个人了。但有一位金发碧眼的女学生，一位系主任的女儿，始终坚持到底，其成绩也是班上最好的。她热爱中国，也喜爱我这位中国老师。除了正规课堂之外，她还不断地找我，要我单独给她补习。我已经在她的目光中发现了一种期待。但我考虑到我马上回国，便主动地疏远了她。

由我主持的老子讨论班的成员则主要是一些博士生和高年级的大学生。我们一句一句地阅读老子的德文本，然后讨论其意味和思想。大学生神甫总是怀有基督教的偏见来贬低老子。他说老子的自然之道是隐蔽的，只有上帝的逻各斯才将道启示出来了，因此基督教高于道家。对此我们经常争论，我认为他们是两种不同的思想道路，于是人们不能简单地判断谁高谁低。

通过汉语语言班和老子讨论班，我在奥斯纳布吕克播下了中国文化的种子，其中有几个大学生就转到德国的其它大学学习汉学去了。

5.13　在海德格尔的家乡

1996 年 5 月，正值海德格尔逝世二十周年，海德格尔学会在他的故乡梅斯克尔希举行了以"追问真理"为主题的会议。我收到了会议组织者的邀请准备前去参加，去看看他的出生与埋葬之地。

我先乘坐火车来到弗莱堡，一个我一直向往的地方。人们称欧洲是全球的大脑，而德国的施瓦本地区则是欧洲的心脏，这个心脏其实就是图宾根和弗莱堡。图宾根的黑格尔、谢林和荷尔多林，弗莱堡的胡塞尔和海德格尔，他们推动了人类思想的发展，因此也推动了人类历史的进步。我一直想走进这个心脏，触摸它无声却强有力的跳动，弄明白为什么它是如此地灵人杰。

我在弗莱堡车站下车，卡尔海因兹在站台上接我，然后一起来到他家里。卡尔海因兹和他的妻子都是美食家，而她也许从波斯裔的父亲那里学会了很多烹调手艺，能做非常可口的阿拉伯风味的烧羊肉。我们老朋友相见，品美味，饮美酒，不亦乐乎。

休息以后，卡尔海因兹夫妇便带我去游览市中心，其主要建筑物当然也是大教堂和市政厅之类。但我明显地感觉到，如果说北德的建筑比较简单朴实的话，那么南德的建筑则更有装饰、华丽的风格。弗莱堡街道非常有特色的是它两旁流淌着的欢快的小溪，它使它沉默的石头增添了歌声的魅力。这小溪就源于弗莱堡周围的山林。从市中心放眼望去，人们可以看到四周那绵延的群山。

弗莱堡当然是海德格尔之城，人们说他是现代最著名的弗莱堡人。他除了在马堡大学短暂地任教之外，他的大学时代，他的一生中最光辉与最耻辱的时光都是在弗莱堡及其附近度过的。在城市的书店橱窗里都摆放着海德格尔的肖像，里面当然陈列了许多他的著作和研究他的文献。我们来到了弗莱堡大学。那里用花岗岩建造的大学图书馆气势非凡，它使人感到伟大的思想仿佛花岗岩般沉重、厚实，而且拥有坚不可摧的力量。图书馆正门口两边树立着两尊巨大的半身雕像，一尊是荷马，一尊是亚里士多德。这两位古希腊的伟大人物的雕像具有深刻的隐喻意义。荷马是盲人，他只能倾听。而他所倾听的正是缪斯女神的无声的歌唱。亚里士多德则目光深远，他正在看，看是洞见，而他所看到的正是以自身为目的的圆满的存在者。荷马与亚里士多德正好表明了智慧与爱智慧（哲学）的差异及其关系。这古希腊的两位巨人的思想成为了近代以来德意志人思想的源泉。伟大的德意志人将自己视为古希腊人的当然继承者，当他们想起古希腊时，自然有一种家园之感。海德格尔认为古希腊的前苏格拉底是思想的第一开端，而他正要过渡到它的另一开端中去。我们在大学区周围散步。卡尔海因兹告诉我，在这座建筑里，海德格尔曾举办过讨论班；在那座大楼里，他曾作过公开演讲；而在从哪里到哪里的路上，留下了海德格尔的足迹。

在弗莱堡的日子里，我们还离开市中心到了郊区的墓地，去拜谒伟大的现象学家胡塞尔的安息之地。作为海德格尔的老师，胡塞尔教会了他和一代思想家如何去看事物的方法。他的现象学召唤人们走向事情自身，显现事情本身。这既不同于传统的理性哲学，也不同于当时的经验哲学，从而开辟了影响整个二十世纪西方思想的独特道路。我们带着万分崇敬的心情在墓地里面寻找爱德蒙·胡塞尔的墓碑。这座陵园非常安宁，每座墓碑前都开满了鲜花，那些死者的灵魂就在此地下安息。这里没有恐怖，没有鬼怪，相反充满了无限的思念和关怀。我们终于找到了胡塞尔的墓碑，它非常不起眼，和周围的其它墓碑不论是大小，还是样式都没有什么特别之处。见到墓碑上胡塞尔的名字，我的崇敬之情油然而生，这里就埋葬着一位伟大思想家的身体。虽然我认为读胡塞尔的书是件令人头疼的事情，但我发自内心地敬佩他。这在于不管在何时何地，他都没有停止过思想，没有停止过写作，他的生命仿佛只是纯粹化为思想与写作。我想弗莱堡的思想心脏为何永远跳动，是因为有这些人如同输送血液一般在输送思想。

看完胡塞尔的墓地之后，我们又爬上了离它不远的山林。我们沿着盘山路上了山，路边都是原始森林，树木高大，遮天蔽日。爬到高处，卡尔海因兹告诉我，山的西边的不远处就是法国的领地了，弗莱堡实际上处在德法边界附近，而山的东边隐约可以见到莱茵河从南边瑞士的巴塞尔流向德国的北方。看来弗莱堡的确是得山水之灵气。我们在半山腰的一家咖啡馆坐了下来，从那里可以俯瞰弗莱堡全城，市中心高耸的教堂的尖塔非常醒目。我们边喝咖啡边交谈，卡尔海因兹说，弗莱堡的教授们常常与同行在这里讨论问题。

在弗莱堡待了几天，我便和卡尔海因兹以及弗莱堡另外几位博士生一起乘火车去梅思克尔希。我们不久就进入了神秘的黑森林地区。这趟列车是慢车，在山谷的森林之中缓缓前行，而且在相隔不长的时间里就会停下来，等待人们上下车。当列车向黑森林的纵深地带行驶时，山谷就越来越神奇。我喜爱黑森林之黑。它的石头是黑的，它的树林是黑的，它的水也是黑的。黑色是深沉之色，它自身带有幽深的、神秘的和不可言说的意味，因此在它的宁静之中凝聚了一股激动人心的力量。火车继续前行，我们看到了一泓清泉在平静之中与火车并列缓慢流动。我起初没有在意，认为它只不过是一条常见的山间小溪而已。但卡尔海因兹告诉我，它就是多瑙河上游的源流之一，河面好像不宽，但河水很深。我开始注意它，发现它如同一条黑蓝色的绸带一样。但我怎么也不能把它与《蓝色的多瑙河》和《多瑙河之波》的旋律联系起来，我感到这条河流淌着只是黑森林不可言说的黑色。

也许海德格尔思想的秘密就是说这不可言说吧。他曾在南部黑森林地区盖起了一个简陋的棚屋，作为他常年的工作间。他在那里感受到四季的变换以及山野的沉重与树林的生长。当冬夜的暴风雪席卷而来的时候，那正是哲学的关键时刻，其语言铸造的努力如同挺拔的松树抵御肆虐的暴风雪。海德格尔认为他的哲学工作没有任何独特之处，它属于农夫的劳作，如同耕种与放牧一样，因此他的思想获得了施瓦本大地的稳固性。海德格尔常常孤身一人在此思考，但他并不觉得孤单。相反他相信这种孤独具有最本源的力量，它使人走向了万物本性的近处。正是在山野与农夫之间，海德格尔听到了最富有自然性、最强大的和最纯粹的语言。所有这一切，都是他在都市生活所无法经验到的。在海德格尔获得柏林大学的教席时，他认为要回到黑森林的棚屋去倾听山野、森林和农家院子会对此说些什么。他的一位75岁的农民朋友紧闭嘴唇，轻轻地摇头。这就是说坚决地不！海德格尔为什么始终居住于乡下，正是因为黑森林那富有创造性的风景。

大约过了两个小时，我们到达了离梅斯克尔希最近的一个车站，然后我们换乘汽车来到了梅斯克尔希小镇。

这是一个非常一般的施瓦本地区的农村小镇。我们来到了市中心的教堂。在它的北部有一排房子，其中一栋两层的小楼就是海德格尔少年时代生活过的地方。海德格尔出生于附近，但他父亲来到这座教堂参与管理工作，全家便迁入了这栋房子。教堂的管理工作报酬很低，因此海德格尔全家一起过着很贫寒的日子。但正是生活在教堂边，那日复一日的钟声给少年海德格尔带来了无限的遐想。他相信那高耸的钟楼是一个秘密。海德格尔思想早期的时间性和晚期的宁静的排钟的主题，可能就是源于他家乡钟楼的钟声。

在会议开始时，所有的与会人员都乘车来到离镇不远的一座陵园，拜谒海德格尔的墓地。这真是叶落归根。海德格尔将自己的安息之处既没有选择在弗莱堡，也没有安排在黑森林的棚屋附近，而是决定在自己的梅斯克尔希。它是海德格尔的家乡。正如他所说的，家乡就是所来之处，也是所归之处。我们来到海德格尔和他兄弟并列在一起的墓地，墓前长满了鲜花。他在此安眠已二十年了。也许他生前没有想到，在他死后二十年，会有一位中国的思想者不远万里前来朝拜他。墓前的纪念仪式开始了，人们把花篮放在他的墓前，然后比梅尔教授宣读了以他个人名义并代表全体参加者的祭文。他声情并茂，充满了无限的景仰和爱戴之情。他特别强调，海德格尔对自己的学生是如何地关心和爱护，帮助他们成长。他唯一能说的就是感谢。最后我们一起向海德格尔的墓碑行了三鞠躬。

"追求真理"的学术讨论会为期三天，大会发言主要由海德格尔学会主席里德尔教授等人相继主持，博德尔教授、比梅尔教授、冯·赫尔曼（VonHerrmann）教授等世界著名的海德格尔弟子作了发言。在博德尔教授发言时，里德尔教授作了介绍，认为博德尔教授是德国最深刻的思想家之一。博德尔教授在讲台前以一种非常平静的语调宣读论文。他首先提出问题，他有什么权利在此说话？他说他也是海德格尔晚期弗莱堡的弟子，人们都这么认为。但海德格尔也许不这么想，这是因为他们在思想的路上都已分道扬镳。博德尔教授的开篇便表明了他思想的反叛性格，然后他就把海德格尔的关于无蔽的思想分析了一遍。论文宣读完之后，听众热烈鼓掌，但居然没有一个人向他提出问题。卡尔海因兹对我说，博德尔教授简直疯了。他的演讲鬼才听得懂，也许人们读都读不懂。比梅尔教授的论文相关于的真理与政治，这是海德格尔学界中一直持续的热点。他的论文一读完，就有人接连不断地和他讨论，会场内一片热气腾腾。冯·赫尔曼教授的论文则论述了海德格尔思想中的历史性问题。他曾任过海德格尔的私人秘书，是《海德格尔全集》的主要编者，出版了大量的阐释海德格尔思想的大部头著作。一等他讲完，一位日本的女教授就冲到台前，用不流利的德语批评他，说他对海德格尔的解释没有什么创造性，而只是通俗化和庸俗化。对此冯·赫尔曼教授强调说，海德格尔始终是他的老师。这显然是说认同了日本女教授的观点，学生不如老师，即冯·赫尔曼教授不如海德格尔，同时他对海德格尔的通俗化和庸俗化也是有道理的。

人们在白天参加会议，在晚上则各行其是。一天傍晚，博德尔教授托人叫我去他下榻的乡镇酒店。我一进门，就发现他和比梅尔教授在一起喝酒，我向他们致以问候。博德尔教授友好地对我说，就差我一起来品酒了。他说叫我来是为了让我和比梅尔教授好好聊聊。我们喝的酒是海德格尔家乡的特产，海德格尔本人经常饮用这种酒。喝酒时，比梅尔教授和博德尔教授谈了一些海德格尔的往事，仿佛历历在目。同时我也给他们讲了我的论文写作情况以及回国的打算。比梅尔教授坐了一个多小时，刚好他远在巴黎的女友打电话来说出了车祸，于是他不得不要马上回到他在巴黎的寓所。我和博德尔教授友好地继续聊天。我说他的报告是听到的报告中最精彩的，但也许没有多少人能听懂。在所谓的海德格尔学会和学界里，真正关注思想本身的人并不多，更多人只是关注思想之外的具有轰动效应的事情。博德尔教授点头称是。

在会议的休息时间，我和卡尔海因兹就漫步在海德格尔走过的原野之路上。那些小路在平缓的坡地上向远处延伸，消失在树林和群山间。海德格尔一直赞美这田间小路。当思想遇到其谜团时，这原野之路就引导他前进。在这路上，思想家的脚步如同农夫的脚步一样，在清晨走向收割。这田野之路向人们无声地言说，但在技术时代人们已经耳朵失聪，很难听到这大地的呼唤了。海德格尔也许是当今世界中少数在倾听田野之路无言地言说的人。那么这田野之路言说了什么？它只是言说了放弃。此放弃不获取什么，而只是奉献。它奉献了那纯朴者不可穷尽的力量。我走在这施瓦本地区的田野之路上，当然也会想起我家乡的田野之路。我质问自己，我曾倾听过那片土地深处所发出的声音吗？

离开梅斯克尔希，我一个人又漫步在田野之路上。它没有起点，也没有终点。

5.14　罗马之旅

1996 年 10 月，弗里德里希—艾伯特基金会组织了关于国际政治经济的讨论班。我在报名批准之后，便马上申办了去瑞士和意大利的签证。我们按计划先在波恩将有关问题讨论了几天，然后乘火车到达了罗马。在那里我们只是安排了几个单元时间与联合国粮农组织的有关官员座谈，其它大约一周的时间是参观游览，部分是讨论班成员集体活动，部分是个人自由活动。

罗马这一名字早已进了我们汉语的日常语言，如"条条大道通罗马"。对于从事西方文化研究的人来说，罗马帝国更是一个使人震惊的名字。在千年漫漫的中世纪，罗马成为了整个西方世界的中心。它是永恒之城，它是上帝之城。

我非常珍惜这次机遇。凡是空余时间，我都漫游在罗马的大街小巷上。如果罗马和巴黎相比，那么我感到后者如同一位风情万种的浪漫女郎，而前者则是一位顶天立地的男人，它伟大、豪迈，充满了英雄气概。

在罗马城里，到处都是一些具有历史意义的建筑物。按照历史的前后，它们大致可以分为三类。第一是古罗马时代的历史遗迹，第二是在中世纪的基础上所建筑的文艺复兴时代的基督教大教堂，第三是近代以来以罗可可风格为主的广场。另外还有以梵蒂冈为代表的各种博物馆。

在古罗马时代，诸神在人的生活中占有至高无上的地位，因此人们建立了神殿作为神的显现在场之地，也作为人向其祈祷并获得其祝福之所。万神殿就是其

1996 年 9 月，游览意大利罗马时在圣天使桥上留影。

典型。它是一个巨大的圆形建筑，没有窗户，而只有屋顶的中间一敞开口。天光和太阳从那里投射下来，使这宏大的封闭空间不仅获得了光明，而且似乎开辟了众神降临和灵魂上升的通道。这个神殿在帝国时期只是供奉罗马诸神，但在中世纪则改为教堂引进了圣母。它在近代以来还埋葬了许多个伟大的艺术家，如文艺复兴时代的巨人之一拉斐尔。我想这个万神殿是一个真正的万神殿：它包含不仅有古罗马的神，也有中世纪的神圣家族，还有近代具有神性的人。

当然古罗马的中心是市场，它是人神相遇的场所、人与人交流和斗争的区域，也是罗马人各种制度和习俗的发祥地。但我来到这里，只是看到一片废墟，那些巨大的建筑物荡然无存，仿佛只是消失的梦幻。眼前所呈现全是残垣断壁：那高大的石柱，那星罗棋布的基座和那在石缝之间所生长的灌木和野草。漫步其中，我可以逐渐辨认其建筑物的名称，并在脑中重构其轮廓。在罗马市场，神祇仍保存了至高无上的地位，但在帝国时代，古罗马的诸神和基督的上帝似乎是各行其是。这里不仅有农神和其他诸神的神殿，也有基督教的教堂。在这些神性建筑物

的旁边，是一些世俗的建筑物，元
老院曾作为权威的咨询机构，决定
了罗马人生活中的重大事情。在露
天空地的讲坛上，演说家向聚集的
公众发表演说，表明自己的观点。

　　紧接着市场是古罗马人的斗
兽场。看到它，我就有些奇怪，为
什么罗马人在他们市场的神殿、教
堂和元老院边上不盖一个大剧院，
在那里观看人与神的斗争，却建一
个大的斗兽场，欣赏人与兽的角
斗？在这点上，罗马人是野蛮的、
残酷的、非人道的。现在的斗兽场
是一派残败的景象。但这数层高的
巨大的椭圆型建筑依然气势非凡。
我走进了斗兽场内，中间的表演场
成为了数条沟壑，而周围的观众台
只剩下栏状的石墙，连置足的地方
也没有。在这里可以想象那种人兽

1996 年 9 月，在意大利罗马参观斗兽场。

相斗的血腥场面是什么，也可以想象那些高台上的罗马人是如何地惊呼和狂欢。
好在这一切都已成过去。

　　提起罗马，人们更想起它作为上帝之城。它拥有世界上最古老的、最美丽的、
最大的和最多的教堂。基督教的教堂是上帝之家。而罗马的教堂有其独特之处，
即它们有些建立了在耶稣使徒的墓穴之上。它不仅使人面对上帝，而且让人想起
生与死以及死而复活。

　　罗马最引人注目的教堂当属圣彼得大教堂。彼得是耶稣最早的使徒，他掌管
着通往天国的钥匙。从东到西走向圣彼得教堂，我就远远看到它巨大的屋顶。来
到圣彼得广场，我便置身于由高大的石柱所构成的两个半圆形的石廊。对面望去，
屋顶上站立着姿态各异的十二个使徒的全身雕像。进入教堂里面，我被这能容纳
六万人的庞大空间惊呆了。它的雄伟壮丽与美也许就是天堂的现实摹本。教堂的

中心是祭台。在圆拱顶和华盖的下面是教皇祭坛。在此他面对东方的太阳，为信徒们举行弥撒、祈祷和祝福。在教堂中最著名的艺术品是米开朗基罗二十四岁时的作品《母爱》。白色的大理石刻画了怀抱着耶稣遗体的玛丽亚低垂着的面容。她在为儿子之死无限悲伤的同时，也表现了对于上帝旨意的温顺服从。我从教堂来到它的地下室，那里是彼得的墓穴。这位圣徒的遗骨成为了真正的石头和教堂的基础，支撑了人与神的关系。从地下室上来，我还爬到了米开朗基罗所设计的一百多米高的的教堂圆顶内部。如同登上一座垂直的小山，我到了屋顶已是气喘吁吁。俯瞰下面，我感到处在高处的我的身体与灵魂如同飘浮在空中。看完教堂，我和讨论班的成员一起应约到梵蒂冈的国家办公室。教皇手下的最高负责人接见了我们，一起讨论了天主教和世界的关系，如此等等。

与圣彼得相关的教堂还有圣彼得镣铐教堂，那里供奉了圣彼得戴过的镣铐。据说它分为两节，一节找自罗马的监狱，另一节找自耶路撒冷的监狱。更令人惊奇的是，这两节却天衣无缝地套在一起。在这座教堂里还树立了米开朗基罗著名的雕塑《摩西》。摩西在西乃山上接受了上帝的十诫之后，下山看到了他的民众正在祭拜金牛犊，这时他不禁万分愤怒，智慧的面孔充满了痛苦，而肌肉发达的手臂紧护着十诫，力图抵御对耶和华唯一真神的亵渎。这幅伟大的艺术作品曾引起了许多人（如弗洛伊德）去试图穿透其神秘的谜底。

如果说彼得是耶稣最早的使徒，那么约翰则是耶稣最钟爱的使徒，他曾躺在主的怀抱里。圣约翰大教堂当初并不是为纪念基督教的某位圣人而建的，而是作为罗马主教大教堂而修的。在整个中世纪，它一直是教皇所在地。圣约翰大教堂正门门口的铭文写着："罗马和全世界教堂之母"，这旨在强调它作为罗马和全世界教堂之首的特殊地位。大教堂保存了耶稣受难前最后的晚餐时所用桌子的残骸和他在耶路撒冷受审时多次上下的二十八级的大理石台阶。长期以来，每一位使徒都是跪着爬上这个台阶，以表示他们对于耶稣的崇敬之情。马丁·路德开始也爬着上去，但到了中途又站起走了下来，这表明他要和罗马教皇分庭抗礼。他回到德国之后便和一个修女结婚了，其反叛精神完全暴露在光天化日之下。

当然在基督教中最伟大的造神者应该是使徒保罗了。没有他，也许没有耶稣的思想在罗马和全世界的广泛传播。传说保罗被斩首时，他的头颅落地连续跳了三下，这三个地方瞬间就涌出了三股圣泉。人们就把他的尸体埋在附近，并在其墓地旁建立了圣保罗大教堂。大教堂前，屹立着保罗的雕像，他手持利剑，一幅

1996 年 9 月，在梵蒂冈博物馆中庭广场的雕塑前留影。

卫道士的形象。事实上保罗的一生就是用基督教和各种非基督教抗争的一生。

在罗马，除了这些以使徒命名的大教堂外，还有全世界第一座供奉圣母的教堂。它建立的缘由有些传奇。一位绅士和夫人想得一子。八月的一天，圣母在梦中应许其愿望，但要求他们次日凌晨在大雪覆盖的地方盖起一座教堂。于是他们为了还愿便修建了圣母教堂。现存的这座教堂是世界上最美丽的教堂之一，它似乎展示了一部从中世纪至近代的艺术史，其中有中世纪的镶嵌画和地板画，文艺复兴时期的天花板和巴洛克式的小礼拜堂。其中天花板镀有了哥伦布从美洲带回欧洲的第一批金子。在祭坛前的一地下洞穴，珍藏有玛利亚抚养耶稣时使用的摇篮的残骸。

罗马的教堂都刻有中世纪的烙印。但它众多美丽的广场则是近代的产物。在罗马老区的纳沃纳广场有一巴洛克式的四河喷泉。四个寓意雕像分别代表了尼罗河、恒河、多瑙河和拉普拉塔河。西班牙广场的主体部分是三位一体山的石阶。山上有一座教堂，山下则是流动不息的古舫喷泉。长久以来，这个广场就是罗马的旅游中心。一些伟大的人物如歌德、拜伦和巴尔扎克等人都在附近居住过。威尼斯广场是罗马举行一切国民庆祝活动的场所，其纪念碑是为纪念意大利独立而建的。此外，整个罗马还有无数大大小小风格各异的广场。

罗马也以其博物馆闻名于世，其中最为著名的是梵蒂冈博物馆。走向它时，我便看到了入口处上方所安放的米开朗基罗和拉斐尔的雕像。进入展厅，我仿佛置身于艺术的海洋。它汇集了古希腊和古罗马经中世纪到近代的各个时期的艺术作品。在众多的艺术展厅中，古罗马人复制的古希腊雕塑和文艺复兴时期拉斐尔、米开朗基罗的绘画特别引人注目。

缪斯展厅陈列了九位艺术女神的雕像，她们是古罗马人依据古希腊的风格而创造的。除了诸神之外，还有众位贤哲，如哲学家苏格拉底、柏拉图，悲剧家索夫克勒斯等。他们宁静而深邃的目光穿过了时间的隧道而望着我。在庭院里面树立了一尊《拉奥孔》的群雕。作品刻画了祭司在被蛇所咬时垂死挣扎的致命痛苦的表情和两个儿子的姿态，一个即将死亡，仰面朝上；另一个绝望地回转看着父亲。伟大的艺术家抓住了这一瞬间，并将时间化成了空间。

在拉斐尔展厅中有两幅巨大的壁画，一幅是《雅典学派》，另一幅是《圣礼的争辩》。《雅典学派》展示了古希腊一群伟大的哲学家，其中心人物是柏拉图和亚里士多德。柏拉图身穿红色披风，手指天堂，代表理想主义，而亚里士多德身着蓝色衣服，手指大地，代表现实主义。此外还有其它各种流派的代表人物。《圣礼的争辩》描绘天堂和人间，天堂里是圣父、圣子、圣灵三位一体的上帝，人间是几位著名的神学家。拉斐尔的作品是人类灵魂两大要素智慧和美德的形象化。

在西斯庭教堂的圆穹留下了米开朗基罗如同上帝般所创造的杰作。中间部分是关于创世纪的内容，包括区分光明与黑暗、创造天地、男人和女人等。在周边画有基督的各代祖先，即大卫家族的故事。在教堂四角的三角区域描画了希伯莱民族四位的神奇救助者。米开朗基罗的壁画虽然以基督教为素材，但贯彻文艺复兴时所推崇的古希腊的精神。它表达了人性和理性。这是上帝给予人的最珍贵的才能，凭借它，人自己就可以创造一个美好的世界。米开朗基罗画的《创造男人》中的上帝的手指使人感到，上帝不过是让人作为人存在，而问题正在于人自己创造自己。

在罗马的近十天时间里，我几乎天天穿梭于古迹、教堂、广场和博物馆之间。特别是晚上，我和大家一起漫步在灯光辉煌、游人如织的美丽广场上。大概是农历十五的晚上，我和一同行的中国女同学一块漫步在彼得教堂广场。当时皓月当空，一片清静世界。广场寂寥无人，只见巍峨的大教堂矗立在那里。这时最容易叫人想起上帝。我和那位女同学坐在广场中间纪念碑的台阶上。她说她对上帝一直都半信半疑，不知道这个上帝是否真的存在，因此她要我给她一个答案。我说上帝是存在的，但上帝不是一个东西，像一块石头那样，上帝也不是一个人，甚至不是耶稣。上帝是人的精神，他就在人的身体之中。人如果发现这个奥秘，那么就获得了自己生命的守护神。我还告诉她，我经常向我自己的守护神祈祷。她又问，人们为什么要建立教会，盖这么多的教堂。我解释说，那些找到了自己守护神的人是不会信教的，那些没有找到自己守护神的人是会信教的，而且必须去教堂。那位女同学沉思了半响说，原来是这样。她要努力地找自己的守护神。

在罗马的最后一天里，我去了它西郊的地中海岸。成天在古迹和教堂等的包围之中，我不免感到有些沉重。来到地中海岸，我则完全投入了自然的怀抱。那里蓝天碧海，阳光灿烂，浪涛阵阵。我信步走在金色的沙滩上，享受这迷人的时光。我脱掉了鞋袜，走入水中，任浪花抚摩我的身体。然后我躺在沙滩上闭上双眼，让太阳温暖的光芒穿透我的血肉。在这样的时候，我已经不再感到自己的存在了。

我们终于要离开罗马。但我曾在少女喷泉的水池中扔下一个硬币，并许下一个美好的愿望：我还要来罗马。

5.15 修道院里的思想者

1996 年底，因为天主教学生会所在的古老建筑发生地基下陷，随时都有倒塌的危险，所以学生会准备马上迁出。我正在撰写博士论文，需要非常安静的工作环境，因此我无意于住在人数众多的学生宿舍，而想找一个清净之地，在大学生神甫的介绍下，我搬到市中心野兔河畔的一座修道院里的三楼宿舍。

这里居住的条件很好。我拥有一间卧室，连同一间非常大的工作室兼会客室。此外我还占有独立使用的厨房、卫生间和浴室。浴室很大，既有淋浴也有缸浴。浴缸有两米长左右，人可以在里面洗泡沫浴。看到这样的居住条件，我有些吃惊，这些修士们除了独身之外，其世俗的享受也是非同寻常。

1997年夏，在德国奥斯纳布吕克一修道院宿舍。

　　我工作室的窗户朝东，清早太阳就穿过它照亮了室内。推开窗户，我可以看到围墙内的一个大花园，里面绿草茵茵，鲜花朵朵，不时有鸟儿飞来飞去。我被这美景所诱惑，下楼出门在花园里转了一圈，但没有发现一个人。走出花园，旁边就是一座教堂，大门敞开着，人们可以随时在里面静坐祈祷。在教堂的对门，便是奥斯纳布吕克的野兔河了。河畔有宽阔的人行道，路边是高大的乔木。河水清澈见底，鱼群在水中游弋。在市区的河段上，有几座木桥。但现在已看不到牛在桥上行走，而只有人在桥上行走了。对于这样的周边环境，我深感满意。它是我在奥斯纳布吕克生活数年最美的环境。住在修道院一年多的时间里，我几乎天天都会在野兔河畔的林荫道上散步，让自己的思绪随风飘荡，顺水流逝。

　　过了一段时间，我已经熟悉了修道院里的情况。这座三层楼的修道院，只住了四位修士，其中三位是年老的，一位是年轻的，看来修道院后继乏人。但他们有专职的厨娘和清洁女工各一名，专门负责修士的衣食住行。这些修士主要的工作就是祈祷和布道，此外便关在屋子里阅读《圣经》、神学著作和其他文献。但我想，他们一旦离开了上帝的时候一定非常孤独，那么他们如何打发这寂寞难耐的时光呢？后来我发现，他们除了喜欢美食而大腹便便之外，便是爱好抽烟喝酒。他们抽烟斗和雪茄，烟的浓烈气味充满了整个楼道。当有太阳的时候，他们则坐在花园里品尝着葡萄美酒……但我还是非常佩服他们伟大的毅力。在一位八十多岁的老修士的柔和的眼神里，我发现了充满智慧的光芒。

　　修道院非常安静，我常常只能听到自己的脚步声和呼吸声。在这样的环境里，正好聚精会神地思考。我夜以继日地工作着，不断地查阅资料和写作论文。在 1997 年 5 月，我终于将论文完稿，交给了博德尔教授，他审阅论文之后感到非常满意。于是我便将文稿交付打印，并复印装订成册，正式递交给院博士评审委员会，准备参加答辩。

按照德国大学博士评审委员会的惯例，博士论文必须由两位本专业的教授鉴定，一个校内，一个校外。博德尔教授建议除他之外，再让比梅尔教授给我的论文写出评语。大概一个月之久，评审委员会已经收到了这两位教授的鉴定书，并将它们与我的博士论文一起公示于院档案馆的陈列室。展示期为一个月，其间任何人都可以对论文和对评语提出自己的看法，并转达给评审委员会。

评审委员会也把博德尔教授和比梅尔教授公开鉴定的复印件寄给了我。我一看，每份鉴定都长达好几页，十分详细具体。我便认真地阅读起来，看看他们是如何评论我的博士论文的。

博德尔教授的鉴定写道，我的论文不仅显现了海德格尔思想的整体，而且也清楚地表达了其主题的变化，我对海德格尔的认识是卓越的，对其运动的阐明具有充分根据的。比梅尔教授的鉴定写道，他很少读到如此令他神往的著作，他认为我具有把握和表达艰难问题的头脑，我的著作取得了非凡性的成就。读完这两位权威教授的鉴定信，我欣喜若狂，这实际上意味着我可以顺利拿到博士学位。我已经走过崎岖的小路，现在将临近那光辉的顶点。

当我的博士论文与鉴定公布期已满时，暑假却到了。这样我的论文答辩只能推迟到 1997 年的冬季学期。开学时，博士论文评审委员会已经确立了我的博士论文答辩委员会的名单。除了博德尔教授、比梅尔教授外，还有奥斯纳布吕克大学副校长、哲学系教授雷根博根（Regenbogen），文化与地理学院院长和另外一人。雷根博根教授看完我的论文后，非常高兴地告诉我，这是一篇十分出色的优秀论文，并问我是否同意以后将它纳入他主编的哲学丛书里出版。他还表示愿意给我的论文写一序言。我当然非常同意，不久他就将序言的打字稿交给我，他称我的论文是创造性的。我把雷根博根教授写的序言也交给了博德尔教授，对此他说是一件极其好的事情。他还说，一个大学校长为一本博士论文写序，这是一件令人艳羡的荣耀。

1997 年 10 月 27 日下午，我的博士论文答辩正式举行。这天对我来说是非常特别的一天，因此我西装革履，进入会场，并迎接所有的答辩委员会成员，博德尔教授、比梅尔教授、雷根博根教授、院长和另外一人都已先后进入院会议室，同时还来了少数听众，其中有黑格尔曾孙女的丈夫冯巴（VonBar）先生。

在答辩委员会主席即院长简单地介绍之后，我开始发言：

尊敬的主席先生，

尊敬的教授先生们，

女士们、先生们，

海德格尔的思想是一个非常困难的题目，这特别是对一个中国人而言，因为他来自于另外一个根本不同的思想传统。但正好在这种中国和欧洲的半决赛中存在着一个挑战，亦即追寻海德格尔的开端。对此人们实际上已作了各种不同的尝试，这尤其是在解释学哲学和解构哲学那里。作为惯常性的通道的例子，我想起了伽达默尔、德利达和罗蒂，如果就历史学的解释而言，我也考虑到了珀格勒。但与上述通道根本不同，博德尔让海德格尔的位置嵌入现代思想的整体性之中，这表述于其著作《现代的理性结构》内。此正是我在这里从事研究的出发点。

众所周知，海德格尔思想的核心是追问存在的意义，此存在区分于存在者。然而如此理解的存在显现为虚无。与此相应，绝非"存在与虚无"，而是"存在作为虚无"在海德格尔思想中形成了主题。因此我试图用"无之无化"来阐明海德格尔思想道路的核心问题。于是我工作的任务如下：

1. 海德格尔的无之无化意味着什么？

2. 他如何在他不同的思想阶段将无之无化形成主题？

3. 无之无化为何对他而言形成了主题？

关于第一个问题：海德格尔的无之无化意味着什么？只要虚无理解为存在的虚无的话，那么它必须区分于否定和褫夺。当虚无意味着存在的本性的时候，不和否定则具有陈述的特性，它作为一个存在者相关于另外的存在者。依据海德格尔的观点，存在者之不和否定已经将无之无化设立为前提，因为后者使前者成为可能。这是如此发生的：无之无化显现为敞开和自由，只是在这里，否定才有了可能性。这又导致陈述能够去否定存在者。因此不和否定被无之无化规定为它的衍生样式。如果无之无化在本原上不理解为否定的话，那么它也不能把握为褫夺。褫夺标明了存在者的欠缺，亦即缺少那原本属于它的东西。于是它只是存在者否定的一个样式。在这种否定之中，它还不相关于虚无自身，因为虚无不是存在者的欠缺和缺少，而是存在的本性。只有当存在作为虚无虚无化时，存在者的褫夺才是可能的。

因此虚无既不能理解为否定，也不能理解为褫夺。那么虚无怎样才能被规定？海德格尔的回答为：虚无虚无化。它无化，凭借于它与存在者的区分。本体论的区分已经照亮了这样一种虚无与存在者相区分的意义，它意味着：存在不是存在者。在此范围内存在同样是虚无。基于同一原因，区分也是虚无本身。正是在此虚无与存在者的区分中，无之无化才能被经验。"无的本性立于偏离存在者和远离存在者"（全集 15 卷，361）。但是在这种意义上，虚无并不消失，而是敞开自身。

虚无的敞开在于，虚无让存在去存在，虚无以此拥有它具有动词化形态的表达方式。"分词形式的虚无化是重要的。这一分词表明了存在的一确定的'活动'，存在者唯有借此才存在"（全集 15 卷，363）。作为活动，无之无化既非手前之物，亦非手上之物，更非存在者的消灭，而是理解为存在之让。此让然后是纯粹的给予，而它所给予的正是存在，在给予之中最后生成了生成。

关于第二个问题：海德格尔如何在他的不同思想阶段将无之无化形成主题？对此他说明道："三个语词，凭借于它们的相互取代，同时标明了思想的三个步骤：

Europäische Hochschulschriften
Publications Universitaires Européennes
European University Studies

Reihe XX
Philosophie

Série XX　Series XX
Philosophie
Philosophy

Bd./Vol. 554

PETER LANG
Frankfurt am Main · Berlin · Bern · New York · Paris · Wien

Fuchun Peng

Das Nichten des Nichts

Zur Kernfrage des Denkwegs
Martin Heideggers

PETER LANG
Europäischer Verlag der Wissenschaften

意义—真理—地方"（全集 15 卷，344）。在此就意义而言，它表明为存在的意义，但它作为"在世存在"自身拒绝。然后就真理而言，它在形而上学的形态中显现为历史的真理，它作为命运的派送自身剥夺。最后，地方意味着语言的地方性，它自身沉默。于是这正是海德格尔所谓的"存在"从世界经过历史到语言的道路。

世界的拒绝。在海德格尔这里，世界既非意识的世界，亦非体验的世界，如它们被胡塞尔和狄尔泰所理解的那样，而是此在的世界，它区分于手前之物和手上之物，而作为"在世存在"生存着。世界世界化，亦即以此形态，即它自身显现为此在的敞开。此在构成的样式首先是情态，其次是理解，然后是沉沦。正是在理解的情态中，即在世界整体中的畏惧的经验中，无之无化显明了自身。同样作为无之无化，使世界的整体性和非整体性趋向明朗，这凭借于它统一了情态、理解和沉沦。在走向死亡的存在中，此在的存在达到了其本原性的规定，因为死亡是此在本己的、毫不旁涉的和不可逾越的可能性。这作为存在的可能性又被良心所证明。作为死亡和良心的统一，先行的决定立于时间性中，它源于无之无化而自身时间化。于是世界中的无之无化首先是此在的敞开，然后是世界的整体，最后是"在世存在"的本原性。在这种意义上，"在世存在"可把握为"于无存在"。

历史的剥夺。凭借于海德格尔思想由其第一阶段的"世界的拒绝"的解释到第二阶段的"历史的剥夺"的这一根本主题的过渡，其无之无化的规定也发生了变化：这不再鉴于此在来理解，而是于存在自身的真理的关联中来思考。此在为虚无所规定，这在于存在自身在根本上就是虚无。存在作为虚无来相遇，这意味着存在不仅自身去敝，而且首先自身遮蔽。于是存在本原地本性化为自身遮蔽。依此存在的真理

Europäische Hochschulschriften

Fuchun Peng

Das Nichten des Nichts

Zur Kernfrage des Denkwegs
Martin Heideggers

PETER LANG

乃为自身遮蔽的林中空地。此遮蔽之发生正好是历史的命运，在此存在自身派送，凭借它反离而去。作为遮蔽的历史，形而上学同样是虚无主义的历史，这意味着存在历史的终结。相应地，海德格尔在他的第二阶段首先追求解释存在自身遮蔽的本原性；然后他将遮蔽的发生看作是形而上学的历史；最后他试图克服形而上学。

语言的沉默。在世界的世界性和历史的历史性被解释之后，语言的语言性在此也必须显现出来，只要世界性和历史性的林中空地是宁静的空地的话，而此宁静本原性地道说的话。为了向语言的形而上学的观点明确地告别，海德格尔的语言性经验首先要求这样一种区分：谁在说话？既非神，也非人，而是在诗意意义上的语言在说话。据此海德格尔区分了语言自身。不同于陈述，道说是语言的本性，此本性理解为宁静的排钟，而且对于语言中的无之无化是本己的。语言以此方式聚集了天地人神，亦即四元。但是陈述却并不认识宁静的排钟，而是遮盖和阻挡了它。按照海德格尔的观点，陈述的最后形态不是理解为形而上学的历史判断，而是理解为技术当代的信息，此信息已不再可能道说那不道说。正是在技术的世界里，无家可归显现出来，它作为那值得思考的令思想去经验林中空地的宁静。

在海德格尔的不同的思想的维度中，虚无虚化。世界的拒绝是鉴于事情的无之无化，而历史的剥夺是思想的无之无化。同时语言的沉默敞开为在规定意义上的无之无化。从事情、思想和规定的维度，无之无化的不同样式完成了海德格尔思想的建筑结构，以致如海德格尔所表达的"一切皆无"。

关于第三个问题：无之无化为何对海德格尔成为了主题？为了回答此问题，人们必须获得作为整体的海德格尔的思想。虽然无之无化表达为世界性的，历史性的和语言性的，但是它作为整体却是世界性地所铸成的，因为对于海德格尔的思想而言，世界是其出发点和回归点。于是世界首先表现为世界性的，其次表现为历史性的，最后表现为语言性的。

世界的世界性为何在此对海德格尔而言是推动性的？"在世存在被发现为是作为首要的和不可推导的，始终是已经给予的，并因此本原地对于一切意识把握来说是一'优先'的事实"（全集 15 卷，272）。世界是本原的，只要它在此既非意识的世界，亦非体验的世界，而是经验的世界的话。作为如此，世界不是被思考出来的，而是最终简单地"在此"。于是世界"是"，亦即在"有"的意义上。但是这正是意味着存在自身。世界因此是存在的本性，只要世界世界化的话。

但是世界的世界化是聚集及其聚集物，作为如此，四元显现自身。同样作为如此，世界包含了存在的本性并表明为自身遮蔽的真理。以此方式，世界的世界性如此地刻画了历史性和语言性的主题，以至于历史理解为"命运"，而语言把握为"排钟"。只要命运和排钟在聚集的意义上被思考的话，那么历史将是历史性的世界，正如语言是语言性的世界一样。

因为世界的世界性是本原的，所以存在和虚无必须依赖于此。"如果世界首先自身特别地生成的话，那么存在将会消失，与它一起，虚无也将消失于世界化之中。只有当虚无在它的本性中由存在的真理而来并消失于此真理之中，虚无主义才会被克服"（全集79卷，49）。存在消失了，因为它在世界的世界化中接受了，实现了，亦即完成了它的规定。但是为什么虚无也消失？因为它不再为世界的世界化所特有。

然而这种世界的世界化始终只是可能的，更准确地说，为不是不可能的。"但是，世界还拒绝自身作为世界。世界仍反离于它自身的遮蔽性之中"（全集79卷，49）。世界不世界化；物不物化。世界不再给予自身，凭借于它自身拒绝。因此，历史自身剥夺和语言自身沉默。

作为世界的拒绝，无之无化却只是源于现代的经验，亦即它的反经验。这对于人的当前的困境来说是本己的。海德格尔在此困境中经验到什么？"海德格尔的这种困境是如此决定性的，以至于它到其不可辨认性与一切困境相分。什么样的困境？即：它阻止了人可能成为要死者。正是在此，海德格尔看到了其无家可归的困境。但是它在这种规定性中却很少被认识，以至于海德格尔必须谈论无困境的困境"（博德尔，现代的理性结构，357）。此反经验意味着，人的规定反离而去。由此原因，人不再是理性的动物，但还不是要死者。

世界的经验是如此决定性的，以至于海德格尔必须继续地逗留于其中。如果这是确定的，那么海德格尔思想的边界变得明朗：亦即存在作为虚无，更准确地说的话：无之无化。这在海德格尔那里只是理解为世界的无之无化，而不是为在开端意义上的（不同于本原的）语言的无之无化。

当然海德格尔已经区分了虚无，亦即如此，虚无不是关于存在者陈述的否定，相反它作为自身是存在。他始终让在传统中只是认识到陈述的否定，而不是道说的否定。"命名在古希腊那里从一开始就始终意味着陈述；而陈述叫做表明某物为某物。语言的这种理解先行规定地处于这一领域，荷马的诗篇也运行于其中"

（全集 15 卷，336）。与此相应，西方的语言在根本上从陈述而来被刻画了，它对海德格尔而言是没有区分的。对于海德格尔而言，语言不仅在历史中，而且也在世界中是陈述，也就是在技术性的形态中，亦即信息。这种规定将海德格尔导致于此，他只是与陈述相争论，不可能以这种道说来突破。海德格尔对他的报告"时间和存在"在结尾处评论道：那里也还是"用陈述句所言说"（论思想的事情，25）。那开端性的语言首先只是可能的，只要它不是不可能的话。

即使当海德格尔谈论开端性语言的可能性时，这也只是作为一种暗示。"语言言说为箴言。语言是如此游戏般的，以至于在这种情况中言说如同道说一样意味着同一的"（全集 79 卷，169）。但是这种暗示却是不明显的。此非明晰性在于：语言自身在海德格尔那里尚未以开端性的区分清晰地被思考过。于是语言在此还没有区分于世界，而是最终保持为世界之内的。这样语言在海德格尔那里不能越过世界的边界。但是只有首先当语言自身不再处于世界性和历史性的规定之下时，它才能获得其自身的语言性并成为自身言说的。这样一种语言是智慧的语言，它作为缪斯的歌声、基督之道和公民的言谈在西方历史的各个时代已经是一指引。海德格尔没有将这种语言形成主题。

但是无之无化必须鉴于智慧之道开端性地予以区分。它既非关于存在者的陈述的否定，亦非存在自身的虚无。它不如说是在这种意义上理解的无之无化：它必须不存在。在此那给予去思考的，首先不是陈述，也不是诗意性的语言，如海德格尔对其所思考的，而是道自身。这个道去道说和指引：它必须不存在。此乃开端性的不。以此我们告别海德格尔。

衷心感谢诸位的注意！

在我演讲完之后，答辩委员会的五位成员轮流给我提出了许多问题。当时我必须高度集中注意力，聆听他们的提问，并回答他们的问题。答辩大概持续了两个多小时，结束时我已经大汗淋漓。最后我回避了一刻钟，评委会秘密投票，顺利通过了我的论文，决定授予我哲学博士学位。这一结果宣布后，所有的人向我表示衷心的祝贺。

当天晚上，博德尔教授在他家宽敞的客厅里为我举行了晚会。大家频频举杯，庆祝我这个来自中国的哲学博士的诞生。我感谢他们的指导和帮助。在谈话中人们自然涉及到海德格尔的一些奇闻逸事。比梅尔教授讲了一个真实的故事。海德格尔的兄弟不仅和他本人长得非常相像，而且对他的语言也运用得得心应手。一次海德格尔发表演讲后便走了，但他兄弟还在。那些新闻记者们把海德格尔的兄弟当成了海德格尔本人，纷纷围了过来。其中一位记者问，他如何看待老子和毛子（毛泽东）的关系。海德格尔的兄弟脱口而出：毛子是一个被构架化了的老子。"构架"在海德格尔那里是指现代技术的技术化。记者们听到后如获金玉之言。但我们听到比梅尔教授的讲述之后，不禁哄堂大笑起来。晚会一直持续到十一点钟。

为了表示对我获得博士学位的祝贺，博德尔教授不久又送给我一精装本海德格尔全集第六十六卷《沉思》，他在扉页中写道：为了您辉煌的博士论文……

在博士论文通过之后，我考虑尽快出版我的论文。雷根博根主编的书出版周期太长，因此我婉言谢绝了他的好意。然后我在博德尔的推荐下，询问了几个哲学的专业出版社，但都需要一至两年才能出书。但我需要在我回国之前拿到我正式出版的论文，因此我想出版周期在三个月之内比较适宜。最后我和欧洲科学出版社签订出版合同，并在 1998 年初就收到了我由它们所刊印的著作。它为我在德国的学习打上了一个圆满的句号。

5.16 归心似箭

在拿到哲学博士学位时，我在德国已生活了整整六年，这是我在六年前根本没有想到的事情。在这六年里，我充满了焦虑、痛苦、耻辱和不幸，但我也付出了坚忍不拔的努力和奋斗，最后获得了幸福和快乐。六年时光漫长，漫长得让人无法期待。

刚踏上德意志土地的那一天，我就开始想念我的祖国和家乡。虽然我在以前学习和工作的地方有许多不如意的经历，但我在德国想到的更多的是那里的春风得意，那里的亲情和友情。特别是当在德国遇到重重困难时，我更是萌发了回国的念头。现在我已毕业了，在德研究哲学的使命结束了，自然准备返回自己的家园。

德国环境优美，气候宜人，经济发达，文化丰富。但我始终认为，它是德国人的祖国，而不是我这个中国人的祖国。我感到自己是一个异乡人，一个漂泊者。

1997 年秋，在德国奥斯纳布吕克留影。

我很喜爱它的美，但我从不觉得它是我的。

　　作为异乡人，我有无限的孤独和寂寞，但我只有把自己的心灵寄托在思乡上面。我时时都会想起家乡的老母亲，她已经过了八十岁了，还有我在田野里辛勤劳作的哥哥和姐姐；我还想念珞珈山的山山水水，那里的友好和善良的人们；我还想念在北京的朋友和故人。只要我发现和中国有关的一切东西，不管是图像还是声音，都能触动我的神经，使我思乡的渴望稍稍得到缓解。我常想，我的祖国，我的家乡，我什么时候能回到你的怀抱？

　　白昼的思念变成黑夜的梦想。祖国和家乡的山水，母亲和家人的面容，都会在那寂静之夜潜入我的梦想。我曾多少次梦见过我故乡的大河，河水中的鱼在轻轻地游着。珞珈山的高楼飞檐变形重叠，幻化成云雾中的殿堂，使我可望不可及。母亲变得更加苍老了，她在呼唤我的乳名。哥哥姐姐们住在破旧的屋子里，大风摇撼着屋顶和柱子。还有许多似曾相识的面孔，他们或许是武汉的同事，或许是北京的同学。我生活在这夜的梦乡里，仿佛就生活在白昼的现实中。我会大哭、大笑、大声说话。当在梦中突然听到一种强烈的声音和看到一束刺眼的光线时，人就会醒了。这时我会充满无限的惆怅，而难以再次入眠，我多想把这些梦想变成现实。我要回到我的故乡，与我的亲朋好友重逢。

在1997年初，我就开始作毕业后回国的打算了。我也把这想法告诉了博德尔教授，他说他非常支持我回国，相信我会为中国哲学事业的发展作出自己独特的贡献。但他强调，在从事哲学研究的同时我也必须解决经济问题。其实我可以先在德国的一些机构里工作一段时间，积蓄一点钱，然后再回国到大学里任教。大学生神甫知道我的情况之后，也把我介绍给他所认识的一些宗教机构和一些咨询机构的负责人，看我是否能在那里谋一份收入颇丰的职业。我感到这些职业在生活上和经济上能给我很大的帮助，但它们并不符合我的愿望。其一，我要生活在德国或者德国在中国的派出机构；其二，我必须上班，每天工作八小时；其三，我不得不放弃我的哲学研究。于是我断然决定，一定要回中国，而且要从事哲学研究。

我回国主意已定，但回到什么地方却还是一个问题。经过深思熟虑，我不准备重返武汉大学哲学系。我过去在那里的经历告诉我，它不适宜于我的发展。其一，我认为武汉地区的学术界是一个封闭圈，其土皇帝和地头蛇垄断一切。他们拒绝和排斥一切具有独立自由思想的新生力量。其二，我非常害怕武汉大学哲学系的原负责人仍然在位。如果我回去的话，那么他们定会找出种种理由来扼杀我的才能和发展机会。因此我是万万不能回到武汉大学哲学系的。我把这些想法写信告诉给了刘纲纪教授，他回信说，虽然他非常希望我能回武汉大学工作，但也尊重我的选择。

我不回武汉大学，是为了到北京的中国社会科学院哲学研究所去工作。在我的心目中，北京天空海阔，大有英雄用武之地。我在来德之前，曾与李泽厚教授在北京长谈数次，他建议我学完后一定要回国，同时一定要回北京，走一条自己的道路。他答应帮我的忙，为我回北京创造条件。于是我给在美国任教的李泽厚教授写信，告诉他我回国的时间安排，请他为我与哲学所之间作出沟通。他马上就回信了，说哲学所欢迎我前去工作，要我自己与他们联系。

我很快将自己申请工作的材料，包括生平简历、著作论文目录、博士论文提要等等一起寄给哲学所。他们经过认真审批之后，决定收受我为他们1998年度引进的研究人员。哲学所将这一消息告诉我，使我感到非常兴奋。

在作出接纳我的决定之后，哲学所开始办理我的人事手续。他们要派人到武汉大学去，对我进行政治审查，同时还要把我的户口和档案转到北京。

哲学所的办事人员第一次来到了武汉大学，找到了哲学系负责人和刘纲纪教授，了解我过去的工作情况，并要求他们对我作一正式的书面鉴定。哲学系方面非常友好，出具了鉴定，对于我的政治、学术及其它方面都作出了高度评价，并盖上了红色大印。然后哲学所的人来到人事处，要求查阅我的档案。但人事处接待的人却说没有我这个人，这个人早就离开武汉大学了。哲学所的人碰了一鼻子灰，只是拿着一纸鉴定回到了北京。

为了急切地了解国内有关我工作调动的动态，我不再使用书信往来的办法，而是直接给北京和武汉拨打国际长途电话。当我拨通了哲学所所长的电话时，他抱怨地讲述了办事员在武汉大学的经历，并说白跑了一趟。但我向他强烈地表达我去哲学所工作的愿望和决心。这也许感动了他，他准备再次派人到武汉大学提取我的档案。

哲学所办事人员又来到武汉大学人事处。这次接待人员改了口，称我的档案还留在武汉大学，哲学所的人可以看，但是不能带走。哲学所的人于是检查了我档案中的所有材料，发现里面除了我的生平简历之外，既无获得奖励的记载，也无受到处分的存录，没有什么值得看的。但武汉大学人事处的接待员开始胡编乱造，说我这个人是没有经过学校批准而出国的。如果我回国的话，那么首先必须在武汉大学工作数年才能调走。哲学所的人员这次访问的结果更加糟糕，完全是空手回到北京，他们不免对武汉大学的人事处有些生气，当然对我也有些生气。

后来在给哲学所所长打电话时，我听到了他极其不友好的声音。他说我使他们乱花了旅差费，并说如果我还坚持要到哲学所工作的话，那么我必须提供两个证明，其一我出国是经过合法程序审批的，其二我在德国数年来的政治和其它的表现是良好的。我感到这根本不是一个问题，并向他允诺，马上将这些证明挂号寄给他。

于是我复印了护照和签证以及当时公安局的出境批准书。在签证的复印件上，我还将德语翻译成了中文。接着我也准备弄一个关于我在德国数年来政治和其他表现的证明。为此我向当时在柏林的中国大使馆有关部门打电话，说我正回国找工作，急需一政审的鉴定。想不到柏林那边的人却在电话中嘲笑我，问我是不是在德国混不下去了。我说我在德国也还能混下去，只是不能搞哲学，而我想搞哲学，因此我必须回去。他听了后说，他们从来没有给留学生搞过什么鬼证明，因为使馆压根就不了解留学生的情况。但他最后建议我找当地的中国学生会写一鉴定好了。

这样我又找到了在奥斯纳布吕克的中国学生会的负责人，请他为我作鉴定。他非常乐意为我效劳，起草了数千字的文稿，对我的政治及其它情况进行了细致的描述，并下了肯定的结论。总而言之，我是一个在政治、学术和其它方面都十分优秀的中国留学生。按照德国的惯例，这位中国学生会的负责人签上了自己的大名。作为感谢，我请他吃了一顿饭。

我非常及时地将公安局在我出国时签发的有关证明的复印件和学生会关于我在德的政治学术和其它情况的鉴定一并挂号寄给了北京的哲学所所长。大概过了一周左右，我又打电话给哲学所所长去。他说他已收到了我的材料，看来我出国的手续是合法的。但我在德的鉴定不可靠，它必须加盖有大使馆的红印。为了能顺利地在京工作，我又满口答应他的要求。

没有办法，我只好又厚着脸皮往柏林大使馆打电话，接电话的还是那个人。我把我的情况说了一遍，他听着有些不耐烦，在电话中大声叫了起来。他要我告诉哲学所所长，一个留学生能够回国本身就是最大的爱国，最大的政治，还要盖什么鬼红印公章！说完他就挂断了电话。

我又拨通了到北京的国际长途，向哲学所所长如实地转述了中国大使馆的说法。他说既然这样也就算了，我的鉴定就不必再找大使馆盖章了。他还向我表明，哲学所非常需要人才，尤其是像我这样的年轻的留洋哲学博士。不过哲学所的生活条件不好，许多问题需要自己解决。他还强调，哲学所可以给武汉大学发出调令，但我需要自己解决我的档案和户口的调动问题。我向他保证，只要他发给武汉大学调令，那么我将在回国之后自己亲自到武汉大学去处理我的事情。这样我回北京工作的事宜虽然没有彻底解决，但也有了一些眉目。

1998年初，我开始着手作回国的具体准备了。我没有什么东西好收拾的，除了我的书。这些不多但昂贵的书是我在德国聚集的唯一财富。我将它们包装成两箱，通过邮局寄给我在北京的同学，另外一些家用电器便分别送给了奥斯纳布吕克大学的朋友。

德国朋友知道我要走了，便纷纷前来看我，卡罗和他的女友从海德堡来了，在我的宿舍住了几天，他们为我回国而感到高兴。我们都知道，我们将来一定会在中国重逢的。卡尔海因兹从弗莱堡寄来了送别的礼物，还写了一封长信。他和我则从心里明白，我们将来的相见并非一件易事，因此内心都有一些感伤。奥斯纳布吕克天主教会学生会的朋友也陆续来到我的宿舍，与我一块饮酒，畅谈我们在一起的一些往事。我们相互祝愿对方在未来的生活中能够幸福美满。

冯巴先生友好地邀请我到他在奥斯纳布吕克附近的住处。他的家族是世袭贵族，并且是欧洲著名的法学世家。他本人继承了一座宫殿。我们参观了这一宫殿内的陈设。他介绍说一楼主要是他的办公用房，二楼是他的会客室和书房，三楼有许多陈列。我一进二楼，便看到了两个街道指示牌，一个是黑格尔大街，另一个是冯巴大街。对此我不禁会意地笑了。然后他热情地给我展示了他家中的藏书。其中一些是以羊皮作为封面的中世纪的珍贵古书。当然他家中最有价值的文物应是黑格尔的《精神现象学》的第一版，那用花体字印刷的书面已经发黄。此外他家还有一根黑格尔用过的手杖，我也紧握了这位伟人使用过的东西，并拍了一张

1998 年 1 月，在德国奥斯纳布吕克与博德尔教授夫妇合影。

照片。欣赏完冯巴家里的这些宝物之后，我们便在他家的客厅里品尝美味的香槟酒。我给他们讲述了中国一些饶有兴趣的故事，这引起了他的七个小孩的注意，其中一个便说将来想当一名汉学家。告辞时，我也邀请他们到中国去旅游。

在我回国前一周，博德尔教授特邀我到他家中做客，共进晚餐。我们讨论了一些中国哲学和艺术的一些问题。特别是道家思想，我们认为也许它能为现代思想提供一些启示。同时我们也谈论了中国社会的改革开放，都坚信中国会繁荣富强，会开辟一条既保持中国自身同一性又具有现代性的独特道路。博德尔教授最后笑着对我说，他希望我回国后注意两件事。第一不要做持不同政见者，第二不要喝白酒。他认为我第一条做得到，我本来就不是，也不会是。第二条就不一定做得到，我过去曾喝过，将来也会喝。最后他问我是否坐德国汉莎航空公司的飞机。我说是的，于是他点头称好，说它是世界上最安全的航空公司。

1998 年 1 月，中国农历除夕前几天，我提着黑色的大箱包，去了奥斯纳布吕克火车站。我要坐车到汉诺威，在那里乘飞机到法兰克福，然后飞往北京。我的一位德国好友到站台给我送行。火车从奥斯纳布吕克火车站驶出的时候，我心里在说，再见了，我生活近七年的地方！我要回到我的祖国去了！

说 6

还　　　乡　　　者

6.1 回家的路

　　我走进了法兰克福机场内的一架汉莎航空公司的飞机。这时我才发现机舱内空荡荡的，没有几个人，其中大部分也都是中国人。我坐在窗户边，这正合乎我的心愿，我可以在那安静地度过十个小时。我看着窗外的景色，只见偌大的停机坪上，飞机在不断地降落和起飞。飞机的发动机起动了，发出了巨大的轰鸣声。不久飞机就冲出了跑道，升到白云之上的蓝天，机场的灯火也逐渐淡去。从飞机上隐约可见德意志大地的地貌，她的山峦、她的河流以及在山水之间的城镇。这是一片绿色的土地，人们似乎就庇护在森林之中。飞机一直朝东飞去。在那远方就是我的故乡，我近七年没见的祖国。

　　到了夜晚，可以看到天空中孤寂的星星，它们离我还是那么的遥远。也可以看到大地上城镇的灯火，它们仿佛烛光在黑暗中闪烁。经过欧亚地带时，飞机下面只是黑压压的一片。由于时差的关系，我虽然很疲倦但也睡不着。金发碧眼的空姐送来了饮料，我要了一杯白兰地，在那里独自品尝。我不愿再想我在德国的经历，我只是在想我离开了这么长时间之后北京、武汉和家乡是什么样子，母亲、家人和亲朋好友是什么面容。说实话我有些想不出。

　　飞机终于进入了中国西部的领空。窗口下面已看不到任何绿色，全是光秃秃的山峦的黑色、裸露的土地的黄色和大雪覆盖的白色。这深深地触动了我。那绿色究竟是怎样消失的呢？飞机飞到了北京地区，我看到了十三陵，那里偶尔能见一些绿色的树木。但在北京机场上空，我只能看到一片黄色的土地和灰色的建筑群。

　　下了飞机，我的大学同窗好友胡孝汉在出口接我。我们驱车上了首都机场路，路过六公坟时，看到了路北的中国社会科学院研究生院。它是我生活了三年的地方。几栋灰蒙蒙的建筑没有一点生机，但它是中国思想的摇篮之一。我们到了市区，感到北京的变化很大。马路边矗立了许多高大建筑，而马路上飞驰着许多进口的汽车，来往的人们的衣着打扮也显得丰富多彩。我们到了城西的胡孝汉的家，把我的箱包寄放在他家里，然后我就去找旅馆投宿。但在春节前夕进京的人很多，旅馆压根就没有空余的床位。后来我好不容易住进了宣武门内大街的一家招待所内的地下室里。安顿之后，我便在附近的一家餐馆里吃饭。好久没有吃到地道的中国菜了，今天我要满足我的渴望。我要了一份烧鱼和两瓶啤酒，开始狼吞虎咽，如同一条饿狼。

胡孝汉把我回国的消息通知了在京的大学同学，并约好了在市中心的一家酒店为我接风。老同学多年不见自然非常愉快。我们谈得兴高采烈，不时爆发出笑声。大家天南地北，东扯西拉。但有时候我感到有些困惑，就是他们口中经常重复的一些语词，让我不解其意。我有几次提出我听不懂他们所说的话，他们便开始嘲笑我，说我老外了。然后他们就如同跟小学生上课一样，给我慢慢地讲解，听完后我才恍然大悟，发现原来如此，我也不禁拍案叫绝。我深深地感到，这七年国家不仅在外在方面发生了翻天覆地的变化，而且也在内在方面也产生了一场无声的革命。人们更自由了，更开放了。一种多元并存的格局正在形成。

因为在春节前后中国社会科学院哲学所停止办公，所以我必须在北京滞留一段时间，等待和哲学所的所长见面，商量我的工作安排事宜。我便给家里发去了电报，说我只可能在正月十五左右回家。这样我回国的第一个春节便在北京和胡孝汉的家人一起过了。他的家人忙得不亦乐乎，准备了一大桌菜。我们相互敬酒并祝来年好运。我还特别向胡孝汉本人表示衷心的感谢。这七年来，他几乎成为了我在国内的代理。我与国内的许多不便处理的事情都是委托他在办理，他为我付出了不少心血和时间。到了夜晚十二点，我才告别胡孝汉回到我所住的旅馆。马路上灯火辉煌但非常安静，没有鞭炮声。人只是能听到很远的地方，鞭炮爆炸之后在空中传来的余音。

在北京的这段时间里，我除了和同学见面外就是在马路上闲逛。冬日的北京虽阳光灿烂，但寒风刺骨。灰蒙蒙的天空和凋零的树木使我这个南方人总感到缺少了点什么。不过漫步在北京宽阔笔直的大街上，人的心情特别开朗。我觉得它比柏林、巴黎和罗马更为雄伟壮观，具有大都市的气派。在长安大街以及其它街道两旁，新盖了不少高大建筑，除了少数使人想起它是经过设计之外，大多数只能使人意识到它不过是水泥钢筋的混合物。尤其是北京西客站和东安市场的建筑都是些不伦不类的怪物。它们如同那些暴发户一样，不知道如何打扮自己，只好把人们觉得最珍贵的东西都装饰在自己身上，因此让人恶心。

回到北京，我最想看的算天安门附近的中国历史博物馆和故宫博物院。这是因为她们所收藏的文物能展示出中国五千年来的生存史和心灵史。看到那些我们的祖宗留下的珍贵文物和艺术品，我深深地激动了。我们中国人曾经是多么的伟大。但我也不禁想起我在柏林、巴黎和罗马所看到的西方的博物馆，它们又是如此地不同。中西两个民族虽同居在一个地球上，但他们却建立了两个完全相异的世界。中国人生活在自然的宇宙里，而西方人却居住在神灵的王国中。一个是天人合一，一个是人神同在。当然在我们所处的今天，上帝死了，天也塌了。往日的历史一去不复返。当我从中国历史博物馆和故宫博物院出来后，一个人徜徉在天安门广场。我感到我们这一代人肩负着十分沉重的使命，我们必须寻找自己的道路。

春节的假期终于过去了，我和哲学所的所长约好了到他的办公室里见面。我坐地铁到建国门下车，走出通道一看，中国社会科学院大楼的屋顶上全是巨幅的广告牌，写着东亚某国的著名公司的名字。我突然有些失望。难道这是我日思夜想的中国社会科学领域最高的象牙塔吗？我心里有些别扭。在繁华的菩提树下大街旁的柏林大学也没有挂任何一个广告牌呢！看来中国的市场经济发展非常迅猛，它开始吞没一切地盘，包括那些不属于它的地盘。我带着一种十分沉重的心情走进了大楼。我想如果我将来在此工作并有说话的权利的话，那么我所做的第一件事情就是取消这有辱斯文的广告牌，还学术思想研究一片清静之地。

我和哲学所的所长在所办公室里见了面。他说，通过了解，他认为我在政治和学术和其他方面都是非常优秀的。所里非常欢迎我前来工作，并将马上给武汉大学发出调令。但我还必须回武汉大学劝说他们，把档案和户口转到北京。说完所长就吩咐人事处的人员，具体操办我的事情。这样哲学所的工作就算告了一段落。

于是我马上到火车站买了一张去武汉的车票。晚上我便坐上了北京武汉之间夕发朝至的列车。车厢内部的状况有很大的改观，更加干净也更加安静。我早晨到达了武汉，直奔武汉大学，并下榻在山半腰的珞珈山庄。再次见到了珞珈山，再次见到了东湖水，我感到异常的亲切和激动。武汉大学的中心校区没有任何的变化，但它周边却变得比过去更加美丽。虽说是冬日，但灿烂阳光照射下的高大的绿色乔木使人觉得这里春天永驻，如同我在德国所居住的环境一样。

我拜会了刘纲纪教授和其他老师。虽然刘纲纪教授已六十多岁，但他仍充满活力。他很赞赏我回国。我说我已决定到中国社会科学院哲学所工作，现在回汉来办理调动手续。他听后说很尊重我的选择，但还是希望我留在武汉大学工作。他给我介绍了学校和系里最近的发展状况。我才知道我出国前武汉大学的校级和系级的负责人均已退休，现在大部分的负责人我都不认识。据刘纲纪教授说，学校和系里现在顺应时代潮流，开始注意广纳天下贤才。因此学校和系里的负责人一致决定挽留我。听了这样的介绍，我逐渐开始改变了我出国前对当年学校和系里的负责人的恐惧心理，而愿意对学校的近况做较深入的了解，然后决定是否离开武汉大学。

我回到了珞珈山庄的房间。学校和系的负责人都纷纷来看我。他们从不同的角度介绍了学校和哲学系这几年的一些政策和举措，认为这里有我的用武之地。如果我能留在武汉大学工作的话，那么我将是武汉大学百年建校以来第一位归国哲学博士。我一方面可以开展自己的学术思想研究，另一方面可以为学校的建设做出自己独特的贡献。我则讲述了我为什么不想回武汉大学工作的原因，这主要是害怕受到排斥和打击。如果现在学校和系里能让我充分发挥自己的才能的话，那么我也可以考虑放弃去北京工作而留在武汉大学。武汉大学有如此优美的环境，武汉有我无数的亲朋好友，而且离我的家乡不远。这都有吸引我的地方。但问题是，我是否能够在这里不受各种干扰从事我的哲学事业。校系负责人都拍了胸脯，说可以保障我的自由，而且我可以先工作一段时间，一旦不如意再走也不迟。鉴于这种情况，我答应可以尝试一下。

晚上学校和系的负责人以及刘纲纪教授一起为我举办了欢迎宴会，气氛热烈而轻松。有一位和我非常熟悉的负责人对我说，学校是不会让我去北京工作的，首先是劝阻，劝阻不行，然后就采用行政手段，不放档案和户口不就成了。他提醒我要注意国情。但他强调说，学校现在留我是为了用我而不是压我，如今也没有人胆敢压我。大家都认为我是一个了不得的人才，像我这种留德的哲学博士，在整个中国也是屈指可数的。对此番真言，我就只好说感谢了。

在武汉和几位老同学见面之后，我便急匆匆地坐车赶回老家。现在通往家乡的道路已经是宽阔笔直的高速公路。汽车在辽阔的江汉平原飞驰，穿过田野、河流和农舍之后，便到达了仙桃市。对于仙桃市这个名字我没有任何认同的感觉。这是因为我在老家生活时，我所在的县叫沔阳，仙桃不过是一个新的县城的名字。沙湖沔阳洲，在历代都享有盛名。但人们现在却抛弃了具有历史意味的县名，采用了一个俗不可耐的市名，实在有点叫人想不通。汽车到达仙桃市之后，便转南驶向东荆河。我在东荆河堤下了车，走在泥泞的地面上。一眼望去，堤上的野草全部枯黄，两边的护堤林皆已凋零。大河正处在枯水季节，部分河床已裸露出来。但一汪绿水清澈见底，白色的水鸟在河面上自由地嬉戏着。我朝着我家所住的村子走去。道路更加泥泞，因此我必须跳着选择插足之地。整个村子一片破落景象，那些村舍还是我七年以前所见的房子，日久年长，它们已经变得缺砖少瓦了。

　　我终于来到了我母亲居住的小屋。见到了我母亲，我大声地喊着："姆妈"，说着嗓子有着哽咽，眼泪也夺眶而出。我母亲见到我，居然迈开了裹过的小脚，跑了起来，呼喊着我的乳名。我的哥哥姐姐们也都来了，他们特地放起了准备好的鞭炮，炮声吸引了村里的乡亲们，他们也前来看望我，我则给他们一一敬烟敬糖。我打量着母亲和家人。八十多岁的母亲明显地衰老了，但她老人家身体硬朗，精神也很旺盛。哥哥姐姐们的脸上都刻上了岁月艰辛的烙印，但他们的子女一个个都长大成人了，与我印象中充满稚气的小孩模样不符。母亲和家人也说我长得更加强壮了，但白发开始爬上了我硕大头颅上又硬又亮的黑发之间。母亲说她无时不在挂念我这个远游的儿子，说我一去七年，怎么中间就不回家看看。她也许知道我是多么思念她和家人，但她哪里知道我在德国的艰难经历呢？怕家人担心，我从来没有向他们具体地谈论过我在外所蒙受的各种不幸和痛苦。

　　第二天，大哥、二哥和我，还有一群侄子侄女们拿着鞭炮纸钱和白酒，去祭奠我死去的父亲和三哥。我们来到父亲安葬的地方，但已找不到他的坟墓，因为人民公社平整荒地的时候，已经将坟头削平了。大哥和二哥说我们只好望天祭祖。我们分别在那里放了鞭炮，泼散了白酒，并焚烧了纸钱。我心里在说，父亲，我们来看你了。后来我们又来到了一块坡地上我三哥的墓前。它虽年久失修，但坟头仍依稀可见，周围长满了茅草。我们也放了鞭炮，泼散了白酒，并焚烧了纸钱。我默默地祝愿三哥安息。

　　在家乡的几天里，白天我漫步在儿时走过的田间小路，晚上则听我母亲讲我们家过去的故事。

6.2　我爱珞珈山

　　离开家乡后，我回到武汉大学。我告知中国社会科学院哲学所，我已决定不再前去工作。不久后我前去北京取回了寄存的行李和书籍。武汉大学校方在 1998 年 4 月很快评定我为哲学系教授，在 1999 年 1 月又增列我为美学博士点的指导教师。当时我三十五周岁。于是我成为了武汉大学的一名年轻的教授，又正

1998 年于武汉东湖

式成为了一个珞珈山人。

阔别了多年的珞珈山，我对它充满了无限深情。在黄昏无人的时刻，我常常爬到珞珈山顶，在羊肠小道上穿行。石头在脚底发出摩擦的声音，野草轻抚着我的双腿，飞鸟在树上啼鸣。我走到珞珈山西头，观赏落日的余晖。在暮影之中，武汉三镇逐渐进入了夜的怀抱。雨后，我漫步在珞珈山腰的环山路，那高大的樟树林和松树林始终是我这位孤独的思想者的永恒伴侣。这条沿着山腰在森林中穿越的土路，散发着泥土特有的气息。它使在都市生活的人们仿佛寻找到了自己的根基。至于校园内的许多小路，我都重走了好几遍。我追寻我青春梦幻时代所走的足迹，它曾留下了无数生活的希望和失望、爱的欢乐与悲伤。我曾来到一片大学时代所培植的松树林，当年不到一人高的小树经过二十年的风风雨雨已长成了参天大树。树犹如此，人何以堪。

我又专门去了桂园、湖边和梅园我曾住过的地方。那些楼房依然故我，但房间里的设施已经面目全非。特别是我在梅园独居的那间小房子的窗户已被钢筋所做的密网罩住，仿佛是一个监狱的囚禁室。它在雨夜再也不会发出令人感到慰藉的橘黄色的灯火了。

我常常问我自己：我怎么又成为了一名珞珈山人？我已是两度远离它，又两度回归它了。难道说这是命运吗？难道说珞珈山就是我永远无法背离的家园吗？难道说我命中注定就应该做一个珞珈山人吗？我不知道这其中是否存在着某种神秘的不可理解的东西。

说真的，我对武汉和武汉大学始终怀着一种无法克服的感觉，即我和它们之间存在一种不可言说的距离，我有时是用一种冷眼来看待它们。比起北京和上海，大武汉不算大，毋宁说它的世界，尤其是它的精神世界是非常狭小的。身处其中

远眺武汉大学

的武汉大学就是这样一个武汉市在大学领域中的表现。我对它们所怀有的距离感使我始终保持一种姿态，不学武汉话，而讲普通话。

但我现在却成为了武汉市的珞珈山人。这看起来有多种理由：美丽的山水、众多善良的朋友。就在近处的家乡的父老兄弟。类似的理由还可以列举许多。但我想最根本的原因是这无言的珞珈山。它已经把我的生命紧紧地拥入了自己的怀抱，这是任何力量都不可动摇的。经历了从武汉到北京、从武汉到德国的十年漫游之后，我感到我要寻找自己的居住之地，在那里我的思想能够像松树一样地生长。因此它不在于近处于某种喧哗和骚动的学术市场，不在于在这样的一个市场里不断的买进卖出，而名利双收，而在于为思想寻找到真正的根基。当然思想的根基就在于思想自身。于是问题只是在于为思想找一宁静之处，不要让那非思想的因素伤害了它。在目前的中国，也许只有珞珈山能够给我这片地方。正是这样一种原因，我成为了一个珞珈山人，而且是永远的珞珈山人。

在珞珈山我又生活了三个春秋。我的生活过得非常简单：教书、写书和思考。

在我的教学活动中，我进行了大胆的改革和创新，旨在引导学生学习如何思考，从而获得一种思想批判的能力。我一方面讲授西方哲学的经典，另一方面解读中国思想的名著，鼓励学生贯通中西，博通古今。我的思想仿佛具有一种不可看见的魔力弥漫在教室，吸引了校内外一大批热爱智慧的青年学子。我成为了武汉大学最受学生喜爱的教师之一。

在教书的同时，我也积极地著书立说。从国外到国内我发生了一个根本性的转变，我不再需要用德语写作，而可以用汉语写作。前者如同戴着镣铐在起舞，后者则仿佛在天空中自由飞翔。我在我的母语汉语里，找到了坚实的思想基础，并发现了它的伟大和美以及它创造性的力量。我除了将我出版的德文著作译为中文之外，还撰写了大量的关于中西哲学的论文。我的写作正如一个漫游者在中西思想的边界上行走，充满了冒险的乐趣。我陆续发表的论文成为了中国思想界一个独特的声音。

对于我来说，教书和写书都是我思考的方式之一。但我常常沉浸于一种纯粹的思考状态之中。我孤独地坐在我的书房里，没有一个人打扰我。看着窗外高大的樟树枝叶，还有它后面绿色覆盖的珞珈山峰，我的心灵处于一种异常宁静的境界。我知道这些树木都深深地扎根于土地和岩石之中。它们是大地的语言。但它们沉默着，只有风才激起了它们的言说，且唯有那些宁静的思想者能够听懂它。

珞珈山，我爱你！

结　语

今天是 2001 年 10 月 10 号。经过几个月夜以继日的紧张写作，我终于用文字写出了我所说出的话。我喝了一杯像血液般的红葡萄酒来庆祝它，一种不可言说的欢乐，浸透了我的身心。

写作一本自传体的文字，无非是回忆自己的生命过程。但我走进我的过去，是为了走出我的过去。因此纪念在此成为了忘却。我以这样一本书告别我的历史，而走向新的人生之途。

今年我三十八岁，我从事思想研究已逾二十年之久。如果说我追寻到了一个唯一的真理的话，那么它毋宁说是人类古老的智慧早已说出的：宁静。倾听宁静的呼声，思考宁静的神秘的意义，并生存于宁静的境界之中。宁静的沉默会爆发出最伟大的力量，能够创造一个新的世界。

我已经走完了我的青春历程。白发过早地挤进了我茂密的黑发之中，皱纹也开始爬上了我的脸颊。但我一米八的身材看起来非常健壮。这是因为我的血肉之躯是被精神所贯注的。我的心灵永远超出这自然规律之上。

在此我愿祈祷。我要呼唤我的守护神，或者呼唤人们曾使用过的另外的一些名字：苍天，上帝，命运，生活：

给我智慧！

给我健康！

后 记

作为后记，我想说的唯一的话就是感谢。

我要感谢我的家人，他们给予了我爱与温情。

我要感谢我的老师博德尔教授，比梅尔教授，李泽厚教授，刘纲纪教授，黎山峣教授，陶梅生教授，陈广胜教授，陈庆辉教授；我要感谢我的同行邓晓芒教授，郭齐勇教授，张志扬教授，张玉能教授；我要感谢我的学友汪华先生，胡孝汉先生，王明远先生；我要感谢我的母校武汉大学一切善良友好的人们。正是他们在我人生的不同阶段给予了我无私的帮助。

关于本书，我也要感谢高为先生，他的热情激励了我说出我的故事；我还要感谢李跃峰先生，常旭旻先生，邓扬舟先生，徐萍女士，陈洁女士等，他们为我的文稿的处理付出了自己的劳动。

彭富春

2001 年 10 月 10 号于武昌珞珈山

补 记

感谢梁光玉先生，他友好地将本书在团结出版社出版；感谢杨凯军先生，他为本书文字与图片的处理花费了时间。

彭富春

2016 年 6 月 30 日于武昌珞珈山